七天掌握海上安全救生密码

董加伟　编著

山东大学出版社

图书在版编目(CIP)数据

七天掌握海上安全救生密码/董加伟编著. —济南：山东大学出版社，2020.6

ISBN 978-7-5607-6640-9

Ⅰ. ①七　Ⅱ. ①董…　Ⅲ. ①海难救助　Ⅳ. ①U676.8

中国版本图书馆 CIP 数据核字(2020)第 111938 号

责任编辑：徐翔
封面设计：张荔

出版发行：山东大学出版社
社　址　山东省济南市山大南路 20 号
邮　编　250100
电　话　市场部(0531)88363008
经　销：山东省新华书店
印　刷：山东新华印务有限责任公司
规　格：720 毫米×1000 毫米　1/16
16.50 印张　310 千字
版　次：2020 年 6 月第 1 版
印　次：2020 年 6 月第 1 次印刷
定　价：59.00 元

前　言

在我心里，著书立说是一件严肃甚至神圣的事情。因此，当年博士毕业时，面对师长同窗关于将毕业论文整理后出版的建议，我略作考虑便放弃了，因为当时我问了自己一个简单的问题，而问题的答案促使我做出了那个简单的决定。

今天，当我决定提笔写这本书的时候，我再次向自己提出了同一个问题：这件事情有意义吗？

写一本书需要有意义或者说需要一个理由吗？在我看来，答案是肯定的。尽管有学者提出，人类历史乃至于我们所生存的这个世界都可能是偶然的，但我始终认同世间“没有无缘无故的爱，也没有无缘无故的恨”。爬格子并不是一件愉快的事儿，相反，却是一件费时费力劳心劳神的差事。因此，或者为了满足生活抑或是心理的需要（金钱或者名声），或者为了某种歌颂或批判的使命（任务），又或者为了纪念某个（些）人、某件（些）事，抒发自己难以抑制的某种热爱或痛恨的情感，总得要有个至少是过得去的理由才能支撑着作者将创作的冲动继续下去，不至于敷衍了事甚至半途而废。

当年，我之所以放弃将博士论文整理出版，就是因为缺少一个打动自己的充分的理由，没有寻找到一种足够支撑自己再次创作的意义。因为当时论文的大部分内容已经先后发表在国内各类学术刊物上，想了解的人通过杂志、网络等各种途径可以轻松获取，当然也就缺少了将自己的学术观点和研究成果广而告之的欲望。同时，从事法学研究只是我的业余爱好，我没有“象牙塔”中诸多专业学术研究者们职称评聘之类的“生存需要”，研究成果的有无和多寡对我的本职工作和生活状态几乎没有影响，因此也没有多少靠出书来谋利和谋名的冲动。今日回想，我仍然觉得当初的放弃是正确的，因为这为我节约了可以做其他事情的大量时间和精力。而今天，我之所以决心动笔写这本书，正是因为找到了一个深深打动自己的理由，体察到了一种必须立即着手创作的意义。这个理由就是：人命大于天。这种意义就是：生命无价。

这本书主要写给一个特殊的群体，一个看上去似乎与书这种东西不应该有多少交集的群体，一个与我们的生活息息相关却又被大多数人忽略的群体，他们的名字叫“闯海人”。他们耕耘在碧波万顷、浩瀚无垠的大海，却生活在阴冷潮湿闭塞简陋的船舱；他们怀揣着战天斗海迎风抗浪的果敢和勇气，能够依靠的却只是落后的设施和薄弱的技能；他们给人们带来了新鲜美味令人垂涎的鱼虾蟹贝和无尽丰富的海洋资源，自己的生命安全却时刻面临着狂风肆虐、巨浪汹涌、灾害袭击的严峻考验！所以，我想帮他们做点什么，为他们的生命安全做一点力所能及的事！同时，随着全民生活水平的不断提高，滨海旅游、深海垂钓、休闲渔业等新的旅游休闲方式走入寻常百姓家，大量无任何临海生活经验的人群涉足大海之上，在畅享海洋风光和美味海鲜的同时，若不幸遇到异常天气和恶劣海况变化，往往因缺乏救生常识而陷入险境，溺水、外伤等各类意外事故也时有发生，导致乐极生悲。本书作为海上救生知识的科普读物献给他们，希望他们在海上遇到危险情况时能帮到他们。

能上山莫下海！包括海洋捕捞、海水养殖等在内的海洋生产是举世公认的高风险行业。毫不夸张地说，人类对海洋的开拓和渔业的发展伴随着无数包含渔民在内的“闯海人”的汗水、鲜血甚至生命！近年来，现代科学技术的迅猛发展和导航、通信等各类现代化装备的广泛使用为海上安全救生提供了有力保障，但各类海上安全事故仍然频繁发生，海上应急救援依旧力有未逮，其中一个重要的原因就是遇险者的安全救生知识不足，自救、互救技能缺乏，从而错失了最佳的救援时机，导致了过多人为事故的发生，最终酿成一幕幕人间惨剧，令人万分痛惜！

基于上述缘由，这本书的内容很明确，就是详细介绍有关海洋、风险、船舶的基础知识，讲解船舶航行、通信、消防、救生等各类常用设施和设备的操作规程，普及海上急救常识和止血、包扎、搬运、心肺复苏等自救互救措施的操作方法，为海上遇险人员搭建一条求救、自救、互救的绿色通道，使他们迅速掌握海上安全救生的“密码”。迄今为止，我认真下功夫学习过的专业有三个：四年的轮机管理（船舶内燃机、辅机和船电）、五年的英语和十年的法学。与本书内容直接相关的专业是轮机管理，但从学业结束算起已有二十年的光阴了，因此，我知道，做出这个决定，重拾旧专业来写一本理工方面的书，意味着接下来的日子又将是通宵达旦，接下来的困难又何止是跨越几重山，但我更知道，如果我放弃，我可能会抱憾终生。当然，我也不是仅凭一腔热血和一时冲动就盲目地来做这件事情，从 1997 年开始，我便一直从事渔业执法和渔业安全管理工作，2006 年以后更是直接参与海洋灾害性天气防范、渔业安全生产事故处置、海上应急救援和渔业安全管理信息化建设工作，对渔业生产、安全管理、应急处置和船舶上的各类电子设施较为熟悉，积累了大量宝贵的一手资料，这为本书的写作奠定了坚实的基础。

根据笔者所接触的范围，目前国内外关于海洋风险、海上救生的书籍不仅种类较少，而且大多数内容雷同，论述专业，“教书先生”的派头十足，这让以普通涉海生产者为主的读者群难以保持阅读和学习的兴趣，救生科普的效果自然大打折扣。为了提高读者的阅读乐趣，便于朋友们简捷地学习掌握书中的内容，笔者将努力尝试从一个没有任何从业经验的“海洋小白”的视角观察海洋、分析风险，尽可能地使用简单易学、通俗易懂的文字介绍设备、讲解操作，借助于讲故事、拉家常等方式剖析案例、普及知识，争取让包括渔工、渔民、海上作业人员和海洋旅游者在内的所有“闯海人”以及希望快速、系统地认知海洋、了解船舶的其他读者，都能够通过本书的阅读迅速、扎实地掌握海上求生和救生的安全秘笈，切实提高抵御各类风险、保护生命安全的基本技能。希望通过自己的微薄力量和不懈努力，能够为“闯海人”这个特殊群体和所有涉海人员的生命安全点燃一盏长明的航灯！

愿海晏河清，风平浪静！

愿世间多一些欢笑，少一些悲伤！

作　者

2018年1月18日

于泉子山下

目　录

第一章　海洋安全风险概述

人的需求是多样的，每天睁开双眼，我们就要考虑衣食住行，面对人情往来，处理千头万绪的生活琐事。我们希望生活安逸、物质富足、感情甜蜜，但这一切都有一个前提，就是生命的存在。对生物个体而言，失去了生命的依托，物质再丰富也将毫无价值，感情再浓烈也将无所归依。正因如此，我们对自己、对亲朋致以良好祝愿时总是将平安和健康放在首位。

“皮之不存，毛将焉附”的道理我们都懂得，平安与健康的重要我们都清楚，但挂在嘴上与记在心里的距离却是巨大的。笔者自从事渔业安全管理和海上应急救援工作以来，目睹了无数由疏忽大意导致的本不应该发生的安全生产事故和本不该出现的人员伤亡，听到了太多由漫不经心造成的原本可以避免的事故发生后传来的悲痛哭声。就社会整体而言，某个普通生命个体的生死存亡可能无关大局，但如果将目光聚焦到这个生命个体本身，我们就会无比清晰地认识到，每一个人都是某个局部社会关系网络中的一个重要支点，他的生存与安危直接影响与其密切关联的一个或者几个家庭的悲欢离合，直接关系到这个亲情“局域网”的稳定乃至存续！因此，无论你是常年从事海上生产劳作还是偶尔涉海旅游观光，每一个即将踏上海洋的朋友，请务必时刻系牢安全的丝带，绷紧防范的心弦，确保高兴出门，平安返家。

第一节　海洋与风险

我们的讲述先从一个流传广泛、优美动人的民间故事开始。

传说宋朝时期，南方海边的一个小渔村里住着一户姓林的渔民，他们有一双儿女。女儿出生后一个多月也不会哭叫，父母因此管她叫“默娘”，意思就是沉默的小姑娘。奇怪的是，这个小姑娘聪明过人，一本书看一遍就能背下来，一件事情的道理弄懂了，类似十件事的道理就能明白。一天，默娘的父亲和哥哥出海捕鱼，睡着了的默娘咬紧牙关，手扒脚蹬，一幅拼命挣扎的样子。母亲叫醒了她，她却连声说：“不好，不好！”她说，在梦里，她跟正在出海的父亲和哥哥在一起，风暴来了，船翻了，她手拉着哥哥，口咬着爹爹，正往岸边游。可母亲突然又推又叫，她张口“啊”了一声，爹爹就沉到了海里。话音刚落，她的哥哥就从外面扑进门来，哭着说：“海上起了风暴，爹爹掉进了风浪窝里，后来有人拽着我的衣服往岸上拖，但不知什么时候，爹爹不见了，只有我上了岸。”

母亲这才知道女儿不是“凡人”，默娘能在海上救人的消息也在渔村里传播开来，不久，十里八村的人就都知道了。人们想起往日遭风遇难，总好像有灯引路、有人推送才脱离了危险，大家认为，这些都是“默娘”做的善事。后来，从四面八方来拜谢和祈求默娘保佑的人越来越多。据说，默娘是东海龙王的女儿下凡，从此之后，默娘只好从人间回到天界。

她在万里之外的中国北方选了一处能看到五湖四海的海岛作为升天之地，闭目静坐，不吃不喝，无声无息，打坐三日，化为一尊石像。默娘升天以后，灵游四海，普救众生，哪里有难，她便到哪里显灵，传说最多、最广的是“娘娘赐灯”保佑的故事。人们说，每当狂风肆虐、恶浪排空、天海难分的危难时刻，航行的人们只要连喊三声“娘娘保佑”，船头不远的地方就会出现一盏红灯，跟着灯走，总能化险为夷，安全抵达海岸。

越来越多的人来到这个小岛上为她焚香烧纸，顶礼膜拜，并捐资为她建造了一座庙宇，尊称她为“海神娘娘”，为她镀了金身。从此，这座神庙名扬中国，传播四海。这个岛后来就叫“庙岛”，岛上的庙就叫“娘娘神庙”，也叫“天后宫”。

近千年来，凡是有“闯海人”的地方几乎都有天后宫，有的地方也称“妈祖庙”，庙内香火不断。绵延千年的香火既表达了人们对于平安和安全的美好期盼和良好祝愿，也在时刻提醒我们，海洋生产是一个高度危险的行业，高兴出门、平安返家依然是涉海生产人群的最大愿望，海上安全救生这一宏大课题仍然任重而道远，保障海上作业人员生命财产安全的任务需要学术界和实务界共同努力，长期奋斗。

一、海洋

我们生活的地球，可以简单地划分为陆地和海洋两个地理单元。从地球仪上可以看到，地球基本上是一个水球，它的表面大部分是蓝色的，被以海洋为主的水体覆盖，而一块块大小不一、颜色各异的陆地则如被母亲拥抱在怀里的婴儿般，错落有致地镶嵌在蓝色的水体之间，其中大块的叫大陆，小块的叫岛屿。全世界共有亚洲、欧洲、非洲、南美洲、北美洲、大洋洲、南极洲 7 块大陆，50 多万个岛屿。根据计算，地球的表面积约为 5.11 亿平方千米，其中海洋总面积约为3.62亿平方千米，约占地球表面积的70.78%，陆地总面积约占地球表面积的29.22%，水陆面积比约为7∶3。陆地相对于海洋来说，只不过是海洋中的一些“岛屿”。

我们习惯上把环绕在陆地周围的浩瀚水体叫作“海洋”，其实“海”和“洋”并不一样。“洋”又称“大洋”，是世界海洋的主体，它远离大陆，深邃而造瀚，约占海洋总面积的89%，平均水深在3 000米以上，温度、盐度等水文要素不受大陆影响，相对稳定，有独立的风、潮汐和洋流系统；海则是大洋的边缘部分，它分布在大洋的边缘，濒临大陆，面积约占海洋总面积的11%，海的水深比洋要浅，平均水深在2 000米以下，水温、盐度等水文要素受大洋和大陆的双重影响，变化较大，海的水色比洋要混浊，透明度小，潮汐和海流受大洋的支配，没有自己独立的系统。从整体角度观察，海洋以洋为主体，以海为附属，海在洋的边缘，二者互相依偎，彼此相通，共同组成浩瀚奥妙的海洋世界。世界上的大洋共有四个，按面积大小排列依次为太平洋、大西洋、印度洋和北冰洋。海则数量众多，太平洋有17个附属海，如白令海、鄂霍次克海、日本海、渤海、黄海、东海、南海等，大西洋有地中海、北海、波罗的海、加勒比海等14个附属海，印度洋有安达曼海、阿拉伯海、红海等11个附属海，北冰洋有东西伯利亚海、挪威海、格陵兰海等9个附属海。

二、海洋与中国

《西游记》中有一个情节，哪吒在海边戏水杀死东海三太子后，东海龙王敖广率领东、西、南、北四海龙王到钱塘关找哪吒的父亲李靖讨说法。实际上，中国确实有四个海，但并不叫东海、西海、南海、北海，而叫渤海、黄海、东海、南海。在地理上，中国位于太平洋西岸，背靠世界上最大的大陆——欧亚大陆，面临最大的大洋——太平洋，是一个陆海兼备的国家，海洋构成中国的半壁疆域。中国东部和东南部紧临太平洋的边缘海，自北向南依次为黄海、东海和南海，在辽东半岛和山东半岛的环抱中还有一个内海——渤海。

（一）渤海

渤海，旧称“勃海”“北海”，是我国的内海，南、西、北三面分别与山东、天津、河北、辽宁这三省一市毗邻，东面经渤海海峡与黄海相通。渤海位于北纬37°11′～41°，东经117°30′～122°20′，东西约长340千米，南北约长501千米，坡度平缓，是一个近封闭的浅海。

渤海海面被辽东半岛和山东半岛呈拱形包围着，由北部的辽东湾、西部的渤海湾、南部的莱州湾、中部的中央盆地以及东部的渤海海峡5部分组成，东以辽宁老铁山西角经庙岛至山东蓬莱角连线与黄海为界。扼守渤海东部出口的渤海海峡，南北宽约106千米，有庙岛群岛散布其间，把海峡分为6个水道，最宽的水道只有40千米（即老铁山水道），其最深处只有78米（老铁山水道附近）。

渤海地处北温带，年平均气温10.7℃（冬季1.2℃，夏季20℃），降水量为500～600毫米，海水盐度约为30%。冬季三大海湾会有冰冻现象。渤海海岸类型主要有三种，分别是：其一，黄河三角洲、渤海湾和辽东湾北岸的粉沙淤泥质海岸；其二，山东半岛北岸的基岩海岸；其三，滦河口以北的沙砾质。海底地势平坦，多为泥沙和软泥质，呈由三湾向渤海海峡倾斜态势。

渤海沿岸江河纵横，大小河流总计40余条，年径流量700多亿立方米，形成渤海沿岸三大水系和莱州湾、渤海湾、辽东湾三大海湾生态系统。辽河、黄河、海河等入海河流每年携带大量泥沙堆积于三个海湾，年造陆地达20平方千米，同时也为渤海带来了大量陆上有机物，促进了渤海生物资源的发展，形成了辽河、黄河、海河三大河口湿地。湿地动植物种类繁多，生物资源丰富，由此产生了三大鱼虾类产卵场、三大浅海贝类养殖场等。

渔业、港口、石油、旅游和海盐是渤海的五大优势资源。每年浮游植物产量为1.4亿吨，鱼类产量近50万吨，其生物链丰富；已建和宜建港口100多处；拥有胜利、大港、辽河等海上油田；依靠滨海旅游资源，成功打造了许多旅游景区；海盐产量丰富，仅莱州湾的卤水储量就达76亿立方米，折合含盐量达8亿多吨。

（二）黄海

黄海是西太平洋最大的边缘海，位于中国大陆与朝鲜半岛之间，是一个南北走向的浅海。因受黄河、长江等大陆河影响，海水含沙量高，常呈浅黄色，故名“黄海”。黄海位于北纬31°40′～39°50′，东经119°20′～126°50′，西北以辽东半岛南端老铁山角与山东半岛北岸蓬莱角连线为界，与渤海相通，南以中国长江口北岸启东嘴与济州岛西南角连线为界，与东海相连，东南通过济州海峡与日本海相通，是一个半封闭的浅海。濒临黄海的主要行政区有中国的辽宁、山东和江苏三省以及朝鲜的新义州和韩国的仁川。

黄海以山东半岛的成山角与朝鲜半岛的长山串为界，分为南黄海和北黄海两部分，南黄海面积较大，约为北黄海的4.4倍。注入黄海的河流主要有一河三江（淮河、大同江、鸭绿江和汉江），水文特征受陆源影响较大，水温年变化为15～24℃，海水盐度约为3.2%，气候特征为冬季寒冷干燥，夏季温暖湿润。

黄海内的岛屿主要集中在辽东半岛东侧、胶东半岛东侧和朝鲜半岛西侧边缘。黄海潮波东部大于西部，为逆时针潮波系统，大部分地区潮波呈规制状的半日潮。海浪南北各不相同且随季节变化明显，南部以涌浪为主，北部多为风浪；秋冬季节，南部以北浪为主，北部则多西北浪，夏季北部以东南浪为主，南部多南浪。

黄海海区生物资源以暖温带生物种类为主，兼有热带生物种类，除了300多种鱼类资源外，还包含金乌贼、枪乌贼、长须鲸、虎鲸等大量头足类和鲸类动物，浮游生物（中国毛虾、太平洋磷虾）、底栖动植物种类繁多且产量丰富，形成了大沙、吕泗、连青石、海州湾、石岛、烟威等六大著名渔场。海底油气、矿产资源丰富，且已形成了规模化的开采活动。

（三）东海

东海，又称“东中国海”，是中国岛屿最多的三大边缘海之一。东海位于北纬21°～33°10′，东经117°11′～131°，北以长江口北角为界与黄海相邻，南以鹅銮鼻和南澳岛连线为界与南海相通，东以琉球群岛为界与太平洋相连，东北部通过对马海峡与日本海相通，在行政区划上涉及我国的上海、浙江、福建三个省级行政区。

东海大陆架面积广阔，约占整个海域面积的2/3，中国近60％的海岛分布在此，如钓鱼岛、舟山群岛、澎湖列岛、台湾岛以及琉球群岛等。注入东海的江河较多，约40条，主要的水系有四江一溪——闽江、长江、瓯江、钱塘江和浊水溪，从而形成了东海低盐度的水域特征。

东海沿岸港湾港口较多，如上海、宁波、舟山、福州等，且航道深阔，水量充沛，港内风平浪静，宜于巨轮停泊。因受长江淡水影响，东海水质优良，渔业发达，素有“天然鱼仓”之称，盛产大黄鱼、小黄鱼、墨鱼、带鱼等，位于东海上的舟山渔场被称为“中国海洋鱼类的宝库”。东海广阔的大陆架海底油气资源丰富，现有春晓、断桥、残雪等五大油气田，已探明的油气田面积多达2.2万平方千米，天然气储量多达700亿立方米。

（四）南海

南海，又称“南中国海”或“中国南海”，因其位于中国大陆的南部而得名，是中国南部的一个陆缘海，属西太平洋的一部分。南海是世界上仅次于珊瑚海和阿拉伯海的第三大海。

南海海域平均水深1 200多米，海底地势西北高、东南低，向南海中心部分呈阶梯状下降；海底地貌大体呈菱形，中央海盆的外围是陡峭的大陆坡，共分为东、西、南、北四个区，大陆坡外围紧邻大陆架，南海诸岛就是在海盆隆起的台阶上形成的，其可开发的海域面积和可利用的海域空间均超过其他三大海域。

南海诸岛由数百个珊瑚礁构成的岛、礁、滩、沙和暗沙组成，它们像一颗颗璀璨的明珠镶嵌在南海海面上，依其地理位置的不同，由北向南可分为东沙群岛、西沙群岛、中沙群岛、南沙群岛。东沙群岛主要由“一岛一礁和两滩”组成：“一岛”指东沙岛，“一礁”指东沙礁，它属于环礁；“两滩”是指两个暗礁，即南卫、北卫两个滩。西沙群岛主要由沙岛组成，在中国南海诸岛中其拥有的岛屿是最多的，以永兴岛为中心，包括永乐群岛和宣德群岛在内的 20 多个岛屿以及 7 个沙洲和 10 余个暗礁、暗滩。中沙群岛北起神狐暗沙，南至波洑暗沙，东至黄岩岛，由黄岩岛和中沙大环礁上 26 座已命名的暗沙及一统暗沙、宪法暗沙、神狐暗沙、中南暗沙 4 座分散的暗沙组成，由东北向西南延展，大略呈椭圆形。南沙群岛由太平岛、中业岛、南威岛、弹丸礁、郑和群礁、万安滩等在内的 200 多个沙洲、沙岛、礁岛、礁滩组成。南沙群岛是中华人民共和国的固有领土，现隶属于海南省三沙市。

南海地处热带，常年温差较小，年平均气温为 25～28 ℃，因为有两江三河（珠江、韩江，红河、湄公河、湄南河）注入南海，南海资源丰富。鱼类物种齐全，大小黄鱼、金枪鱼、梭子鱼、带鱼、红鱼等热带鱼类繁多，鲍鱼、龙虾等名贵海产丰富，特别是南海滋补金丝燕窝驰名海内外。海底海草、海藻、珊瑚礁等植物种类繁多，海岛雨量充足，植被茂盛，约有 200 多种高级植物散布在南海诸岛之上，更有千万种热带动物寄于这些海岛之中。在油气资源方面，南海海域被誉为“第二个波斯湾”，据全国第二轮资源评价估计，整个南海的石油储量约为 290 亿吨，天然气储量约为 56 万亿立方米（相当于 509 亿吨石油的量）。

中国依山面海的地理特征，决定了中华民族自远古时代就与海洋密不可分。我国的考古工作者在北起辽宁南至广州的沿海广大地区，发现了许多新石器时代人类留下的贝壳堆，得出了这样的结论：沿海地区的原始人群，主要的生产活动是从海边采拾贝类，以海贝肉作为他们维持生存的主要食物。考古又发现，随着生产力的发展，到夏、商、周时期海洋捕捞技术已有初步发展，有了纺轮、坠网、鱼钩、鱼叉等渔具；到了春秋时期，海洋捕捞已经广泛使用船只，当时的渔船、网具和捕捞方法都已相当进步。古代人在从海洋里捕捞食物的同时，还从海洋中获取食盐，春秋时期海产鱼虾贝类和食盐已经成为沿海地区和内地进行交换的重要商品，沿海诸侯国已经把海洋渔业和盐业作为主要经济活动和富强源泉。现今留存的历史文献都证明了沿海人群对海洋的认识首先是兴渔盐之利，也就是靠海吃海。

古代人群为了获取生活资料，在兴渔盐之利的同时又通舟楫之便，创造了具有鲜明海上活动特色的龙山文化和百越文化，他们以舟筏等水上运载工具为条件，以漂航为特征，开始了上古先民的海洋开发之旅。他们不仅把文化传播到沿海各地，同时也使它们流传到遥远的海外。到了夏、商、周代以至春秋战国时期，出现了木板船，具备了一定的航海技术水平，形成了横渡渤海、航行舟山与台湾的沿海航线，以及东航朝鲜与日本的航线，产生了沿海的一些港口城市。秦、汉以及三国时期航海事业有了较大的发展。秦始皇统一中国后曾经四次巡海，并且积极开辟海上航路。到了汉代，又开辟了海上丝绸之路，这条航线以广东的徐闻、合浦为起点，经过马六甲海峡，到印度东岸、斯里兰卡、波斯湾和红海，沟通了太平洋与印度洋，将中国的丝绸经海路运往波斯以至罗马，同时还开辟了东航日本的航线。唐、宋时期中国的航海事业繁荣，造船技术达到了新高峰，出现了铁锚、平衡舵与舭龙骨等先进设备，产生了用于航海的海洋潮汐研究、海图绘制与指南针等三项先进航海技术，当时均居世界前列。元末明初，是我国古代海洋事业发展的鼎盛时代，其中典型的事例是在1405～1433年郑和七次下西洋。明朝中叶至清朝初期，由于民族矛盾和阶级矛盾的尖锐化，封建王朝实行了一系列的海禁政策，中华民族也由盛转衰，至1840年中国进一步衰落，直至丧失制海权，开启了近代一百多年的民族屈辱史。

三、海洋与安全

安全是人们最常见、最常用的词汇之一。《现代汉语词典》对安全的释义为“没有危险，不受威胁，不出事故”。就字面意思而言，“安”一般指不受威胁、没有危险，即“无危则安”；“全”一般指圆满、完整，或指无伤害、无残缺、无破坏、无损失，即“无损则全”。因此，“安全”通常可以理解为不产生危害，不导致危险，不造成损失，不发生事故，或运行正常、进展顺利等。

安全问题，从来与人类的生存和发展密切相关。安危相易，福祸相生，作为一个自然状态的人，求安避危，是人的生存本能，而提高生存的安全性，则是人类永恒的课题。在生产力低下的原始社会，人类结成一定的生产关系和社会关系，与大自然中存在的各种危险进行斗争，求得自身、家庭、部落、族群的安全。私有制和阶级的产生，使安全的范围扩大，人们除了与“天灾”斗，还需要与“人祸”争。进入工业时代后，机器大生产蓬勃发展，人类改造自然的范围和深度大幅提升，方式和手段更加多样，各类生产安全事故也随之急剧增加，成为严重威胁人类自身安全的又一重要因素。可以预见，只要有生命存在，人类就要在求安、保全的漫长道路上继续探索前行。

人类之所以能够从众多生物之中脱颖而出，成为我们这个星球上的万物之长，重要的一点在于其始终保持着对大自然的不懈探索。我们不知道是谁踏出了征服海洋的第一步，但可以想见，浩瀚莫测的大海对于曾经渺小蒙昧的人类而言，在相当长的历史时期内一定是充满了危险、恐惧甚至是灾难的未知世界。可以说，人类探索、利用海洋的历史首先是一部探险史，然后才是一部开发史，海洋的深邃辽阔吸引着人类追逐未知的脚步，海洋的变化无端也给一代又一代“闯海人”留下了绵延不尽的噩梦。

中国是一个海陆兼备的大国，虽然农耕文明一直占据着社会生活的主导地位，但是和海洋有着天然而又广泛关系的中国人，在和海洋共生、共存的长期历史过程中创造了包括海神文化在内的光辉灿烂的海洋文明，而海神文化产生的重要源起之一正是人类对海洋的敬畏、对海洋灾害的无助和对海上平安的祈求。从古至今，危险与事故始终与海洋相伴相生，人们对辽阔无限的大海又是爱、又是怕、又是敬，每一次出海都祈求上苍眷顾，能够风平浪静、平安回家，由此创造出龙王、鱼神、龟神等许许多多优美动人的民间传说，本章开头所讲的“默娘”就是其中最具代表性的一个故事。

第二节　海上安全风险分类

海洋与陆地都是人类生存的重要地理空间，但与陆地开发相比，人类开拓利用海洋的时间要晚得多，进度也慢得多，这跟海洋自身的物理特性密切相关。大陆是相对稳定的，人类在陆地上可以自由地坐卧站行，畅快呼吸，天气好时可以晒晒太阳，吹吹微风，天气不好时可以找地方躲雨避风，取暖纳凉，正可谓进可攻，退可守，游刃有余；而海洋是时刻动荡的，海水昼夜不停地流动交换，海况更是瞬息万变，一会儿风和日丽，顷刻间又会狂风暴雨，不会游泳的人一旦落水后果可想而知，即使是会游泳的人，也必须一刻不停地摆动身体耗费体力以防止在海水中沉没，更不要说碰到鲨鱼、鲸鱼等大型海洋动物的下场，即使什么都没碰到，时间久了要么累死，要么渴死，要么冻死，反正结果都不太美好。正因如此，一说到海洋，人们就会自然地联想到风险。

一、海洋安全风险与事故

风险是指在某一特定环境下、某一特定时间段内、某种损失发生的可能性。风险（威胁）与安全互相对应，它们相生相长而又相辅相成，密切联系而又相互矛盾，有风险（威胁）才能想到安全，有什么样的风险（威胁）就要有什么样的安全手段或措施去保障安全。若按行业分类，包括海洋渔业在内的海洋生产是众所周知的高风险行业，一代又一代的“闯海人”在波诡云谲的大海之上，艰难而又顽强地维持着耕海牧渔的生产和生活方式，在辛勤劳作的同时，却又不得不时刻防范着自然灾害、生产事故等各类风险因素可能带来的人身和财产损失，用鲜血和生命付出了一次又一次惨痛的代价。

风险仅表示因与果之间的可能性，并不必然导致灾难性后果的出现。我们当然期盼能够平安渡过各类海上安全风险，但也必须清醒地认识和高度警惕风险可能导致的不利后果，尤其是各类海上生产事故。事故是指造成主观上不希望出现的但最终却意外发生的事件，其发生的不利后果可简单划分为人身性和财产性两类。前者如疾病、伤害、死亡等，后者如物品损坏、财产贬值、财物灭失等。事故是发生在人类生产、生活活动中的特殊事件，在人类的任何生产、生活活动过程中都可能发生，海上生产尤其突出。事故总是突然发生，出乎人们的意料。由于导致事故发生的原因非常复杂，且往往包含许多偶然因素，因而事故的发生具有随机性。在事故发生之前，人们无法准确地预测事故发生的时间、地点和性质。事故往往迫使正在进行着的正常生产、生活活动暂时或永久停止，必然给人们的生产和生活带来某种形式的不利影响，因此，事故是一种违背人们意志的事件，是人们不希望发生的事件。

根据国务院 2007 年 6 月 1 日公布施行的《生产安全事故报告和调查处理条例》，按照事故造成的人员伤亡或者直接经济损失的不同，生产安全事故可分为以下几类：

一般事故：造成 3 人以下死亡，或者 10 人以下重伤（包括急性工业中毒，下同），或者 1 000 万元以下直接经济损失的事故。

较大事故：造成 3 人以上 10 人以下死亡，或者 10 人以上 50 人以下重伤，或者 1 000 万元以上 5 000 万元以下直接经济损失的事故。

重大事故：造成 10 人以上 30 人以下死亡，或者 50 人以上 100 人以下重伤，或者 5 000 万元以上 1 亿元以下直接经济损失的事故。

特别重大事故：造成 30 人以上死亡，或者 100 人以上重伤，或者 1 亿元以上直接经济损失的事故。

二、海洋安全风险分类

必须承认，我们并不能预知所有风险，也不可能防范所有风险。风险之所以被称为风险，就是因为它具有未知性、偶然性、随机性。海洋安全风险更是瞬息万变、变幻莫测，因此穷尽所有海洋安全风险在理论上是一项不可能完成的任务。同时我们也要清醒地认识到，预测评估是风险防范的基本前提和重要基础，深度了解、充分预估各类风险要素对于提高风险防范能力、减轻风险可能导致的不利后果具有十分重要的现实意义。目前我们常见的海洋安全风险可以分为以下十类：

1. 溺水的风险

溺水又称“淹溺”，是指人淹没于水中，由于水吸入肺中（湿淹溺）或喉挛（干淹溺）导致窒息从而丧失神志、昏迷直至死亡。溺水多为湿淹溺，能占到 90%。海浪翻滚、暗流涌动的大海不像池塘那样水平如镜，不像游泳池那样水温宜人，也不像江河那样可以一眼望到岸边，如果没有得到及时有效的救援，即使是会游泳的人，一旦不慎落入茫茫大海也往往凶多吉少，生还的可能性变得微乎其微。

2. 碰撞的风险

碰撞是指两艘以上船舶或其他航行载体之间发生撞击从而造成人身或财产损害的事故。碰撞事故可能造成人员受伤或死亡，船舶或其他航行载体及搭载物品受损，船舶或其他航行载体沉没等多种后果。碰撞事故的等级按照事故造成的人员伤亡数量或直接经济损失数额确定。

3. 搁浅的风险

搁浅是指船舶或其他航行载体搁置在浅滩上，造成船舶或其他航行载体停航，船舶或其他航行载体及搭载物品损害的事故。搁浅事故的等级按照搁浅造成的停航时间确定：停航在 24 小时以上 7 天以内的，确定为“一般事故”；停航在 7 天以上 30 天以内的，确定为“大事故”；停航在 30 天以上的，确定为“重大事故”。

4. 触礁的风险

触礁是指船舶或其他航行载体触碰礁石或者搁置在礁石上，造成船舶或其他航行载体及搭载物品损害的事故。触礁事故的等级参照搁浅事故等级的分类方法确定。

5. 触损的风险

触损是指船舶或其他航行载体因触碰岸壁、码头、航标、桥墩、浮动设施、钻井平台等水上或水下建筑物或者沉船、沉物、木桩渔棚等碍航物造成自身及搭载物品损害的事故。触损事故可能造成船舶等航行载体本身和岸壁、码头、航标、桥墩、浮动设施、钻井平台等水上、水下建筑物的损失。

6. 浪损的风险

浪损是指船舶或其他航行载体因其他船舶或航行载体兴波冲击造成损害的事故，也称为“非接触性碰撞”，因此，浪损事故的损害计算方法可参照碰撞事故的分类方法。

7. 火灾、爆炸的风险

火灾、爆炸是指因自然或人为因素致使船舶或其他航行载体及搭载物品失火或爆炸造成损害的事故。同样，火灾、爆炸事故可能造成重大人员伤亡，船舶或其他航行载体及搭载物品受损、沉没等。

8. 风灾的风险

风灾事故是指船舶或其他航行载体及人员遭受较强风暴袭击造成不同程度损失、损伤的事故。

9. 自沉的风险

自沉是指因超载、积载或装载不当、操作不当、自身漏水等原因或者不明原因造成船舶或其他航行载体沉没、倾覆、全损的事故；但其他事故造成的船舶或其他航行载体沉没不属于“自沉事故”。

10. 其他引起人员伤亡、物品损坏等直接经济损失的水运交通事故

例如，船舶或其他航行载体因外来原因使舱内进水、失去浮力，导致船舶或其他航行载体沉没；船舶或其他航行载体因外来原因造成严重损害，导致全损或部分损坏等。

为了帮助大家加深对海洋安全风险的理解，下面我们来看一个发生在我们身边的案例。

2014 年 4 月 16 日上午 8 时 58 分许（韩国当地时间，下同），韩国一艘载有 476 人的“世越”号（SEWOL，也译为“岁月”号）客轮在全罗南道珍岛郡海城发生浸水事故，客轮逐渐倾斜后沉没。据韩国海警介绍，“世越”号客轮是从韩国仁川出发驶往济州岛的，船上有 400 余人，其中许多是前往济州岛修学旅行的学生。该事故造成 294 人死亡，172 人受伤，另有 11 人下落不明。

8 时 58 分，韩国海岸警卫队在收到“世越”号客轮发出的求救信号后，立刻展开搜救行动。韩国海警一艘救生船于 9 时 30 分最先抵达事发地点，但此后韩国海警展开的海上救援工作不尽如人意，以致众多遇难者家属指责海警救援不力。

事后调查发现：事故客轮上的货物严重超载，且原本应该固定好的货物并没有被固定好，客轮在航行途中突然改变航向，导致船载货物移位而发生倾斜并沉没。事故发生时，客轮上的 44 个救生筏只有 2 个自动充气上浮。但是，这 44 个救生筏在之前韩国船级社的定期检查中被认定为合格。

根据韩国检方和警方联合调查的情况，失事客轮“世越”号在 16 日上午 8 时 58 分许先向济州交通管制中心（VTS）汇报船体倾斜事实后，9 时 06 分许与珍岛 VTS 取得联系，直到 9 时 37 分保持联系并进行了 11 次沟通。调查发现，珍岛 VTS 方面在第一次沟通时已指示“世越”号的航海师紧急采取救援措施，但“世越”号方面在 31 分钟后才开始采取相关措施。

据悉，“世越”号在事故发生之前一直与济州 VTS 进行沟通，而在接到海警方面的救援指示后才与珍岛 VTS 取得联系。事故地点屏风岛以北3 000 米海

域是珍岛 VTS 的管辖海域，而“世越”号的目的地为济州，因此事发当时的通信频道被定为济州 VTS。珍岛 VTS 方面表示，在 16 日与“世越”号取得联系时，曾向航海师提问客轮是否正在倾斜，而航海师回答说“是”，因此珍岛 VTS 指示航海师赶紧将救生衣和救生筏投向海里。然后于 9 时 37 分，“世越”号与珍岛 VTS 失去联系。3 分钟后，乘客和乘务员等 150～160 人跳入海中，此时“世越”号已倾斜 60°以上。然而，在珍岛 VTS 指示紧急采取救援措施的情况下，船长李某仍未发出紧急疏散令，导致大量人员伤亡。船长李某在接受调查时主张，事故发生时海水流速很快，水温又低，因此没有立刻发出疏散令。此外，船长和船员在没有及时疏散乘客的情况下，乘坐最先到达事发地点的救生船逃离客轮，导致大量乘客错过最佳逃生时间。经核实，“世越”号 15 名核心船员全部获救。

4 月 18 日，韩国检方和警方联合调查本部正式提请逮捕失事客轮“世越”号船长李某、三级航海师朴某及舵手 3 人。船长李某涉嫌没有尽到船长或乘务员的职责而使乘客遇难，还涉嫌遗弃致死、因工作过失导致客轮沉没、违反《海难救助法》。根据 2013 年 7 月新增的相关法律条例，船长李某最高可能会面临无期徒刑或 5 年以上的有期徒刑。航海师朴某和舵手 2 人涉嫌遗弃致死、因工作过失导致客轮沉没、违反《海难救助法》。

4 月 19 日，韩国珍岛，沉没的“世越”号客轮流出的油带开始出现在海面上。

4 月 27 日上午，时任韩国总理郑烘原召开紧急发布会，表示对韩国“世越”号沉船事件负责，宣布引咎辞职。郑烘原承认，初期的救援应对方面有很多问题发生，就此向国民表达深深歉意，自己作为国务总理应对此负全责，所以应该从这个位置退下来。

5 月 19 日，时任韩国总统朴槿惠在青瓦台就“世越”号沉船事故发表《对国民谈话》，她在谈话中就事故向国民道歉，并表示将解散韩国海洋警察。朴槿惠说，政府将彻查是否存在与清海镇海运公司勾结的势力，并严厉打击在社会各界蔓延的贪污腐败现象，确保国民生命和安全不再受到威胁。她还提出了《政府组织法》修订案，其主要内容为：重组国家灾难系统，解散海洋警察厅，新设“安全控制塔”——国家安全处。

11 月 11 日，韩国法院判处失事客轮“世越”号船长李俊锡犯遗弃致死伤罪等，判处其有期徒刑 36 年。裁定轮机长犯杀人罪，判处其有期徒刑 30 年，其余 13 名船员被判有期徒刑 5～20 年。

11 月 20 日，韩国光州地方法院以业务过失致死罪等判处“世越”号沉没客轮运营商——清海镇海运公司首席执行官金汉植有期徒刑 10 年，并处罚金

200 万韩元（约合人民币 1.1 万元）。

除了对弃船逃生的船员进行审判外，韩国方面还围绕韩国海警是否援救得力、政府相关部门是否监管到位等问题进行了相关惩罚和措施决定。

第三节 海上安全风险原因分析

看了前面韩国“世越”号客轮沉没事故的案例后，相信每一个人的内心都会被深深触动。人生是如此脆弱，从天堂到地狱，不过是一步之遥，无数鲜活的生命还没有充分绽放，就因为一场突如其来的海难事故过早枯萎，这实在是一件令人痛心疾首的事！面对一个个触目惊心、教训惨痛的海难事故，我们要做的不能只是悲伤和哀叹，更重要的是警醒和应对，只有直面惨淡的现实，正视事故的成因，采取有效的防范措施，才能走出灾难的深渊，重获生命的希望。总结和分析多年来我国邻近海域发生的各类海难事故，笔者认为，海洋安全风险之所以频繁发生，后果惨重，主要有以下几个原因：

一、海洋气象状况复杂、多变，各类自然灾害频繁发生

“无风三尺浪”，恶劣多变似乎是海洋环境状况的代名词。如果将地球作为一个整体观察，其中占七成面积的海洋就像是一台大空调，调控和稳定着全球的气候变化，但深入考察这台大空调我们就会发现，因为它的身躯过于庞大，风浪交错方向不断变化，潮流交互水体时刻流动，因此不仅海洋的各个区域气象状况差异较大，即便是在同一区域，天气和海况也可能在短时间内发生剧烈变化。因海洋自然环境发生异常或激烈变化，导致在海上或海岸发生的灾害就被称为海洋灾害，主要有灾害性海浪、海冰、赤潮、海啸、风暴潮；与海洋和大气相关的灾害性现象包括“厄尔尼诺”现象、“拉尼娜”现象和台风等。海洋自然灾害破坏性极大，不仅严重威胁海上生产人员和游客的人身安全，而且还会危及沿岸城乡区域。

二、海洋物理性质独特，自然环境不适于人类长期生存

海洋与陆地最明显的区别之一，就是海床之上覆盖着厚度为几米到几千千米的一层海水水体。海水通过潮、流、浪的涌动一刻不停地流动交互，而且水温较低，盐度过高，不能直接饮用。靠肺呼吸的人类既无法像鱼、虾、蟹等靠鳃呼吸的动物那样在海水中自如地呼吸，也不能像在陆地上一样较为容易地获取生存所需的淡水和食物，而且由于水中的散热速度比陆地上的散热速度要快得多，落水后人浸泡在低温的海水中会使体热迅速散失，使人在短时间内体温

大幅下降甚至昏迷死亡。此外，因海面时刻动荡不平，船、艇、筏等水上运载工具会产生多维度剧烈摇摆，没有长期海上生活经历的人普遍会出现头晕、呕吐、疲劳、出冷汗等晕船、晕浪症状，造成大量失水，精神萎靡，遇险者更会因此失去求生信心。

三、沿海港口密集，海上航线交织，海上交通环境复杂

改革开放后，随着中国经济外向度的不断提升，海上交通运输业进入快速发展期，全国沿海港口星罗棋布，海上航线密集交织，而且商船的习惯性航线与渔船的作业渔场多有交叉，各类船舶海上航行、作业的环境日益复杂，商渔船碰撞事故呈高发、频发态势。据统计，目前海上各类安全生产事故中商渔船碰撞事故的占比达到60％以上，因商船与渔船的体积比例过于悬殊，一旦发生商渔船碰撞事故，其后果都十分惨重，体型小的渔船面临的往往是船毁人亡的人间悲剧。

四、海洋从业人员的综合素质有待提高，自救、互救知识普遍不足

进入新世纪后，海洋产业特别是传统的海洋渔业生产的内外部环境发生了深刻变化，一方面渔业产业不断转型升级，休闲渔业、观光渔业、体验渔业等新兴产业形式由点到面渐成规模，旅游观光人员大规模涉足海洋，带来了新的海上安全保障难题；另一方面渔业从业人员内部不断分化，沿海传统渔民中的一部分转型为船舶所有者，雇佣船长和船员出海生产，大量内地外出务工人员集中涌入海洋渔业船员市场，有的未经正规培训即随船出海生产，他们没有涉海生活经历，安全生产意识普遍较差，安全操作和自救、互救能力普遍较低，加之渔业船舶装备水平偏低、适航能力较差，致使船舶自沉、风损、触损、碰撞等各类海难事故时有发生，严重威胁所有在海上生产、作业人员和旅游、探险者的生命财产安全。

五、海上救助难度大，应急反应时间长，救援效率不理想

由于海面广阔，而且没有明显的地理坐标参照物，因此当人员或船舶在海上遇险时，往往因遇险环境、通信设备、人员素质等因素不能及时、有效、准确地将遇险搜救所需要的详细信息发送给周边船舶或陆地通信岸台，致使救援组织者和救援人员无法精准确定遇险人员或船舶的出险位置，难以及时实施救援。同时，受海上风流、浪流、涌流不断变化等环境状况的影响，遇险人员或船舶在海上遇险后其位置也会随时发生漂移变化，逐渐远离最初的遇险地点，而且遇险人员或遇险船艇有时不会或者不能采取合理、有效的手段向外界表明其所在位置，从而导致救援时间延误失去获救机会。此外，因实施海上救援的船舶或飞机需要一定的时间备航才能启动救援，到达事发海域并准确找到遇险人员或船只又需要相当长的时间，且目前海上救援直升机的飞行半径一般局限在 150 千米以内，如果遇险海域离岸较远，海上应急救助的效果就会大打折扣。

本章小结

本章主要内容可归结为以下四点：①生命有且仅有一次，所有涉足海洋的人都要珍爱生命，始终绷紧安全的防线。②海洋分为洋和海两部分，洋为主体，海为附属，中国周边环绕渤海、黄海、东海、南海四片海，其中渤海是中国的内海。③海洋生产是高风险行业，海洋与风险相伴相生，密切关联，常见海洋安全风险可归纳为溺水、碰撞、搁浅、触礁、风灾、火灾、自沉等 10 类。④海洋物理性质独特，气象状况复杂、多变，自然灾害频繁发生，交通环境复杂，从业人员自救、互救能力普遍不足，海上救助难度大等因素导致海洋安全风险往往损失严重，后果惨痛。

第二章　认识船舶——用途、分类与演化

单纯就身体条件而言，人类在自然界中并不突出，甚至可以说非常普通，不要说我们不能像鸟类一样在天空中自在飞翔，也不能像鱼类一样在水里自由嬉戏，即便是在陆地上运动，我们的表现也差强人意。论速度，我们不仅比不上猎豹、瞪羚等知名的跑步高手，就连可爱而弱小的野兔一旦急眼了也比大多数人跑得快；论耐力，我们不要说跟骆驼、野牛等有名的耐力大咖竞赛，就算是我们生活中常见的马和骡子也比人类走得更持久。不仅如此，如果运动场地的自然条件稍差一些，人类的表现会更糟糕。比如：将环境变换成辽阔无边的沙漠，我们持续走上一个小时就会备感吃力，单靠徒步脱离困境的可能性变得微乎其微，多数情况下只能依靠“沙漠之舟”——骆驼的帮助才能够顺利过关；而当人类置身于烟波浩渺无边无垠的大海时，就连简单的走路也变成了一种奢望，我们通过后天练习好不容易掌握的那一点儿游泳技能帮不上太多忙，不要说在大海里劳作，时间久了连基本的生存都会成为大问题，这个时候，我们唯一可以借助的工具就只有船舶了。

既然如此，那么，不管你是需要在大海上长期生产、生活的渔工渔民，还是驾驶货轮从事海洋运输的船员，又或者是乘坐游轮出海观光的游客、驾驶小船或小艇出海探秘的探险者、搭载小舢板到海水养殖区垂钓或采摘的体验者，在踏入风光壮丽浩瀚无边的大海之前，都要先来了解一下你在这里唯一可以依靠的亲密伙伴——船舶。

第一节　什么是船舶

人类学家认为，大约 45 000 年前生活在印度尼西亚的智人已经学会了如何建造及操纵能在海上航行的船只，开始前往远洋捕鱼、贸易和探险，大约 35 000 年前就有人类抵达日本，大约 30 000 年前人类开始抵达我国台湾。从目前的认知来看，学会造船和航海比阿波罗 11 号登上月球对人类发展的重要性还要大，因为正是借助船、通过海，人类才成功离开已生活了几百万年的亚

非大陆，到达澳大利亚、美洲等新的大陆开启了对整个地球的开垦。

既然船舶在人类发展历程中发挥了如此重要的作用，那么，这一节我们就从各个不同的角度来介绍一下这位你或许认识但可能并不真正了解的“朋友”。

什么是船舶？看到这个问题，很多人可能会觉得过于简单，因为在当今这个交通便利、资讯发达的时代，无论是居住在沿海、沿江、沿湖等临水区域，还是身处遥远偏僻的内陆山区，人们大概都见过船舶，即使没有机会目睹船舶的真容，至少也会在电视、电脑或者手机上看过不同类型船舶的图片。但看过和认识是不同的，对大多数人来讲，你指着一条真实的船问他，他会明确地回答你那是一条船，但如果你问他船是什么，他可能考虑半天也无法给出一个确切的答案。那么，究竟什么是船舶呢？

在回答这个问题之前，我们先来看几幅不同的船舶图片：

图 2-1 是西亚古国腓尼基建成的大型舰队中的一艘舰船，建造时间大约在公元前 700 年，战舰帆桨并用，在水下部分还带有撞角。

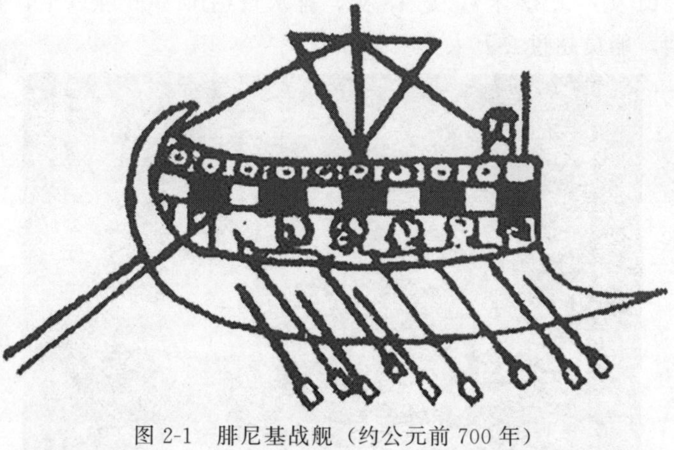

图 2-1　腓尼基战舰（约公元前 700 年）

图 2-2 是公元 200 年前后的罗马商船。特点是艏低艉高，艉部饰有天鹅的头，中部挂一方帆，艏部有一倾斜的小桅，并挂一小方帆，用来控制船的着风方向。该船出现的双桅双帆，表明了驶帆技术的进步。

图 2-2　罗马商船（公元 200 年）

图 2-3 是郑和统率舟师七下西洋（1405～1433 年）时的宝船，其中大型宝船长 44 丈（1 丈＝3.33 米），宽 18 丈，排水量达 14 000 吨以上，每次出洋船舶 200 多艘，船员超过 2 万人。

图 2-3　郑和下西洋时的宝船（1405～1433 年）

图 2-4 是北海航海保障中心的 1 200 吨中型航标船“海巡 1506”，总长 62.0 米，型宽 12.0 米，型深 4.7 米，排水量 1 300 余吨，全电力推进系统，双舵桨推进装置，配有艏侧推和动力定位系统。船舶续航力 3 000 海里，自持力 15 天，满足 B3 级冰区加强要求。

图 2-4　航标船“海巡 1506”

图 2-5 是一艘正在海上救助落水人员的橡皮艇。橡皮艇是由最早的木制船模型衍生而来的，种类繁多、型号各异，有部队渡江渡海作战用的军用艇，有武警防汛救援的防汛艇，有专门追求速度的挂机艇，有完全手动的皮划艇，有体验激流乐趣的漂流艇，有外形朴实的工作艇，有用于近海垂钓的钓鱼艇，等等。

图 2-5　一艘正在海上施救落水人员的橡皮艇

上述五幅图片中的船、艇都是船舶大家庭中的成员，但船舶并不是只包含这几种类型（后面我们会对船舶类型做详细介绍）。这几张图片的作用是帮助我们来直观地感受船舶，并加深对船舶概念的认识。那么，图片中的这几种船舶有什么共同点呢？

第一，它们都是人们制造或建造的工具，无论这些船舶的材质是天然的竹子、树干还是现代的钢铁，都是人们有意识制造或建造的生产工具。

第二，它们都能漂浮在水上，正常情况下不会倾覆或沉没到水中，能够帮助人们实现在水上站立、行走、短期劳动等目的。

第三，它们都有一定的承载空间，除了负担人本身的质量之外，还可以负载人们在水上生活所需要的淡水、食物等生活资料和劳动所需要的网具等生产资料，使人们能够相对舒适地休息以维持体力来保证持续一段时间的水上生活和生产。

第四，它们都能够在水上移动或航行，可以凭借人力、风力、电力等外力的帮助实现一定距离范围内和一定速度的自由活动，帮助人们渡过水域和运输货物。

总结上述四点，我们可以将船舶定义为：人们有意识建造的能够航行和停泊于水域之中帮助人们进行水上运输、作业及短期生活的一种重要生产和生活工具。

第二节　船舶的用途

如前所述，船舶的主要功能是帮助人类适应与陆地完全不同的水域环境，使人类能够做到在水域之上短期生活并能从事捕捞、养殖、运输等某些生产活动，从而大大拓展了人类活动的空间范围，深刻改变了人类的发展进化历程及地球整体生态和物种演化的进程。随着船舶及其装备的不断改进和完善，船舶的功能不断丰富，其用途也日趋多样化。从目前情况看，船舶的主要用途可以概括为七类：

一、国防安全

国防安全是国家安全的首要保障。自从有了国家，安全问题就与国家的生存和发展息息相关。从15世纪地理大发现之后，人类的安全视野开始超越国界走向世界，国家安全也开始超越陆地而扩展到海洋，国家海上安全问题成为国际政治和国际关系中的重要命题。要维护国家海上安全，就必须拥有一支强大的海军，因为海军是维护国家海上利益的主要力量，是国家海上军事安全所依赖的主体和核心，海军能够在维护国家主权和领土完整，抵御外来入侵，维护国家海洋权益，有效支撑国家的海洋战略地位方面发挥重要作用。而衡量一支海军是否强大的重要标准之一就是这支海军所配备的舰船数量和装备质量。在20

世纪，中国衰落和日本崛起是近现代太平洋西岸所发生的最重要、最值得研究的重大现象，也是至今让无数中国人耿耿于怀而又不堪回首的一段历史。1853 年和 1854 年海上的失败使日本人意识到是海军而不是陆军关系到日本未来的命运，因此，1868 年明治维新运动之后，日本军事战略发生了由制陆权向制海权的重大转变。19 世纪后半叶，日本海军战舰吨位飙升，从 1880 年的 1.5 万吨上升到 1914 年的 70 万吨，增长了 45.7 倍，成为世界第七海上强国。海军战力的增强提升了日本的国际地位，1894 年 7 月，日本与英国和美国签订条约，并得到英国对日本侵略中国和朝鲜的默许，7 月 25 日，就在日本与英国条约签订后的第九天，日本便发动了甲午战争，在海上一举击败中国，并于 1895 年与中国签订了《中日马关条约》，强割了中国台湾澎湖和辽东半岛，致使中国在列强瓜分的泥潭中越陷越深，拉开了中华民族历史上刻骨难忘的屈辱历程。

我们不仅要在内心深处时刻牢记中华民族这一段屈辱的历史，更要在意识层面上真正重视和切实加强海军的建设和海军舰船的装备。随着现代科学技术的发展，第一、二次世界大战式的无限战争方式已经并将继续被综合利用外层空间卫星侦察技术、低层空间预警技术、深层海域潜艇和声呐技术、配合陆海平面精确导弹打击技术的新型战争形式取代，海洋将是未来保障国家领土安全的主战场，海军将是决定国家安危的主力军，包括舰船配备在内的海军装备建设必须与时俱进，全面推进。令人振奋的是，现在的中国已经摆脱了积贫积弱的窘境，正在大踏步迈向实现民族复兴的伟大目标，我们的航空母舰已经下水并形成战斗力，一支强大的中国海军正向我们走来。图 2-6 所示是中国第一艘服役的航空母舰——“辽宁”号航空卧舰，舰长 304.5 米，舰宽 75 米，排水量 54 500 吨，续航力 7 000 海里（1 海里＝1.852 千米）。

图 2-6　“辽宁”号航空母舰

二、水上交通

从船舶建造演化的历史看，交通首先并始终是船舶的主要功能之一。在我们生存的这颗星球上，陆地仅占不到30%的面积，而且被海洋分割为彼此远离的几个大的板块，即便是在同一块大陆上，海、河、江、湖等大小不等的水体也星罗棋布，纵横交错，这为精力旺盛时刻以改造地球为己任但身体构造却又只适应于在陆地上活动的人类造成了不小的困扰，无论是去往被水域阻隔的岛屿或者陆地观光探险，还是想要通过遥远广阔的水道寻找新的生活空间或者开辟新的疆土，都离不开船舶等水上交通工具的辅助。时至今日，依托摆渡、轮渡、客轮等方式运行的水路运输仍然是人类交通出行的重要途径。图 2-7 所示为山东渤海轮渡有限公司所属豪华客滚船“渤海明珠”号，客轮长 158 米，设 1 200 个客位和 200 个标准车位。

图 2-7　“渤海明珠”号客滚船

三、生产作业

人类建造船舶的主要目的绝不仅仅是实现在水上行走或游玩，更重要的是依靠船舶从事生产解决吃饱、吃好等生活所需。俗话说：“靠山吃山，靠海吃海。”海洋自古以来就是维持沿海居民生存和发展的主要食物来源地之一，据资料显示，目前已知并被命名的海洋生物就有大约 23 万种，可估算的世界海洋渔业资源总可捕捞量约为 2 亿～3 亿吨，而目前实际捕捞量不足 1 亿吨，提供了人类所消费动物蛋白总量的 20%。同时，海洋还是一座蕴藏着丰富矿产和能源资源的宝库，谁开发和掌握了海洋资源，谁就将在日趋激烈的国际竞争中掌握资源配置的主动权。无论是从事海洋捕捞、海水养殖等传统的渔业生产，还是勘探和开采石油、天然气及各种金属矿产资源，都要借助于渔船、勘探船、运输船等各种类型的船舶，否则我们就只能望洋兴叹。图 2-8 所示为伏季休渔期间停港休渔的海洋捕捞渔船。

图 2-8 伏季休渔期停港休渔的海洋捕捞渔船

四、海洋运输

人类的欲望是无止境的。可以想象，当船舶建造技术逐渐进步，其负载能力和承载空间能够满足将人及其所必需的生活用品从一地运送至另一地的基本目标之后，要求船舶在更大的地理范围内往返运输更多的生活用品、生产资料、劳动收获和商品物资就会成为一种自然而然的需求，并不断被富有创造性的人类变成现实。与陆地运输和空中运输相比，水路运输具有无可比拟的优势，运输成本低、运输质量大，是大宗货物运输的最佳选择。海洋自古以来就是世界交通的重要通道，海洋运输在世界贸易发展中扮演着无可替代的重要角色。目前国际贸易总运量中的 2/3 以上、中国进出口货运总量的 90%左右都是利用海上运输的。谁拥有庞大的商业运输船队，谁就能掌握海上运输的主动权，就将在未来的国际市场竞争中占据主动地位。图 2-9 所示为“三井成就”号商船，它是目前世界上最大的集装箱船舶、全球首艘投入运营的超过 2 万个标准集装箱船，可以装载 20 170 个标准箱。

图 2-9 “三井成就”号商船

五、对外贸易

海洋是人类除陆地之外的第二生存空间，海水覆盖了70%以上的地球表面，形成了巨大的海上区域，影响着世界各地人民的生活。海洋连接着包括内陆国家在内的世界各国，海上交通将分居在各大洲不同肤色、不同种族的人们联系在一起，由此才形成了世界，才有了世界贸易，而世界贸易的持续增长，正是推动全球经济社会发展的重要动力。据不完全统计，海域（大洋、海、海湾、入海口、岛屿、海岸、沿海地带）及其上空维系着90%以上的世界贸易，是联系各国的生命线。随着经济全球化趋势的加快，海洋交通和运输对人类生存与发展的重要性进一步凸显，一艘艘商业巨轮在海洋之上川流不息，编织出了一张覆盖全球海上贸易的神奇网络，让世界上所有的国家都能参与全球大市场，互通有无，互惠互利，为世界经济的发展与兴盛提供了强劲有力的流通动脉。图 2-10 所示为一艘正在驶离港口的货轮。

图 2-10 一艘正在离港的货轮

六、科学研究

海洋不仅是一座蕴藏着丰富资源的宝库，也是一处科学研究的圣地。人类认识海洋的历史，是从最初的海上生产活动开始的，古代人类已具备了一些关于海洋的地理知识，但直到 19 世纪 70 年代，英国皇家学会组织的“挑战者”号完成首次环球海洋科学考察之后，海洋科学才开始逐渐成为一门独立的学科。海洋科学的研究领域十分广泛，其主要内容包括对于海洋中的物理、化学、生物和地质过程的基础研究和面向海洋资源开发利用以及海上军事活动等的应用研究。海洋科学包括四个相对独立的学科：研究发生于海洋中的各种物理现象及其变化规律的海洋物理学；研究海洋各部分的化学组成、物质分布、化学性质和化学过程的海洋化学；研究地球被海水淹没部分的特征和变化规律的海洋地质学；研究海洋中一切生命现象、过程及其规律的海洋生物学。海洋科学是地球科学的重要组成部分，研究领域广泛，研究意义重大，但因海洋的地理和物理性质独特，海洋科学研究对研究装备的依赖程度很大，其中海洋科考船一直是海洋科学研究工作中的利器，每个海洋强国都在发展和扩充自己的海洋科考船队。令人自豪的是，坐拥 300 万平方千米海洋的中国在海洋科考船队的发展上进步巨大，目前已有的海洋科考船不仅在数量上为全球第一，在性能上也位居世界前列。图 2-11 所示是中国最大的极地考察船——中国“雪龙”号极地考察船，也是中国唯一能在极地破冰前行的船只，舰长 167 米，舰宽 22.6 米，满载排水量 21 025 吨。雪龙船耐寒，能以 1.5 节（海里/小时）的航速连续冲破 1.2 米厚的冰层。

图 2-11 中国“雪龙”号极地考察船

七、休闲娱乐

随着生活水平的不断提高，休闲娱乐在人类生产和生活中所占的比重越来越大，而交通方式的不断进步，又让我们生存的这个世界变得越来越小，只要条件足够，你可以在十几个小时内到达你想去的任何地方。因此，无论你是生活在海边，还是居住于内陆，乘坐豪华游轮来一场说走就走的越洋跨国旅行，都已经变成了一个随时可以实现的梦想。即使是传统的渔业生产，也在跟随着新时代不断加快的步伐和人们渴望休闲的愿望努力革新，海洋公园、渔业公园、海洋牧场渐呈燎原之势，各种形式的渔家乐在中国沿海异彩纷呈，花上几百元钱搭乘一艘木质船舶体验一下海上采摘、海上垂钓、海洋捕捞的乐趣成为无数游客的热门选择，对于喜欢冒险的年轻人来说，乘坐一艘玻璃钢快艇体验一下冲浪的乐趣更是到海边旅游不能省略的快意体验（见图 2-12）。

图 2-12　一艘正在海上垂钓的玻璃钢休闲海钓渔船

第三节　船舶的分类

所谓分类，就是指按照一定的标准，将某种事物划分成不同的类别。船舶的用途各不相同，外形五花八门，内部结构也差别极大。我们大多数人可以较为轻松地分辨出军事船舶和民用船舶，或者区分开客运船舶和货运船舶，具备一定行业知识的人甚至可以区别出交通船舶和渔业船舶，但真要严谨细致地对船舶作出泾渭分明的划分其实也不是一件简单的事。

一、按船舶用途分类

前文简要介绍了目前船舶应用的七个主要领域，但如果真正将用途作为一种分类标准的话，那么首先应该把船舶划分为三个大类：军用舰艇、公务船艇和民用船舶。

（一）军用舰艇

我们对军用舰艇并不陌生，在刚刚过去的20世纪，人类亲身经历了两次世界大战，进入新世纪后，关于海域划界、岛礁争端的国际和地区间海上冲突仍时有发生，这其间军用舰艇都扮演着不可或缺的重要角色，因此在有关战争题材的电影、展览、纪念馆和新闻报道中经常会出现它们的身影。

军舰，过去也叫“兵舰”，是指有武器装备，能在海洋执行作战任务的海军船只，可以分为战斗舰艇和勤务舰船两大类。战斗舰艇中，根据习惯，一般把排水量500吨以上的水面舰只称为“舰”，而把排水量500吨以下的水面舰只称为艇。潜艇无论吨位大小均称为“艇”。战斗舰艇依其使命有航空母舰、战列舰、巡洋舰、驱逐舰、护卫舰（艇）、布雷舰（艇）、扫雷舰（艇）、登陆舰（艇）、潜艇、导弹艇、炮艇和鱼雷艇、猎潜艇（舰）等；勤务舰艇又称“辅助战斗舰艇”，主要用于战斗保障、技术保障和后勤保障，它包括军事运输舰船、航行补给舰船、维修供应舰船、打捞救生船、医院船、试验船、通信船、训练船、侦察船、测量船、拖船等。

航空母舰依舰载机的情况分为专用和多用途的航空母舰。专用航空母舰可分为攻击型航空母舰、反潜航空母舰（或直升机母舰）。攻击型航空母舰主要载有战斗机和攻击机，反潜航空母舰载有反潜直升机。多用途航空母舰既载有直升机，又载有战斗机和攻击机。航空母舰按满载排水量大小可分为大型航母（排水量在6万吨级以上）、中型航母（排水量为3万～6万吨）和小型航母（排水量在3万吨以下）；按动力装置可分为核动力航空母舰和常规动力航空母舰。航空母舰的主要任务是以其舰载机编队，夺取海战区的制空权和制海权。

巡洋舰具有多种作战能力，是海军在远洋作战的主要舰种之一。现代巡洋舰按排水量的不同，分为轻型导弹巡洋舰和重型导弹巡洋舰；按动力装置分为常规动力巡洋舰和核动力巡洋舰。

驱逐舰是以导弹、鱼雷、舰炮为主要武器，具有多种作战能力的中型水面战斗舰只，是海军舰队编成中的重要舰种之一，在不同时期驱逐舰有不同的分类方式。第一次世界大战前夕，驱逐舰的主要武器为火炮，满载排水量大都在1 000～1 300吨，所以当时没有严格的分类。第二次世界大战时，随着海军舰艇武器装备的发展，特别是潜艇和鱼雷的广泛应用，驱逐舰要担负各种不同的任务，于是出现了海洋驱逐舰、舰队驱逐舰、驱逐舰、护航驱逐舰等类型。第二次世界大战后，驱逐舰进入了现代化阶段，导弹、舰载直升机同舰炮一样成了舰上的主要武器。到了 20 世纪 70 年代中期，人们按吨位把排水量在 7 000 吨以上的驱逐舰划为巡洋舰，把排水量在 3 000 吨以下的舰队驱逐舰和护航驱逐舰划为护卫舰，把排水量为 3 000～7 000 吨的各型驱逐舰统称为驱逐舰。目前，一般按用途把驱逐舰分为导弹驱逐舰、反潜驱逐舰和多用途驱逐舰等。

护卫舰是一种以水中武器、舰炮、导弹为主要武器的轻型军舰，用于执行护航、反潜、警戒等战斗性任务。目前护卫舰按排水量的大小可分为中型护卫舰（1 000～3 000 吨）和小型护卫舰（600～1 000 吨）两种，按使命可分为反潜型、对空型和对海型三种。图 2-13 所示是正在海上巡航的美国海军舰队。

图 2-13　正在海上巡航的美国海军舰队

（二）公务船艇

公务船艇，顾名思义，就是执行国家公务特别是行政类公务的船舶和快艇。因执行公务的性质和内容不同，公务船艇的种类也相应有所区别。目前中国的公务船艇主要有五类：

1. 海警船艇

“中国海警”是中国人民武装警察部队海警总队的简称，成立于 2013 年 7 月 22 日。2018 年 6 月 22 日，按照中共中央批准的《深化党和国家机构改革方案》和《武警部队改革实施方案》决策部署，海警队伍整体划归中国人民武装警察部队领导指挥，调整组建中国人民武装警察部队海警总队，称中国海警局，统一履行海上维权执法职责。因中国海警已整体划归武装警察部队，海警船艇在性质上应当属于军用船艇。但从中国海警承担的主要职能来看，除打击海上违法犯罪活动、维护海上治安和安全保卫外，海警船艇目前执行的主要是行政执法类任务，如海洋资源开发利用、海洋生态环境保护、海洋渔业资源管理等。

海警船艇简称“海警船”，其舷号以“中国海警”统一命名。按照目前的机构设置和职责分工，海警船艇分别隶属于中国海警北海分局、东海分局和南海分局，船舷号分别以 1、2、3 开头。北海分局的责任区为辽宁、天津、河北、山东毗邻海域领海线之外的海域；东海分局的责任区为江苏、上海、浙江、福建毗邻海域领海线之外的海域；南海分局的责任区为广东、广西、海南毗邻海域领海线之外的海域。图 2-14 所示为正在钓鱼岛领海内巡航的“中国海警 2401”船，该船是中国国家海洋局重组后第二艘完成建造并交付的新型 4 000 吨级、多功能海洋执法船。

图 2-14 “中国海警 2401”船

2. 海事船艇

广义上的海事，泛指航运（海事事务）和海上的一切相关事项，如航海、造船、验船、海损事故处理等，此处专指海事行政管理机关所行使的海事管理行政职能，包括国家水上安全监督和防止船舶污染、船舶及海上设施检验、航海保障管理和行政执法、交通安全生产管理等。海事行政管理机关分为中央直属的海事局和地方海事局两类：实行垂直管理体制的中国海事局是在原中华人民共和国港务监督局（交通安全监督局）和原交通部船舶检验局、原农业部渔业船舶检验局的基础上，合并组建而成的，在全国各省、市设有直属分局；实行属地管理的地方海事局隶属于当地交通行政主管部门。二者的级别、编制、执法范围均不相同。

海事船艇包括海事巡视船和海事巡逻艇，其舷号以“海巡”统一命名，是海事机关行使职责的工作平台，主要负责外国籍船舶入出境及在我国港口、水域的监督管理，船舶载运危险货物及其他货物的安全监督，在确保水上交通安全、遏制海难事故、搜救水上遇险船只和人员、防范海上灾害、防治海洋污染、履行国际公约义务中发挥着重要作用。图 2-15 所示是“海巡 01”轮，它是中国目前吨位最大、装备最先进、综合能力最强的海事公务船，2013 年 4 月入列，总长 128.6 米，满载排水量 6 450 吨，续航力 10 000 海里，航速 20 节。船上配备有现代化综合指挥系统，具有较强的海上人命救助、遇险船舶拖带、海面溢油回收救助作业能力，并有夜间搜寻救助能力，设有中型直升机机库和大型直升机起降平台，可搭载直升机进行航空搜寻救生。

图 2-15 “海巡 01”轮

3. 渔政船艇

渔政船艇，全称为“渔业行政执法船艇”，是指各级渔业行政主管部门执行渔业行政执法任务的专用公务船艇，简称为“渔政船”，舷号以“中国渔政”统一命名。渔政船艇是渔业生产者和海上观光客常见的一种公务船，主要用于渔场巡视并监督、检查渔船执行国家渔业法规的情况，保护渔业水域环境，制止酷渔滥捕，违法排放油类、废弃物及其他有害物质等违反法规的行为，维护渔场生产秩序，处理渔业生产纠纷，也用于监督、检查我国已签订或加入的国际渔业协定的贯彻执行情况，维护本国的渔业权益。有时候，渔政船艇还肩负着渔业生产指挥、发布渔情和气象通报以及海上医疗、海难救助等任务。

自 2013 年中国海警局重新组建后，原农业部直属的渔政执法机构（原中国渔政指挥中心和黄渤海、东海、南海三个渔政渔港监督管理局）已统一划入海警队伍，其所属的渔政船艇统一编入海警船序列。因此，目前以“中国渔政”舷号出现的渔政船艇均为省级以下渔政执法机构所属的地方渔政船，按船型和排水量大小可以分为三类：排水量在千吨以上的大型渔政船、排水量在 100 吨以上 1 000 吨以下的中型渔政船、排水量在 100 吨以下的小型渔政船和渔政快艇。大、中型渔政船一般用于外海渔场执法，小型渔政船和渔政快艇用于近海或内陆江、河、湖泊和水库渔业执法。为适应监督、检查并在必要时追捕、扣留违章船舶的需要，渔政船的航速一般较高，大中型渔政船的航速通常为 14～20 节，小型渔政船的航速可达 20 余节，渔政快艇的航速最高可达 50 节左右。渔政船的稳性和适航性高于或相当于渔船，为了便于在渔船密集的渔场中巡航和在水上与渔船相靠，其操纵性能较好，干舷较低。图 2-16 所示为正在编队巡航的渔政执法船。

图 2-16 正在编队巡航的渔政执法船

4. 海监船艇

依照 1982 年颁布的《中华人民共和国海洋环境保护法》，国家海洋局于 1982 年 8 月 23 日设立了中国海洋环境监视监测船队，海监船于 1983 年开始巡航中国领海。其主要职能是依照有关法律和规定，对中国管辖海域（包括海岸带）实施巡航监视，查处侵犯海洋权益、违法使用海域、损害海洋环境与资源、破坏海上设施、扰乱海上秩序等违法违规行为，并根据委托或授权进行其他海上执法工作。1998 年，国务院进行机构改革，国家海洋局在中国海洋环境监视监测船队的基础上正式设置“中国海监总队”，并于 1999 年 1 月 13 日挂牌办公。其后，沿海各省、市、县级海监执法队伍陆续组建，形成了遍布中国沿海 1.8 万千米海岸线、国家—省—市—县四级、总人数近万人的海监执法队伍，各类海监执法船艇一度达到 400 余艘的规模，具体负责对在中国管辖海域内发生的各类侵犯海洋权益、损害海洋环境与资源等违法行为的查处。

2013 年国家海洋局重新组建、成立中国海警局后，中国海监总队及其直属的各海监支队已整体划归中国海警，国家层级的“中国海监”执法船艇已统一并入海警船艇序列，但截至 2020 年年初，沿海各省、市、县级地方海监执法机构仍普遍保留，其所属的省级以下地方海监执法船艇仍沿用“中国海监”的舷号，并在中国近海海域继续执行监视监测任务。图 2-17 所示为正在执行巡查任务的“中国海监 4002”，它隶属于中国海监山东省总队，船长 79.9 米，船宽 10.6 米，满载排水量 1 470 吨，续航力 5 000 海里。

图 2-17 正在执行巡查任务的“中国海监 4002”

5. 救捞船艇

救捞船艇是专门用于抢救海上遇难船舶、人员和打捞沉船的专业工作船艇，承担着对中国水域发生的海上事故的应急反应、人命救助、船舶和财产救助、沉船沉物打捞、海上消防、清除溢油污染及其他对海上运输和海上资源开发提供安全保障等多项任务。

救捞船艇由中华人民共和国交通运输部救助打捞局（简称“中国救捞”）统一管理。中国救捞是目前中国唯一一支国家海上专业救助打捞力量，始建于 1951 年 8 月 24 日，2003 年体制改革后组建了北海、东海、南海三个救助局，烟台、上海、广州三个打捞局和四个救助飞行队，在中国沿海建立了一个比较完整的救捞网络，形成了救助队伍、打捞队伍、飞行队伍三位一体的队伍建制，具备了空中立体救助、水面快速反应、水下潜水打捞三位一体的综合救助能力，承担着人命救助、财产救助、环境救助三位一体的岗位职责。中国救捞是世界上整体实力最强的专业救助力量之一，目前拥有员工近万人，其中专业技术人员、潜水员和船员占 80%以上；救捞船舶 191 艘，其中专业救助船 72 艘，打捞船 119 艘，救助航空器 20 架。图 2-18 所示为“南海救 115”轮，它是中国自行设计建造的现代化专业海洋救助船舶，主机功率达到 9 000 千瓦，能在 6 米浪高、9 级风力的 6 级海况条件下实施救助，同时拥有飞行平台，可临时起降中型救助直升机。

图 2-18　“南海救 115”轮

（三）民用船艇

与军用船艇和公务船艇相比，民用船艇十分接地气，与我们普通老百姓的生活息息相关，而且数量众多，种类繁杂，是个名副其实的大家族。以用途作为划分标准，民用船艇可以划分为四个分支：

1. 运输船艇

运输船艇是指用于载运旅客和货物的船，通常又称为“商船”。作为运输工具，船舶同汽车、火车、飞机等其他小伙伴相比，最突出的优点是运载量大，营运成本低。运输船舶的发展大致经历了舟筏、木帆船和蒸汽机船三个阶段，现在处于以柴油机为基本动力的钢船时代。据考证，早在史前时期，人类就已经利用舟筏作为水路运输工具。从古埃及时代到 19 世纪初叶的漫长历史时期内，木帆船一直是主要的水路运输工具。19 世纪初，运输船舶进入以蒸汽机为动力的新时期，造船材料也逐渐以铁代木。早期的蒸汽机船，是靠安装在船舶两舷的巨大明轮推进的，因此机动船在中国通常称为轮船。19 世纪中叶以后，螺旋桨逐渐代替了明轮，造船材料也从用铁发展到用钢，船舶的吨位不断增大。19 世纪末，汽轮机和柴油机相继问世，又为船舶提供了新的动力。第二次世界大战以后，柴油机动力渐居主导地位，现在，几乎所有的运输船舶都以柴油机为动力。

根据运输内容的差异，运输船舶可以进一步分为客船、货船及客货兼载的客货船三种。客船又可细分为以下五个小类：①海洋客船，包括远洋客船和沿海客船。远洋客船吨位大，航速高，设备齐全，生活条件舒适。在航空运输兴起以前，国际邮件主要靠远洋客船运送，因此这类船又称为“邮船”。20 世纪 70 年代以后，这类船已停止建造，但在一些国家国内航线上以运输旅客为主的沿海客货船仍在建造使用。②旅游船，是 20 世纪 60 年代兴起的供旅游者旅行游览用的船。船型与远洋客船相似，但吨位较小。船上设备齐全，能为旅客提供疗养、娱乐和智力开发等综合性服务。③汽车客船，是 20 世纪 60 年代兴起的船种，除载客外能同时载运一定数量的旅客自备汽车。④内河客船，是江河湖泊上的传统客船。载客量大，设备较海洋客船简单。⑤小型高速客船，主要有水翼船和气垫船，多用于沿海和内河短途航行。

货船按照载运的货物种类和装卸方式可分为以下七个小类：①干货船，又分为杂货船和散货船两类。杂货船以装载各种杂货为主，新型杂货船多设计成对货种适应性强的多用途船。散货船专用于载运各种散装货物，又可分为运煤船、矿砂船、散粮船、运木船和散装水泥船等。②液货船，装载各种液态货物的船，主要有油船、液体化学品船、液化气船。此外，还有能兼装液货和干散货的兼用船。③集装箱船，以标准集装箱为货运单元的货船。这种船航速高，航行于固定航线，利用港口专用设备进行快速装卸。④滚装船，又称“开上开下船”，船上设有活动跳板，载货拖车能直接开上开下。滚装船装卸快，适合于装运集装箱和大件货。⑤载驳船，又称“子母船”，是以载货驳船作为货运单元的货船。这种船载运的货物在港口中转可以不用码头，不用倒载，实现江海直达运输。⑥冷藏船，专门装运易腐鲜货的船。⑦驳船以及与之配套使用的拖船、推船。它们分别组成拖带船队或顶推船队，多用于江河区域。图 2-19 所示是“泛非”号液化天然气运输船，它是目前中国自主设计建造的最大、最先进的液化天然气运输船，总长 290 米、设计载重 82 500 吨，甲板面积相当于 32 个篮球场，体积堪比中型航空母舰。其装载的液化天然气汽化后容量可达 1.04 亿立方米，按照每户居民每月用气量 15 立方米的标准，可供 60 万户居民使用 1 年。

图 2-19 “泛非”号液化天然气运输船

2. 工程船艇

工程船艇是指在港口、航道、船厂等水域从事工程作业的船艇，按功能不同可进一步划分为挖泥船、起重船、打桩船、水上平台、混凝土搅拌船以及附属作业的船舶等。

挖泥船是指挖掘水底泥土、砂石的工程船，有吸扬式、链斗式、铲斗式和抓斗式等不同类型，比较常见的是吸扬式和铲斗式。起重船是用于水上起重作业的工程船舶，又称“浮吊”“浮式起重机”，多为非自航式，也有自航式，船上起重设备有旋转式和固定式两类，起重量从数十吨至数百吨不等。打桩船是在码头、桥梁等工程中从事水上打桩作业的工程船舶，一般不自航。船体为钢质箱型，主甲板一端竖有 10～80 米高的桩架一座，桩架一般由液压控制，可前俯后仰，以适应打各种角度斜桩的要求。水上平台是在风浪较大的海域从事起重、打桩、钻探等海上作业的工程船舶。水上平台的船体为钢质箱型，不能自航，它被拖运至指定地点后，由液压装置或齿板将四根方形支柱沉放至海底，以固定船体位置，然后慢慢将船体举起，离开水面形成平稳的平台，甲板上装有起重设备或钻探设备等，以便进行海上作业。还有一种半潜式平台，即平台下面另有一船体潜沉海底，可加强平台的牢固性。混凝土搅拌船是在水上搅拌混凝土用的工程船舶，船上设有砂、石、水泥舱和搅拌系统。配料、搅拌全部自动控制。泥驳是配合链斗挖泥船、铲斗挖泥船和抓斗挖泥船装运挖出的泥沙的驳船，有自航式和非自航式两种，载重量从几十吨到数千吨不等。吹泥船是将泥驳上的泥沙吹送到指定地点的工程船舶，船体为钢质箱型，用绞机或钢桩泊定船位。吹泥船上有泥泵、水泵和排泥管等设备，吹泥时，水泵产生高压水将泥驳中泥沙冲成泥浆，再由泥泵和排泥管吹送至指定地点。吹泥距离一般为 3 000～5 000 米。

图 2-20 所示为被誉为“造岛神器”的自航耙吸式挖泥船“通远”轮，它隶属于中国交通建设股份有限公司天津航道局。船身总长 131.2 米，船体两舷 45 米长的“手臂”就是它的工作利器。工作时，“手臂”一头连通船体中部容积达 1.1 万立方米的巨大泥舱，另一头沉入海底，利用末端安装的特制耙头挖起海底泥沙，连水带泥一并吸入“手臂”中 1 米粗的管道，将其送入泥舱。

图 2-20 “造岛神器”——1.1万立方米耙吸式挖泥船“通远”轮

3. 渔业船舶

传统意义上的渔业船舶仅指利用渔具捕捞鱼类或其他水生动植物的捕捞渔船。随着渔业生产的深入发展，渔业船舶的分工逐渐细化，其内涵也在不断丰富，现代渔业管理范畴中的渔业船舶已经演变为对所有渔船的泛称，代指从事渔业生产的船舶和属于水产系统为渔业生产服务的船舶，包括捕捞渔船、养殖渔船、水产运销船、冷藏加工船、油船、供应船、渔业指导船、科研调查船、教学实习船、渔港工程船、拖轮、交通船、驳船、渔政船等。

海洋捕捞渔船是渔业船舶中的主力成员，指在海洋捕捞鱼类或其他经济水生动植物的专用船舶。海洋捕捞渔船按照作业方式的不同可以进一步划分为拖网渔船、围网渔船、张网渔船、钓渔船、刺网渔船等，根据作业水域的不同可分为近海渔船和远洋渔船，依据渔船材质的不同又可分为钢制渔船、木质渔船、玻璃钢渔船、钢木混合渔船、钢丝网水泥渔船及其他材质的渔船。海洋捕捞渔船对适航性能要求较高，为满足长时间海上作业需求，船上除设有足够的鱼舱和燃油舱，以及海上航行所需的设施外，还须有专门的捕捞机械设备和仪器。大型海洋捕捞渔船有渔获物冷冻和加工设施，航速较高，除配备功率较大的主机外，有的还另配有适应捕捞作业的推进装置，如艏艉侧推装置、导管桨、可变螺距螺旋桨等。

远洋渔船是海洋捕捞渔船家族中的重要成员，指远离本国渔港或渔业基地，在公海以及他国专属经济区内从事渔业活动的船舶。通常把在公海上的捕捞作业称为“大洋性渔业”，把在他国专属经济区内的捕捞作业称为“过洋性渔业”。远洋渔船的机械化、自动化程度较高，助渔、导航、通信等仪器设备比较先进、完善，续航力较长的大型加工母船（配备冷冻、加工等设备）可与若干捕捞子船、加油船、运输船组成捕捞船队，长时间在海上作业。

海水养殖渔船是指为在海洋从事养殖鱼、虾、蟹、藻等经济水生动植物生产服务的船舶，其与海洋捕捞渔船的构造没有太大的区别，一般情况下船体较小，不配备捕捞设备。

除捕捞船和养殖船外，其他种类的渔业船舶统称为“渔业辅助船舶”。水产运销船和冷藏加工船是为捕捞渔船提供渔获物收购、运输、冷藏和简单加工的船舶，油船、供应船是为捕捞渔船提供燃油、淡水和其他必要生产、生活物资的船舶，科研调查船是进行海洋与渔业资源勘测调查的专用船舶，拖轮、交通船、驳船是为进出港口和在渔港外水域锚泊的渔船及其船员提供交通服务的船舶。

图 2-21 所示为日本捕鲸船。捕鲸船是一种专供猎捕鲸鱼用的船，船型尖瘦，航速较高，主机功率较大，回转性和机动性良好，艏部高昂、艉部较低，耐波性好。捕鲸船可分为近海船和远洋船两类，船上设有捕鲸炮以及探鲸仪、测向仪和鲸示踪器等专用仪器。最大航速可达 20 节左右，自持力 1～2 月。

图 2-21　名声不佳的日本捕鲸船

4. 港务船舶

港务船舶是指用于维持港口正常生产作业的各种船舶，包括为大船提供各种服务的港作拖船、供油船、供水船和引航船，装运货物的驳船，上下旅客和装卸货物等作码头用的趸船，协助装卸大件货物的起重船，以及执行各种特殊任务的消防船、巡逻船和浮油回收船等。

港作拖船是拖船的一种，是港务船中的重要成员，主要用于帮助大船进出港口、靠离码头、移泊和执行各种拖带任务，也可用来运送少量货物和人员。港作拖船有较大的拖力和良好的稳性，船体较短，可以灵活操纵，一般以柴油机为动力，自由航速为 8～15 节；有的港作拖船可以兼作破冰船、供应船、救助船和消防船等。

供油船和供水船是指给停靠港口的船舶分别供应燃油和淡水的小型液货船，分自航和非自航两种。非自航的就是油驳或水驳，由拖船拖带，但本身也备有小型动力装置用于驱动输油泵或输水泵。

引航船是指由引航站派驻港口外执行船舶引航任务的专用船舶，船上有供引航员生活和办公用的设施，并装有特殊的灯光信号，以引起来船的注意。

趸船是指泊在港口的固定地点，供船舶停靠、上下旅客、装卸货物等作码头用的无动力平底船，多用于水位变化大的港口。趸船都为非自航，靠抛锚固定，船岸之间用活动栈桥或跳板相连。船上往往设有候船室或仓库等上层建筑，船体为钢质或木质，也可用水泥制造。

起重船又称“浮吊”，作为港务船主要用于大件货物的装卸。起重船一般不能自航，船上有起重设备，吊臂有固定式和旋转式两类，起重量一般从数百吨至数千吨，有时也可用作港口工程船。

消防船是指承担船舶和港口岸边消防任务的船，船上配有强大的水泵、高压喷水枪和灭火剂等消防器材，并配有救护人员和医疗设备，一般航速较高，并有良好的耐波性。

巡逻船是指监督执行水上法令、维持水上交通秩序的专用船，船上有明显的识别标志。巡逻船航速较高，有良好的稳性和耐波性，船上装有扩音器和通信设备，在恶劣的天气条件下也能工作。

浮油回收船是回收水面浮油的专用船，主要有两种：一种是先利用某些亲油疏水材料（常用聚氨酯泡沫塑料）回收浮油，再用机械方法将油分离出来；另一种是利用油、水的比重不同回收浮油，船上装有固定的或能转动的倾斜板，将水面的油层导入船内再加以分离。浮油回收船尺度一般不大，船体常设计成双体型。

图 2-22 所示为一艘渔港消防船正在山东某渔港测试消防水炮的射程。

图 2-22 渔港消防船

二、按航区分类

同其他事物一样，参照的标准不同船舶的分类自然也会有差异。如果以航区作为分类标准，那么船舶就可以分为极区船、远洋船、沿海船及内河船等。

所谓航区，是指船舶可以航行的区域。就海洋而言，可以分为四个航区：①无限航区：海上任何通航水域，包括世界各国的开放港口和国际通航运河及河流。②近洋航区：北纬 55°至北回归线之间与东经 142°以西的太平洋水域以及北回归线至赤道之间与东经 99°以东，东经 130°以西所包括的太平洋水域（俗称“东南亚航线”“中日韩航线”）。③沿海航区：中国的近岸航区，黄海、东海、南海和中国各沿海港口的水域。④近岸航区：距中国海岸不超过 50 海里或按习惯航线航行于中国沿海港口的水域。

极区船是指适宜于在北冰洋或南极圈内海区航行的船。远洋船是指适于无限航区，可航行于远洋航线的船，在我国特指经批准参与国际航线运营，从事远洋运输的船舶。

远洋船具有较强的续航能力，耐波性良好，动力装置多为汽轮机或柴油机。

沿海船是指只能在近海浅水区域航行的船，适宜于在沿海各港口间航行，船体和主机功率较远洋船要小，船上设施也简单。

内河船是指在河上行驶的船，一般不在海上行驶，因内河风小但河弯多，内河船舶的上层建筑相对海船要高一些，航速较低，但操纵灵活性比海船要高。

三、按航行方式分类

按航行方式分类，船舶可以分为排水型船、半潜船、潜水船、滑行船、腾空船、水翼船、冲翼艇等。

排水型船是指航行于水面或水中，其质量全部靠水的浮力支承的船，也称“浮行船”。排水型船的最大特征是全部靠水的静浮力支持其重力，具有承载能力大、低速时经济性好等优点，但在快速性等性能的提高上受到一定的限制。我们生活中较常见到的船均是排水型船，它是船舶大家族中最大的一个分支。排水型船比较瘦长，中部横剖面的形状近似半圆形，其具有平稳、经济等优点，但航速难以突破 40 节。

半潜船也称“半潜式母船”，它通过本身压载水的调整，把装货甲板潜入水中，以便将所要承运的特定货物（像驳船、游艇、舰船、钻井平台等）从指定位置浮入半潜船的装货甲板上，将货物运到指定位置。半潜船是一种特殊的船舶设计方式，与一般的水面船只不同，半潜船通常拥有较深的吃水，但又不似潜水艇般完全隐没于水中，而是有部分船体或结构外露在水面外，由于隐没在水中的体积比例高，因此半潜船不容易受到海面上的波浪影响，能够保持较佳的稳定性而适合当作水上的工作平台使用。

图 2-23 所示为“泰安口”号半潜运输轮，它是中国建造的第一艘大型自航式半潜运输船，总长 156 米，型宽 32.2 米，型深 10 米，载重量18 000 吨，装卸大型浮货物时可以下潜 19 米，装货平台就像一个足球场，装载平台没入水深 9 米,可在海上承运重 10 000 吨以上的货物。

图 2-23　中国“泰安口”号半潜运输轮

潜水船是指能够在水下运行的船舶。潜水船种类繁多，形态各异，小到全自动或一两个人操作、作业时间数小时的小型民用潜水探测器，大至可装载数百人、连续潜航3～6个月的台风级核潜艇，按体积可分为大型（主要为军用）、中型、小型（袖珍潜艇、潜水器）和水下自动机械装置等。

滑行船是指船航行时，船身大部分露出水面而高速滑行的船舶。滑行船的船底平滑，在水面高速运动时，船体与水的接触面随速度的增加而减少，逐步进入滑行状态，其航行速度快，但耐波性差，船体在风浪较大时的稳定性不佳。

腾空船是指船舶航行时，船身被脱出水面之上运行的船舶，如气垫船就是在船底与水面间的气垫上腾空航行的。

水翼船是一种高速船，船身底部有支架，装上水翼。当船航行的速度逐渐增加，水翼提供的浮力会把船身抬离水面从而大幅减少水的阻力来增加航行速度。

冲翼艇是利用航行时贴近水面的艇翼的表面效应所产生的空气升力使艇体脱离水面，在接近水面的空气中飞行的一种特殊的高速船舶。冲翼艇是船也是飞机。它不但可以在水面迅速滑行，而且能在水面以上几米乃至三四十米的低空飞行，所以人们称它为“腾空艇”或者“超低空飞机”。

四、按有无自航能力分类

如果以有无自航能力作为分类标准，船舶可以分为机动船、非机动船及机帆船等。所谓自航能力，就是指船舶能否不借助于外力而独立航行的能力。

机动船又称为“自航船”，是指依靠船上设置的机器所提供的动力推进的船舶。不论船舶使用何种类型的机器推进，均属机动船，按提供动力的机器类型不同可以进一步分为蒸汽机船、内燃机船、汽轮机船、核动力船等。

非机动船，顾名思义，就是指船舶本身没有配备提供推进动力的机器，而只能依靠人力、风力、水力或其他船只带动的船。

机帆船是指装有动力机械（主要是柴油机）推进设备的帆船，一般为风帆与小型内燃机两用的船，通常都是风帆运输船与风帆渔船装上小型动力装置与螺旋桨，有风时使用风帆推进，节约能源，无风时依靠动力装置转动螺旋桨推进船舶。

五、按推进动力分类

如果以推进动力作为分类标准，船舶可以分为帆船、人力船、蒸汽机船、内燃机船、汽轮机船、电力推进船、核动力船等。

帆船是通过船帆利用风力前进的船，是继舟、筏之后的一种古老的水上交通工具，已有 5 000 多年的历史。

人力船是指以人力推动水中的橹、螺旋桨作为驱动方式的船，最常见的就是我们去水上公园或湖、河游玩时常用的那种靠人摇橹或脚踏推进的小船。

蒸汽机船是指以往复式蒸汽机为主机的船。根据历史记载，18 世纪著名的法国物理学家和发明家杰尼·巴贝恩第一个设计、制造了蒸汽机船，并在维埃纳河进行试航。

内燃机船是指采用内燃机作为动力推进的船舶，这里的内燃机主要是指柴油机。

汽轮机船是指以汽轮机（将蒸汽的能量转换为机械功的旋转式动力机械）为主机的船。

电力推进船是指用电力作为动力来推进的现代船舶，电力来自蓄电池或船用发电机。一些小型水面舰船或水下舰艇，利用柴油机或汽轮机带动发电机发电，转动推进电机推进舰艇。

核动力船是指以核能为推进装置动力源的船。1958 年，美国的实验性商船“萨瓦纳”号首先采用了核动力，核能发动机使用体积小、经久耐用的铀燃料，能够大大增加船舶的航程。

六、按推进器形式分类

如果以推进器形式作为分类标准，船舶可以分为螺旋桨船、平旋推进器船、明轮船、喷水推进船、喷气推进船、空气螺旋桨船；按螺旋桨数则可分为单桨船、双桨船、三桨船等。

螺旋桨船就是指以螺旋桨（靠桨叶在水中旋转，将发动机转动功率转化为推进力的装置）作为推进器的船。

平旋推进器船是指用平旋推进器（在旋转圆盘下装有若干可转动的直叶伸入水中，并能产生任何方向推力的推进器）推进的船。

明轮船是指在船的两侧安装有轮子的船，由于轮子的一部分露在水面上边，因此被称为明轮船。明轮船有两种推进方式：一种是原始的以人力踩踏木轮推进，一种是现代的以蒸汽机和螺旋桨推进。

喷水推进船是指利用喷水所产生的反作用力作为推进动力的船舶，航行时轴流泵从船底或船侧下面的吸口吸水，再由设在船尾的喷出口向后方喷出，喷水产生的反作用力即可推动船舶前进。

喷气推进船是指利用喷气推进器向后喷气所产生的反作用力推进的船。

空气螺旋桨船是指利用空气螺旋桨推进并垫升船体的船只。

七、按上层建筑形式分类

如果以上层建筑的形式作为分类标准，船舶可以分为遮蔽甲板船、长艏楼船、长艉楼船、长桥楼船等。

遮蔽甲板船也称为“屏蔽甲板船”，指以第二层连续甲板作为干舷甲板的船。其最上层连续甲板设有吨位开口（无有效封闭装置），其下面甲板间的横舱壁上也有开口，按丈量规范该甲板间视为敞开空间，可不计入吨位，称“散开式遮蔽甲板船”；最上层连续甲板没有吨位开口的称“封闭式遮蔽甲板船”，一般用于装载轻货。

长艏楼船是指船舶艏楼长度大于船长的 0.15 倍且不小于艏楼高度 6 倍的船或艏楼长度大于船长 1/3 的船，现代船舶大多使用长艏楼船型。

长艉楼船是指船舶上层建筑形式为长尾楼式的船舶，其特点为船舶上层建筑中的艉楼与桥楼连接成一体，连接后的长度大于船长的 1/4。长艉楼式为现代大多数艉机型船广泛采用。桥楼式、长桥楼式船上仅设桥楼而无艏楼和艉楼，按其长度是否大于船长的 15%分别称长桥楼式或桥楼式。

八、按建造材料分类

如果以建造材料作为分类标准，船舶可以分为钢质船、木质船、铁木船、铝合金船、玻璃钢船、水泥船、皮船（艇）等。

这种船舶分类简单易懂。钢质船就是指船舶主结构用钢质材料建造的船；木质船就是指用木材作为船体结构主要材料的船，也指以木材为主要材料，仅在板材连接处采用金属材料的船舶。以此类推，铝合金船、玻璃钢船等其他种类的船自然也很好辨别了。需要解释一下的是皮船。皮船又称“兽皮船”，原指用兽皮制成的一种古代船舶，现在的橡皮船则是用胶布制成的，使用时充气，具有体轻、易搬运、使用方便、稳定性好等特点。图 2-24 所示为水上公园常见的橡皮艇。

图 2-24　水上公园常见的橡皮艇

九、按机舱位置及连续甲板层数分类

如果以机舱位置及连续甲板层数作为分类标准，船舶可以分为中机型船、艉机型船、中艉机型船以及单甲板船、双甲板船等。

中机型船是指主机舱位于船体中部的船。艉机型船是指船舶主机舱位于船舶尾部的一类船舶，一般油船、散装货船都采用此形式。中艉机型船是指船舶主机舱位于船舶中尾部的船舶，它保持了艉机型船的部分优点，适居性比艉机型好，许多滚装船、集装箱船和客船都采用这种形式。

第四节　船舶建造演化

这一节，我们一起来探寻一下船舶从无到有、从小到大、从简陋到精致的成长历程。

从史前时期的原始木筏和小船，到今天的高科技船舶，船舶经历了几千年的漫长演变，人类无穷的智慧和发明创造力，在船舶上得到了完美体现。因为时间过于久远，又缺乏足够充分的考古证明，说实话，今天我们很难准确地定位船舶这种东西是什么时间、在什么地方、由哪一个具体的人或者是人群建造出来的。不过，有一点可以明确，无论是历史上的第一个小木筏，还是今天用钢铁和高新技术建造的大型船舶，都有一个共同点：它们是人类建造的比较大的可移动建筑物。

一、独木舟时期

据考证（笔者认为，更准确的说法应该是“推测”），在几千年前，人们就发现过河困难、过海不能的问题。如果水深较浅、水流较慢，人们可以徒步涉水通过，但遇到水位较深、水流湍急的情形，大概就只能望水兴叹了。后来，一些人发现抱着较粗的树枝或树干可以浮渡过河，于是，人们就开始有意识地把树枝捆成一扎做成木筏，或把粗壮的树干挖空，使它成为独木舟，借以通过某些水域。最早、最简单的木筏是由多根树干捆扎而成的木排，沿江、河顺流而下，也可以用桨、橹、篙来协助推进。中国有悠久的航海及造船的历史，考古证明，至少在 7 000 年前，中国已经能够制造竹筏、木筏和独木舟。

在中欧，船舶的历史并不是以独木舟的形式开始的。当公元前 8 000 年前后最后一次冰期快要结束时，还没有林木，最早出现的游牧人开始了狩猎。膨胀的冻土还不能提供用来造船的材料，而融冰水形成的河流经常阻断道路，让人感到无奈的是，驯鹿群很容易越过水域而逃脱猎人的追捕。起初，游牧人尝试着借助充气的兽皮越过水域追捕驯鹿，后来，人们发明了第一艘原始皮船，经过不断地加固和改进，船的外观逐渐定型，直到今天，我们还能从因纽特人使用的轻便独木舟上看到原始皮船的影子。1955 年，一只有着 8 300 年历史的独木舟，在荷兰的庇斯（Pesse）附近被发掘出土，这是欧洲早期的独木舟。

几乎所有类型的古代船只，今天都还在使用，例如非洲的独木舟、印度的编织篮子船、南太平洋岛屿的支腿独木舟，以及前面提到的爱斯基摩人的轻便独木舟。

二、帆船时期

木船的发明是一个伟大的进步，因为木船比木筏安全，而且能装运更多的货物，但人们很快就发现，木船不仅速度慢，而且航行时会遇到一个突出问题，就是它的抗风能力较差。当然，这个问题没有难住智力飞跃发展的人类，很快就有人想到了借助风力的作用推动船只航行，人们尝试在木船上竖起一根桅杆，将船帆固定在桅上，起初，这种船帆很有可能是用兽皮制成的。桅杆及帆的运用，是船舶建造史上一个里程碑式的事件，此后，风力逐渐取代人力，成为船舶动力的主要来源。抗风浪能力较强，并能借助大自然的风力进行远距离航行的木帆船出现后，人类的航海活动开始变得活跃起来。

西方文明起源于气候适宜的地中海，居住在地中海南岸的埃及人，建造了当时世界上第一艘可用的较大的船舶。早在大约公元前 3000 年，埃及人就从尼罗河三角洲逆流而上，带来了种子和牧群，由于埃及的树木十分稀缺，他们所使用的船是用芦苇捆绑在一起制成的。大约在公元前1500年，埃及人开始使用从腓尼基引进的树木建造船只，这种船也有船帆，但是只能利用从船尾吹来的风航行，因此除了借风之外，人们不得不划桨推动船前进。在埃及法老陵墓中发现的船模，显示了古代埃及人精湛的造船工艺。人们还在孟菲斯古城发掘出了世界上最早的造船场面浮雕画。

罗马人在桨船的基础上发明了帆桨大战船。公元前260年的迈利战役中，罗马人击败了迦太基人，为后期统治中欧和地中海地区奠定了基础。公元800年前后，维京人开始驾驶着能出海的船在大西洋上航行，他们使用的船船身和船桨用橡木制造，桅杆用松木，可以在大风中适度地弯曲。公元1100年前后，汉萨同盟在德国北部开始形成，他们在海外贸易中首次使用了单桅高舷帆船，这种船只有一根桅杆，舵在侧面。13世纪起，人们首次运用了直到今天还在使用的艉舵。1962年，在威悉河的一次挖土机作业中，人们发现了一艘1380年的单桅高舷帆船，这艘船现在陈列在不莱梅港的德国航海博物馆内，船长23米，船宽7.7米，可以载重84吨。

15世纪，单桅高舷帆船被霍尔克船取代。1450年后，船舶建造产生了两项重要的革新：首先，人们采用了当时流行的叠镶式外壳建造技术，将船舱板重叠，这与将船舱板连接的平镶式建造技术相比有了很大不同；其次，人们在船上装了三根桅杆，极大地提高了船舶的机动能力。三桅帆船直到16世纪还广泛使用，葡萄牙人和西班牙人的第一次远航就使用了这种船。16世纪和17世纪，世界上产生了五个海上强国：西班牙、葡萄牙、荷兰、英国和法国。它们都拥有大量的商船和战船。大型海船通常是西班牙大帆船，或者在卡拉克船的基础上改进的三桅帆船。进入18世纪后，三帆快速战舰成了最重要的战船，这种船十分坚固，航行速度快，能适应各种天气，它的出现真正开启了帆船航海时代。除了快速帆船，人们在19世纪还首次建造了远洋帆船和多桅帆船。1900年前后，德国与法国的造船家再次完善了帆船，五桅远洋帆船和多桅帆船相继问世，最终，四桅远洋帆船被证明是最理想的货运帆船。19世纪末20世纪初，帆船比赛兴起，帆船发展迎来了新时代。

三、轮船时期

在宋代的时候，我们中国人发明了新的驱动装置——明轮！这种船也被称为“车船”。史书记载，车船可以在无风的情况下依然来去自如。这是船舶建造史上又一个里程碑式的创造，它为船舶的动力来源提供了一个新的解决方案，只不过，由于受到科技水平的限制，当时的车船仍然是由人力驱动的。

在欧洲，法国医生和自然研究学者丹顿·帕潘（1647～1712年）则被认为是轮船的发明者，因为他首次描述了怎样利用蒸汽机带动侧翼轮驱动船只航行。1707年，帕潘在卡塞尔建造了一艘侧翼轮驱动船，并在富尔达进行了试验，然而这艘船并不是由机器驱动，而是借助人力驱动，不过，这种想法的产生有着十分重要的意义。18世纪，哈尔斯、乔弗莱·阿班斯、菲奇、米勒和西明顿采用不同形式的机器成功制造出了轮船。1807年，美国人罗伯特·富尔顿取得了突破，他的木质明轮船“克莱蒙特”号使用了詹姆斯·瓦特发明的蒸汽机，成为世界上第一艘成功运行的商用轮船。

虽然直到19世纪中叶，轮船还主要是在内河航道和海岸线上使用，但那时远洋轮船也已经诞生了。1819年，“沙凡那”号成为第一艘横渡大西洋的轮船，它用了近一个月的时间，从美国的沙凡那抵达英国的利物浦。“沙凡那”号主要依靠风力行驶，发动机只运转了85小时。此后的十余年，再没有轮船横渡大西洋，直到1838年4月，两艘来自英国的轮船几乎同时到达了纽约——“天王星”号比“大西部”号仅仅晚了6个小时。此后，航海开始进入轮船时代。

工业革命之后，欧洲科技有了长足发展，船舶建造的材质也逐渐由木材转向更坚固的钢铁。同时，蒸汽轮机也被安装到了船上，真正的“轮船”出现了！虽然蒸汽轮机为船舶提供了源源不断的、稳定的动力来源，但是明轮效率低下，这使得船舶航速始终徘徊在比较低的水平，于是，人们开始了新的尝试。1845年，航行在大西洋的“大不列颠”号轮船在各方面都有着特殊意义，它不仅是第一艘铁制轮船，而且是当时最大的船只，最重要的是，这艘船是第一艘螺旋桨船。19世纪中叶，螺旋桨逐渐代替了并不适于航海的桨轮；到了20世纪中叶，明轮船在世界五大洲大都被螺旋桨船取代。从1870年起，轮船上还配备了作为起居、社交空间的建筑甲板。随着船舶建造技术的发展，人们可以建造出船体越来越大、载重量越来越高、航行速度越来越快的各类船舶。于是，各国航海先驱们驾驶着各类船舶，不断向大海的深处挺进，轮船大航海时代来临了！

1960年以来，随着世界贸易的蓬勃发展，航运需求空前增加，满足这一需求最简单的办法就是建造更多的船只，船舶建造技术由此迎来了飞速提升的时期，滚装船、集装箱船、载驳船、液体化学品船、液化气船、水翼船、气垫船等现代船舶类型不断出现，构成了我们今天看到的异彩纷呈的船舶大家庭。

本章小结

本章主要内容可归结为以下四点：①我们在海洋中有一个可以信赖的好朋

友——船舶，它是人类有意识地建造的协助进行水上运输、生产作业及短期生活的一种重要生产和生活工具；②船舶用途广泛，在国防安全、水上交通、生产作业、海洋运输、对外贸易、科学研究、休闲娱乐等方面发挥着重要作用；③船舶大家族人丁兴旺，种类繁多，可以按照用途、航区、航行方式、推进动力、推进器形式、上层建筑形式、建造材料等将船舶划分成不同的类型，便于认识了解；④从史前时期的原始木筏到今天的高科技船舶，船舶从无到有、从小到大、从简陋到精致，大致经历了独木舟时期、帆船时期、轮船时期三个阶段。

第三章　船舶构造——“闯海人”的主战场

海洋与陆地一样，都是我们这个星球生命支持系统的重要组成部分，是人类重要的生存空间和资源宝库。因为海洋物理性质特殊，人类不借助外物难以在其中自在生活和自由生产，船舶这个人类自己发明创造出来的助手，就在我们开发和利用海洋、取得维持生命所需的物质资料、拓展生命活动的承载空间过程中始终相伴相随，发挥了不可替代的重要作用。不仅如此，面对波高浪急、暗流涌动、凶险莫测的大海，船舶更是如同最忠实的朋友、最牢靠的铠甲、最坚固的盾牌一样，为一代又一代涉足海洋的人类筑起了一道守护生命平安的“防火墙”，时刻保护着所有“闯海人”的生死安危，可以说居功至伟，不可或缺！因此，为了提高遭遇海上风险时的自救、互救能力，切实保障自身生命财产安全，我们必须要进一步加深对船舶的了解。

看过上一章的内容之后，相信读者朋友们对我们在海洋上必须时刻依赖的好朋友——船舶已经有了初步的认识，但这种印象层面的感性认识对于保障海上生命安全的需求来说显然是远远不够的。所以，这一章我们来深入船舶的内部，仔细考察一下船舶的身体都是由什么器官和材质构成的，船舶身体的各个器官都有什么功能和作用，船舶的航行是靠什么来提供源源不断的前进动力的。

第一节　船舶构造概述

船舶种类繁杂，数量众多，样式各异，用途广泛。有的身躯庞大，能量充足，纵横驰骋于浩瀚无垠的公海之上，往来穿梭于风俗迥异的大陆之间；有的体型矫健，本领高强，昼夜巡视于国家漫漫海疆前线，时刻捍卫着领土完整和主权安全；有的小巧玲珑，英姿飒爽，高速飞奔在波峰浪顶之上，纵情冲浪于晴天丽日之下；有的样貌平凡，沉默寡言，低头劳作于万顷海田之上，勤恳耕耘于海上粮仓之中。如果仅看外表，我们可能会觉得眼花缭乱，无所适从，但它们既然共同归属于船舶这个大家庭，就必然在本质上有着相对一致的特点，在构造上有着大致相仿可以把握的规律。

掀开船舶式样繁多、色彩斑斓的面纱，着眼于其规模不一却结构类似的骨架，我们就可以发现，船舶虽然大小悬殊，形式各异，由许许多多复杂的部分构成，但如果按照各部分发挥的主要作用和用途归类，一艘完整的船舶基本上包含三大部分，分别是船体、船舶动力装置和船舶舾装。

一、船体

船体是船舶的基本组成部分，任何一艘船舶，无论其大小和繁简如何，都要有船体存在，否则就不能称其为船。船体又可以分为主体和上层建筑两个部分。主体部分一般指上甲板以下的部分，它是由船壳（船底及船侧）和上甲板围成的具有特定形状的空心体，是保证船舶具有所需浮力、航海性能和船体强度的关键部分。船体一般用于布置动力装置、装载货物、储存燃油和淡水以及布置其他各种舱室。为保障船体强度、提高船舶的抗沉性和布置各种舱室，船舶通常设置若干强固的水密舱壁和内底，在主体内形成一定数量的水密舱，并根据需要加设中间甲板或平台，将主体水平分隔成若干层。钢质船舶的船体是用各种规格的钢板和型材焊接而成的，由船底、两舷、首端、尾端和甲板组成水密空心结构。船底有单底和双底结构，由船底外板（包括平板龙骨）、内底板和内底边板（双层底结构的船有）、纵向骨架、横向骨架等构件组成。船底骨架有横骨架式和纵骨架式两种。横骨架式结构由肋板（横向构件）、中桁材（位于船底纵向中心线处的纵桁，又称“中内龙骨”）、旁桁材（位于船底纵向中心线两侧的纵桁，又称“旁内龙骨”）等构件组成；纵骨架式结构减少了肋板数，但增加了船底纵骨。两舷由水密的舷侧外板和加强它的骨架（肋骨和舷侧纵桁、纵骨等）组成。为了加强船体首尾结构，在首端有艏柱，在尾端设艉柱。船体内部设若干道舱壁，形成不同用途的舱室。船的首部和尾部设有防撞舱壁，分别形成首尖舱、尾尖舱，以保证安全。安装主机、辅机及其附属设备的机舱一般设在船中部或尾部，相应的船型称为“中机型”或“尾机型”。船体垂直方向则用甲板和平台分隔，甲板少则一层，如油船、散货船，多则十余层，如远洋客船。贯通首尾的最上一层水密甲板称“上甲板”。船体的强度须能承受船上的载荷和外界水压力，以及风浪中所产生的弯曲和扭转等应力。

上层建筑位于上甲板以上，由左、右侧壁，前、后端壁和各层甲板围成，其内部主要用于布置各种用途的舱室，如工作舱室、生活舱室、储藏舱室、仪器设备舱室等。上层建筑的大小、层楼和型式因船舶用途和尺度的不同而有所差异。货船的上层建筑主要供驾驶操纵和船员生活之用。过去典型的杂货船多为中机型，其上层建筑分别设在船首、船尾和中部，分别称为“艏楼”“艉楼”

和“桥楼”，这种船称为“三岛式船”。桥楼是全船工作和生活的中心，最上层是驾驶台、海图室、电报间等，驾驶台以下部分为船员居住、休息、娱乐的场所。为了取得更多的使用和居住面积，可把三楼分别或全部连接起来。如把艏楼和桥楼连接起来，即为长艏楼船；把艉楼和桥楼连接起来，即成长艉楼船。现代货船以尾机型居多，上层建筑也多设在船尾。客船的上层建筑比货船的发达，甲板层数多，每层内部用钢质围壁加以分隔，成为旅客居住和进行各种活动的场所。

二、船舶动力装置

船舶动力装置是机动船舶与非机动船舶的重要区别所在，是机动船舶必须具备的组成部分。顾名思义，船舶动力装置就是为船舶提供航行动力的装置，主要包括：推进装置——主机经减速装置、传动轴系以驱动推进器（螺旋桨是主要的型式）；为推进装置的正常运行提供服务的辅助机械设备和系统，如燃油泵、滑油泵、冷却水水泵、加热器、过滤器、冷却器等；船舶电站，它是为船舶的甲板机械、机舱内的辅助机械和船上照明等提供电力供应保障的变电站；其他辅助机械和设备，如锅炉、压气机、船舶各系统的泵、起重机械设备、维修机床等。为便于区分，实践中人们通常把主机（及锅炉）以外的机械统称为“辅机”。

主机是船舶的动力心脏。现代船舶的主机绝大多数为低速或中速柴油机，由它直接或减速后驱动装在尾部的螺旋桨来推动船舶前进。除柴油机外，也有少数船舶采用蒸汽机、汽轮机、燃气轮机乃至核动力装置。柴油机船上采用2～3台柴油发电机组，一般采用400伏三相交流电，频率为50赫兹或60赫兹。船上还装有一副锅炉或废气锅炉，为全船提供蒸汽和热源。

三、船舶舾装

如果我们变换一个角度，把船舶看作人类建造的一种专门在水上使用的房车，那么，船体就是这辆水上房车的框架，动力装置就是这辆房车的发动机和发电机组，船舶舾装则相当于这辆房车的各种装饰、配套设备和辅助系统。

装修部分包括舱室内装结构（内壁、天花板、地板等）、家具和生活设施（炊事设施、卫生设施等）、涂装和油漆、门窗、步梯和栏杆、桅杆、舱口盖等。

配套设备包括：①操纵设备，如舵设备；②系船设备，如锚泊设备和系泊设备等；③关闭设备，如舱口盖、水密门、舷门、出入口盖等；④信号设备，如信号灯、信号旗等；⑤救生设备，如救生艇、救生筏、救生圈、救生衣等；

⑥起货设备，如货船上的吊杆装置和甲板起重机（见船舶起货设备），油船上的货油泵，滚装船上的升降机、跳板，等等；⑦其他设备，如客船上的防摇设备，拖船上的拖带设备，顶推船上的顶推装置等。

各种辅助系统包括：将舱底积水排出船外的舱底水排出系统，向压载水舱供水和把水排出的压载水系统，送水灭火的消防系统，排除甲板积水、粪便水和洗濯污水的疏水、处理和排污系统，供给船员和旅客所需饮用水、洗濯水和卫生用水的生活用水系统，以及通风、取暖和空气调节系统等。

第二节　船　体

船体，通俗地理解，就是船舶的身体。在船舶发展过程中，船体结构随着船舶建造材料的升级和建造工艺的优化也在不断发展变化。如前一章所述，最早的船舶是独木舟结构，那时，一根中空的树干就是船体，后来发展到用木板和梁材组合的结构，二者结合的水瓢状中空漂浮物就是船体的基础样式。18世纪，随着冶金工业和机械制造业的发展，开始出现铁质和铁—木混合结构的船舶，船体日渐复杂。从19世纪后半期开始，钢材逐步成为造船的主要材料，钢质结构的船舶逐渐替代了木船和铁—木混合结构船，船体逐步成熟和稳定。进入20世纪后，随着船舶尺度的加大，开始采用高强度钢造船，结构构件尺寸减小，而且焊接造船代替了铆接造船，船体结构更加完整、紧密，质量也不断减轻。

一艘船漂浮在水上，外表看起来轻松写意，实际上压力重重，要经受扭、压、撞等各种外力的冲击，承受风、浪、涌等各种风险的考验，船体结构必须具有足够的强度和刚性。下面，我们就以钢质船舶为例，开启我们的船体解剖之旅。

一、船底

船底位于船体的最下部，是保证船体强度的重要板架结构。船底并不复杂，但也并不单一，按照层数可以分为两种：一种是单层底，另一种是双层底；如果按照骨架形式，则可分为横骨架式和纵骨架式。因此，这两种标准组合起来，船底就有了四种样式：横骨架式单层底、纵骨架式单层底、横骨架式双层底、纵骨架式双层底。此外，有少数杂货船、散货船会采用混合骨架式结构。

单层船底结构只有一层船底板，结构简单，施工方便，但抗沉性差，大多用于小型舰艇、小型民用船舶及民用船的艏艉端。双层船底除了船底板外，还有一层内底板，当船底在触礁、搁浅等意外情况下遭到破损时，双层底更能保证船舶的安全。双层底舱的空间可装载燃油、润滑油和淡水，或用作压载水舱，海船从艏尖舱舱壁到艉尖舱舱壁都采用双层底，小型舰艇和内河船仅在机舱等局部区域采用双层底。

(一) 横骨架式单层底

横骨架式单层底由于结构简单、建造方便，主要用于拖船、渔船、内河船等小型船舶，这类船舶船长一般小于 50 米。此外，大型船舶艏艉尖舱内也采用横骨架式单层底结构。

横骨架式单层底结构由船底板、内龙骨和肋板等组成，如图 3-1 所示。

1. 内龙骨 (keelson)

内龙骨是位于船底、贯通船体的纵向连续构件，用钢板条焊接成 T 型钢。为了便于理解，你可以把横骨架式单层底结构的船舶看作一条大鱼，那么内龙骨就是这条鱼体内贯穿头尾的主刺，不过鱼通常只有一根主刺，而船舶为了牢固，则有多条内龙骨，其中位于船体纵向中心线上的那一根“主刺”被称为“中内龙骨”(center keelson)，在它旁边左右两侧对称布置、与它平行的“大刺”则被称为“旁内龙骨”(side keelson)，根据船宽的不同，旁内龙骨可以设置多根。

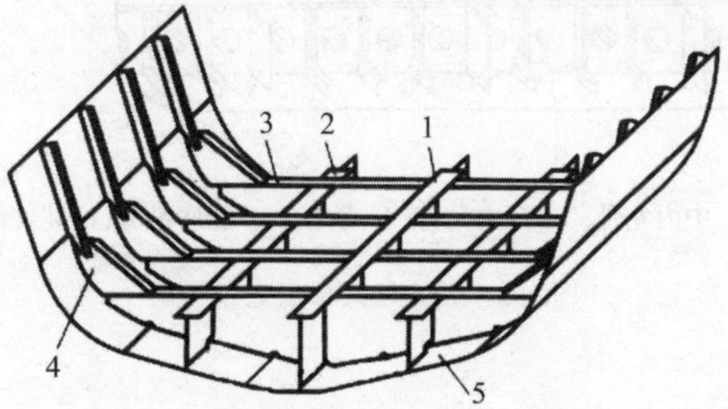

1—中内龙骨；2—旁内龙骨；3—肋板；4—舭肘板；5—船底板。

图 3-1 横骨架式单层底结构图

2. 肋板 (floor)

肋板是设置于船舶这条“大鱼”身体两侧肋部的横向构件，采用焊接 T 型钢或钢板折边型材。肋板的一端与内龙骨焊接相连，其主要作用是支撑船舶的横向强度，并将来自船舶底部的压力传递给船舷两侧。为了疏通舱底的积水，靠近内龙骨的肋板下边缘开有半圆形或长圆形的流水孔，也有的直接扩大焊缝接口作为流水孔。

3. 舭肘板 (bilge bracket)

舭（音 bǐ），本义是舟船舷靠舷比肩而泊，后指连接船底平坦处与笔直向上的舷侧之间的弯曲部分，也叫作“舭部”。舭部处的列板称为“舭列板”，简称“舭板”。舭肘板，俗称“污水沟三角板”，是船底肋板与舷侧横向构件（肋骨）的连接板，在混合骨架式船体结构中它也是舷侧一部分肋骨与内底边板的连接板，其主要作用是保证船舶的横向强度和舭部的局部强度。目前，许多内河小型船舶为了降低工艺难度，往往不使用舭肘板，而是直接将肋骨与肋板搭接，肋骨到达舭部处弯制成舭圆弧形状。

（二）纵骨架式单层底

纵骨架式单层底结构纵向强度好、结构质量轻，但工艺较复杂，常用于小型舰艇和单层底油船，目前许多内河中大型船舶也采用纵骨架式单层底结构，以获得较强的总纵强度。

纵骨架式单层底结构主要由船底板、内龙骨、肋板和数量较多的船底纵骨组成，有大量纵向构件，如图 3-2 所示。

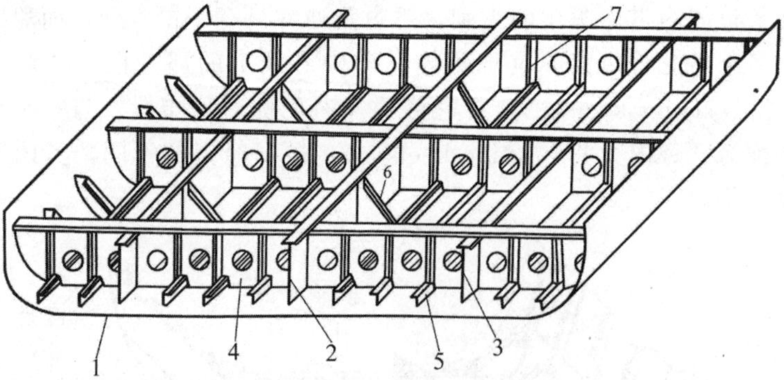

1—船底板；2—中内龙骨；3—旁内龙骨；4—肋板；5—船底纵骨；6—肘板；7—加强筋。

图 3-2　纵骨架式单层底结构图

1. 内龙骨

纵骨架式单层底结构的内龙骨也分为中内龙骨和旁内龙骨两类，为了便于理解，可以将纵骨架式单层底结构的船舶想象成一个翻过来的甲鱼壳。中内龙骨是位于这个甲鱼壳中间线（也就是船舶中心线）上的一个纵向构件，沿纵向可以间断也可以连续，一般采用 T 型钢或折边板制作，其主要作用是承担总纵弯曲、船底局部强度及建造和维修时墩木的反作用力等。对于总纵强度要求较高的船舶，中内龙骨一般保持连续，与肋板相遇时肋板间断；对于总纵强度要求不太高的船舶，中内龙骨与肋板相遇时一般保持肋板连续而中内龙骨间断。旁内龙骨位于中内龙骨两侧对称分布，根据船宽的不同可以设置若干道，沿纵向可以间断也可以连续，一般采用 T 型钢或折边板制作，其主要作用是承担总纵弯曲、船底局部强度等。

2. 船底纵骨（bottom girder）

船底纵骨是沿纵向设置的较小骨材，大多采用球扁钢或不等边角钢制成，大型船也有用 T 型钢制成的。船底纵骨平行于中内龙骨，纵向密集设置。纵骨架式单层底船舶在底部设置大量船底纵骨，这些纵骨尺寸一般都比较小，其主要作用是支持船舶外板并提高船舶的纵向强度。船底纵骨沿船长方向一般保持连续，与肋板等相遇时在肋板上开孔让其穿过。

3. 肋板

与横骨架式单层底结构不同，纵骨架式单层底结构每隔几挡肋位才设置一道肋板，由于横向的肋板数量较少，其尺寸一般都比较大，往往采用腹板较高的 T 型钢，与船底纵骨相遇时开孔让纵骨穿过，并在此处加装垂直加强筋。肋板的主要作用是承担船舶的横向强度和局部强度，并作为纵向构件的支点。为了减轻船舶的结构质量，肋板上一般要开有减轻孔。

4. 防倾肘板（tripping bracket）

由于纵骨架式单层底结构每隔几挡肋位才设置一道肋板，为了保证中内龙骨和旁内龙骨的稳性，在两个肋板之间往往设置防倾肘板，它的主要作用是作为中内龙骨和旁内龙骨的支点，保证中内龙骨和旁内龙骨的稳性。

（三）横骨架式双层底

双层底（double bottom）是指在船底板以上 1～2 米高处加装一层底板（内底板），用以增加船体强度和保证外底破损时船舶安全的船底结构。双层底结构提高了船舶的抗沉性和船体的抗泄漏性，而且由船底板、内底板及其骨架围成的水密空间结构可装压载水、淡水和燃料油等。

横骨架式双层底结构以横骨架式为主要构件，由外底板、内底板、底纵桁和各种形式的肋板等组成。

1. 底纵桁（bottom girder）

底纵桁是在双层底内按船长方向布置的纵向大型构件，它与双层底等高，用厚钢板焊成。底纵桁按照所处位置不同分为中底桁（bottom center girder）和旁底桁（bottom side girder）。中底桁又称“中桁材”，是置于船底首尾中心线上的纵向梁，它与平板龙骨、中内底板组成工字形纵向构件，主要作用是承担船舶的总纵弯曲强度、局部强度及修造时墩木的反作用力。旁底桁又称“边底桁”或“旁桁材”，对称设置于中桁材两侧且平行于中桁材，并与船底板和内底板相连，其上开有减重孔、流水孔、人孔和气孔等，一般间断于实肋板之间。旁桁材的数量根据船宽而定。

2. 肋板

肋板是连接内底板和船底板的横向构件，布置在双层底内每个肋位上，其作用是承担横向强度，是保证船体横向强度和船底局部强度的重要构件。横骨架式双层底肋板按照结构不同分为主肋板（solid floor）、水密肋板（watertight floor）、油密肋板（oiltight floor）、框架肋板（bracket floor）等几种。主肋板又称“实肋板”，是开有人孔（或减轻孔）、流水孔、透气孔和通焊孔的非水密肋板，与双层底等高，焊接在中底桁上，其作用是保证横向强度。水密肋板是没有任何开孔而且在规定压力下不透水的肋板，它与水密的底纵桁一起将双层底分隔成若干互不相通的各种舱室（如压载水舱），通常在水密横舱壁下都设有水密肋板。油密肋板也没有任何开孔，并要求在规定压力下不透油，以便与底纵桁等组成船舶上的油舱。框架肋板也叫“组合肋板”，是由内底横骨、船底肋骨和肘板等组成的框架结构，内底横骨和船底肋骨用不等边角钢制成，并用折边肘板与中底桁和内底边板相连。

3. 内底板和内底边板（inner bottom plate and margin plate）

内底板是指船舶双层底的顶板。在正常情况下，双层底中用来装载燃油、淡水或压载水，当船底外板损伤时，内底板要防止水进入船舱内，因此它必须是水密的。内底板与两舷舭部外板连接的列板，称“内底边板”。为了让人员进入双层底，在内底板上要开设人孔，并设置水密盖。货舱中的内底板常需加厚或上铺木板，如货舱内使用抓斗或铲车卸货，则更需加强。

（四）纵骨架式双层底

纵骨架式双层底结构以纵骨架式为主要构件，抵抗总纵弯矩的能力强，适用于船体较长的船舶，现代大中型船舶普遍采用此种骨架结构。

纵骨架式双层底结构的主要构件有外底板、内底板、底纵桁、船底纵骨、内底纵骨、肋板等。

1. 底纵桁

纵骨架式双层底结构的底纵桁也分为中底桁和旁底桁，底纵桁均由一系列钢板组成。中底桁是位于船底中线面处、沿船长方向布置的连续构件，承担总纵强度和局部强度。旁底桁位于中底桁两侧，是非水密的纵向构件，和船底板焊接在一起，承担总纵强度和一些局部强度，其数目随着船体增大而增加。

2. 箱形中底桁（duck keel）

箱形中底桁又称“箱形龙骨”，是在船舶双层底中线面处设置的，沿船长方向的一条水密的箱形通道。箱形中底桁由两道水密的侧板、内底板、船底板和骨材等组成，其内部可以布置油舱、压载水舱及各种管道。

3. 纵骨（longitudinal）

纵骨是仅在纵骨架式结构中设置的纵向构件，其中位于船底板上的纵骨叫“船底纵骨”（bottom longitudinal），位于内底板上的纵骨叫“内底纵骨”（inner bottom longitudinal），它们是保证船舶总纵强度的重要构件，通常由球扁钢制成，大型船舶则用 T 型钢。纵骨架双层底结构，在双层底内纵向布置的构件较密集，而横向布置的构件较稀疏，在船底板上各列底纵桁之间密集布置着一些尺寸相对较小的船底纵骨。内底纵骨和船底纵骨相对应，由角钢制成。

4. 肋板

肋板是连接内底板和船底板的横向构件，布置在双层底内每个肋位上，是保证船体横向强度和船底局部强度的重要构件。按其结构与用途的不同，可分成实肋板、水密肋板和组合肋板。纵骨架式双层底结构不是每个肋位上都有肋板，而是每隔 3～4 个肋位设置一道肋板，在不设肋板的肋位上，中底桁两侧都设置防倾肘板，舭部都设置舭肘板。

为了保持中底桁的全船连续性，肋板与中底桁相遇时，一般肋板间断并焊接在中底桁上。纵骨架式双层底横向构件少，为了保证强度要求，当肋板与旁底桁相遇时，为保持肋板连续，让旁底桁间断并焊接在肋板上；当船底纵骨、内底纵骨与肋板相遇时，在肋板的上下面开孔让其通过。

二、外板和甲板板

外板和甲板板是船体箱形结构的最主要组成部分，外板围成船体的外壳，而甲板则封闭船体的上部。

（一）外板（shell plate）

船舶的外壳通常为流线型曲面形状。外板是外底板与舷侧板的合称，是构成船体底部、舭部及舷侧的外壳板，主要作用是保证船体水密，使船舶具有漂浮及运载能力。外板作为船梁的组成部分，参与船体的总纵强度，并与船底及舷侧骨架一起，承受并传递各种横向载荷，共同保证船舶的局部强度和刚性。

外板由一块块钢板对合焊接而成，钢板长边通常沿船长方向布置。长边与长边相接的纵向接缝叫“边接缝”（seam），短边与短边相接的横向接缝叫“端接缝”（butt）。钢板逐块端接而成的沿船长方向的连续长条板称为“列板”（strake），若干个列板组成船体外板，其中位于船底的各列板统称为“船底板”（bottom plate），位于船体中线的一列板称为“平板龙骨”（plate keel），由船底过渡到舷侧的弯曲部分称为“舭部”，该处的列板称为“舭列板”（bilge strake），舭列板以上的外板称为“舷侧外板”（side plate），其中与上甲板连接的舷侧外板称为“舷顶列板”（sheer strake）。

图 3-3 所示为船舶外板布置图。

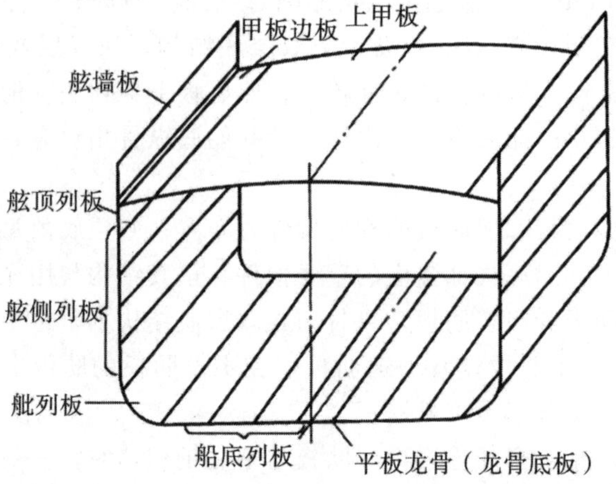

图 3-3　船舶外板布置图

（二）甲板板（deck plate）

1. 甲板的名称

船舶的主体部分设有一层或几层全通甲板，小型船舶仅有一层甲板，而大型船舶根据使用要求往往设置二层或多层贯通全船的连续甲板，按自上而下的顺序分别称为上甲板（upper deck）、第二甲板（second deck）、第三甲板（third deck）等，根据需要，有时还在部分舱室中设置局部间断的平台甲板（platform deck）。

2. 甲板的形状

为了减少上浪及迅速排出积水，船舶上的甲板通常为曲面形状，且艏艉窄、中部宽，船长方向中部低于艏艉端，船宽方向中间高于两舷。上甲板边线沿纵向朝艏艉端升高的曲线称为“舷弧”，上甲板沿横向的拱形称为“梁拱”，非露天甲板和平台也可做成平直的。

3. 甲板的作用和布置

甲板与外板和舱壁板共同组成具有各种用途的舱室。上甲板作为船体的水密顶板，在保证船体总纵强度中的作用最大，故较下层甲板要厚，一般称为“强力甲板”，同时与甲板骨架一起承受并传递各种横向载荷，主要用来遮蔽舱室空间，有些船舶的上甲板上也用来载货，下甲板和平台甲板分层安置设备及各种装载物，主要保证船舶的局部强度。

甲板板（deck plate）由许多钢板并合焊接而成，钢板的长边通常沿船长方向布置，且平行于甲板中线。沿甲板边缘与舷侧邻接的一列甲板板称为“甲板边板”（deck stringer），甲板边板因需保持一定的宽度，故沿舷边呈折线形状。在艏艉端，由于甲板宽度减小，甲板列板的数目也要相应地减少，也可以将钢板沿横向布置。

4. 甲板结构

甲板上有货舱口、机舱口等大开口及相关的建筑，结构比较复杂。大部分甲板是单层板架结构，按骨架设置形式可分为横骨架式和纵骨架式甲板结构。

（1）横骨架式甲板结构

横骨架式甲板结构的横向强度好，制造方便，适用于小型船舶和内河船的甲板及大中型船舶的下甲板、平台甲板、上甲板的艏艉端等。

横骨架式甲板结构由甲板板、横梁和甲板纵桁等构件组成，如图 3-4 所示。

①横梁（beam）：甲板结构中的横向构件统称为“横梁”，设置在每挡肋位上，其主要作用是支撑甲板板，并将甲板的横向载荷传给舷侧和甲板纵桁。按照设置位置和尺寸大小的不同，横梁可以分为普通横梁、半横梁和舱口端横梁。

普通横梁（deck beam）是横骨架式甲板结构中采用的主要构件，由尺寸较小的不等边角钢制成，它的两端用梁肘板与舷侧主肋骨连接，保持横向连续。半横梁（half beam）又叫“普通半梁”，指舷侧至舱口边的横梁，其剖面尺寸与普通横梁相同，一端与舱口纵桁用肘板相连，另一端用梁肘板与主肋骨连接。舱口端横梁（hatch end beam）是位于舱口前后两端的强横梁，由尺寸较大的组合 T 型钢制成，舱口的一段多采用组合角钢，主要作用是加强舱口处的强度。

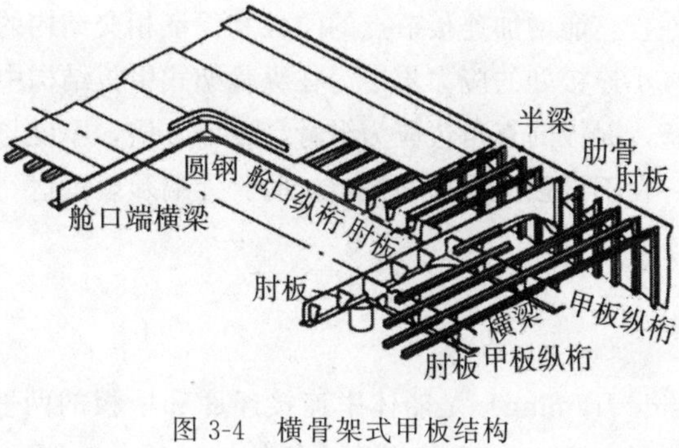

图 3-4　横骨架式甲板结构

②甲板纵桁（deck girder）：甲板纵桁是甲板结构中沿船长方向在舱口两边和甲板中心线布置的纵向强构件，常用剖面尺寸较大的组合 T 型钢制成，是甲板结构中的重要构件。甲板纵桁作为横梁的支点，可以减小横梁的尺寸，同时参与船体总纵弯曲，起着保证甲板纵向强度和力的传递作用。甲板纵桁通常在甲板下设置 2～3 道，两道要与舱口边板对齐，兼做舱口纵桁（hatch side girder)。舱口纵桁是指位于航口两边的那段甲板纵桁，为了防止吊货时磨损绳索，通常采用组合角钢，其主要作用是增加舱口处的强度。

③肘板（bracket）：横梁与肋骨、甲板纵桁之间必须用肘板牢固连接，以增强节点处的刚性，并相互传递作用力。横骨架式甲板结构中有许多肘板，有连接横梁与肋骨的梁肘板（beam knee）、连接横梁与甲板纵桁的防倾肘板等。

（2）纵骨架式甲板结构

纵骨架式甲板结构的纵向强度好，但装配施工比较麻烦，主要用于总纵强度要求较高的大中型船舶的上甲板。

纵骨架式甲板结构由甲板板、甲板纵骨、甲板纵桁和强横梁等构件组成。

①甲板纵骨（deck longitudinal）：甲板纵骨平行于船舶中线面布置，是纵骨架式甲板结构中采用的主要纵向构件，由尺寸较小的球扁钢和不等边角钢制成，其主要作用是保证船舶总纵强度和甲板板的稳定性，同时承受甲板板的横向载荷。

②甲板纵桁（deck girder）：甲板纵桁的结构和布置与横骨架式甲板结构中的甲板纵桁基本相同，其作用主要是支承横梁，同时也承受总纵弯曲。

③强横梁（web beam）：强横梁是在纵骨架式甲板结构中采用的主要横向构件，由尺寸较大的组合 T 型钢或折边钢板制成，其作用主要是支撑甲板纵骨，保证横向强度。在纵骨架式甲板上，一般每隔 3～5 个挡肋距设置一个强横梁。

④肘板（bracket）：肘板是连接两个以上构件的连接件，也是船体结构中数量最多的一种构件，它能增加连接节点的刚性和保证相交结构的连续性，同时可以传递各种力，减小连接处的应力集中。在纵骨架式甲板结构中，肘板用来连接甲板纵骨和横舱壁，肘板的直角边应为纵骨高度的 2 倍，厚度与纵骨相同，当舷侧为横骨架式时，在不设强横梁的肋位上，肋骨上端须装置达到最靠边一根甲板纵骨的肘板。

三、舷侧结构

舷侧结构（side framing）是船体中连接船底和甲板的两舷侧壁，与船底、甲板、舱壁等相互连接、相互支持，构成船体结构的主船体，以保持船体的正常形状。舷侧结构直接受到舷外水压力、波浪冲击力、漂浮物和冰块的冲击挤压力、其他碰撞力等局部横向力和船体纵弯曲时的拉、压力和剪切力的作用，与船底及甲板相互支持，共同保证船舶结构的强度和刚性。

舷侧分为单层壳舷侧、双层壳舷侧和多层壳舷侧。单层壳舷侧只有一层舷侧外板，一般船舶都采用此种型式。双层壳舷侧除了舷侧外板，还有一层内壳板，这种形式适用于甲板大开口的船（如集装箱船）及现代大型油船；而大型军舰的机炉舱等重要舱位会选择多层壳的舷侧结构。

按照骨架形式的不同，舷侧结构可分为横骨架式（见图 3-5）和纵骨架式（见图 3-6），民用船舶大多采用横骨架式舷侧结构。

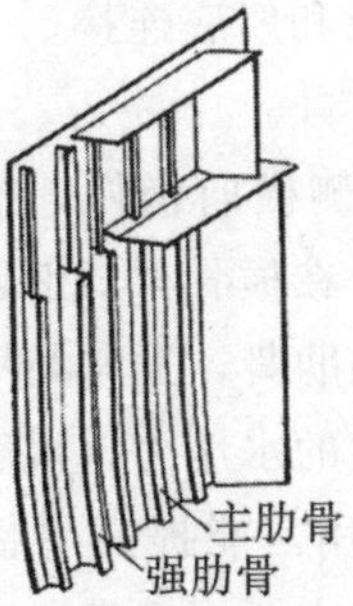

图 3-5　横骨架式舷侧结构

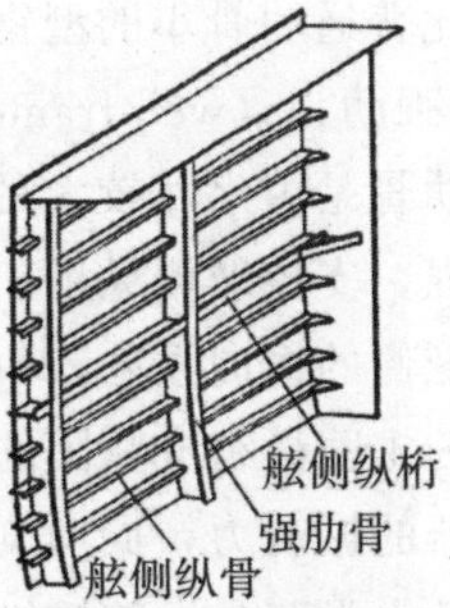

图 3-6　纵骨架式舷侧结构

（一）横骨架式舷侧结构

横骨架式舷侧结构由舷侧外板、普通肋骨（包括主肋骨和甲板间肋骨）、强肋骨和舷侧纵桁等组成，主要优点是制造方便，横向强度好，适用于内河船和一般货船。

1. 普通肋骨（frame）

普通肋骨简称“肋骨”，是横骨架式舷侧结构中的主要横向构件，通常采用不等边角钢或球扁钢制成，其主要作用是支持外板承受船舷外的水压力，同时与甲板横梁和船底肋板连接，相互传送外力，并组成横向框架，形成船体外形，保证船体的横向强度。

横骨架式舷侧结构的每一个肋位都设有一道肋骨（有横舱壁或强肋骨处除外），在有下甲板的舱内，肋骨分为两段：在上下甲板之间的称为“甲板间肋骨”，下甲板和船底之间的称为“主肋骨”。

（1）主肋骨（main frame）

主肋骨是指最下层甲板以下的船舱肋骨，是横骨架式舷侧结构的主要构件，通常用不等边角钢制成，大型船舶的主肋骨也采用焊接 T 型钢。由于主肋骨比甲板间肋骨的长度大，又处于水面以下，受到较大的水压力，因此主肋骨比甲板间肋骨的剖面尺寸大，小型船舶为了施工备料方便，一般采用同一规格。

（2）甲板间肋骨（tweendeck frame）

甲板间肋骨是指两层甲板之间的肋骨，一般由不等边角钢制成。如前所述，由于舷侧上部水压力比下部小，甲板间肋骨的剖面尺寸比主肋骨的剖面尺寸要小。

（3）中间肋骨（intermediate frame）

在冰区航行的船舶，为了增强舷侧外板的强度，会在位于水线附近的两个肋骨中间设置较短的中间肋骨，以抵抗浮冰的撞击和冰块的挤压。中间肋骨一般采用比普通肋骨小的型钢制成，两端可不与甲板和船底连接。

2. 强肋骨（web frame）

强肋骨是由尺寸较大的组合 T 型钢制成的舷侧横向构件，主要用于船体局部加强，支持舷侧纵桁，保证舷侧的横向强度。在横骨架式舷侧结构中，为了保证舷侧的横向强度，每隔几个肋位设置一根强肋骨，通常与甲板的强横梁及底部的主肋板组成坚固的横向框架，能承受较大的水压力、机舱内的集中载荷和机器的振动力，同时对甲板大开口起补偿作用，能提高甲板开口处的强度。这种由强肋骨、舷侧纵桁和主肋骨组成的结构主要用于海洋船舶的机舱区域、长江船和内河船的舷侧。

3. 舷侧纵桁（side stringer）

舷侧纵桁设置于机舱、深舱和船艏艉部分，油船则全船设置，主要作用是支持主肋骨并将一部分载荷传递给强肋骨和横舱壁。舷侧纵桁是横骨架式舷侧结构中唯一的纵向构件，沿船长方向布置，通常由组合 T 型钢或折边板制成，其腹板宽度大于主肋骨宽度，一般与强肋骨腹板同宽。

（二）纵骨架式舷侧结构

纵骨架式舷侧结构的优点是骨架形式与船底和甲板一致，有利于保证船体总纵强度和外板的稳定性，常用于军舰、油船和矿砂船。纵骨架式舷侧结构可以使外板的厚度减薄从而减小船体结构质量。

纵骨架式舷侧结构由舷侧纵骨、舷侧纵桁和强肋骨等组成。

1. 舷侧纵骨（side longitudinal）

舷侧纵骨是纵骨架式舷侧结构的主要构件，通常采用不等边角钢或球扁钢沿船长方向连续布置，主要作用是支撑外板并承受舷侧水压力，参与船体总纵弯曲，保证外板的稳定性。

民用船舶的舷侧纵骨一般作水平方向布置，而军用船舶特别是大型军舰的舷侧纵骨型钢腹板则垂直于外板，型钢凸缘一般都向下。由于舷侧的受力随深度增加而增加，因此，舷侧纵骨在水线以下的尺寸往往大于水线以上的尺寸。

2. 强肋骨

强肋骨是纵骨架式舷侧结构中的唯一横向构件，安装在有实肋板的肋位，结构形式与横骨架式舷侧结构中的强肋骨基本相同，一般用组合 T 型钢制成，主要作用是支持舷侧纵骨，保证船体的横向强度。

3．舷侧纵桁

舷侧纵桁安装在肋骨跨距偏下的舷侧部位。纵骨架式舷侧结构的舷侧纵桁，其剖面尺寸较舷侧纵骨大，一般采用组合 T 型钢，主要作用是增加舷部的刚度，并将一部分载荷传给横舱壁。

四、舱壁结构

船体内有许多横向和纵向布置的垂直隔板，这些隔板叫作“舱壁”（bulkhead），其中沿船长方向设置的舱壁是纵舱壁，沿船宽方向设置的舱壁是横舱壁。横舱壁是船底、舷侧和甲板等结构的支座，可使船体各部位构件之间的作用力相互传递，对保证船体的横向强度和刚性起很大作用；纵舱壁可减少自由液面对船舶稳性的影响，较长的纵舱壁还可增强船舶的总纵强度。同时，舱壁将船体内部分隔成若干个舱室，以便安装各种机械设备及装载货物、燃油、淡水、备品和压载水等。

按照用途分类，舱壁可分为水密舱壁、液体舱壁、制荡舱壁、轻舱壁和防火舱壁。水密舱壁是在规定的水压力下能保持不透水的舱壁，是保证船舶抗沉性能的重要结构，一般指由船底至上甲板的主舱壁，它把船体分隔成若干个水密分舱，以保证船舶的抗沉性。液体舱壁是液舱（油舱或水舱）之间的界壁，要求保证油密或水密，由于经常承受液体压力，故其尺寸较一般水密舱壁要大。制荡舱壁是在液舱内设置的开有流水孔的舱壁，用来减小舱内液体的摇荡。轻舱壁是一种只起简单隔离作用的轻型结构舱壁，一般用于上层建筑房间隔壁，要求具有一定的刚性。防火舱壁是设置有隔热和防火装置的舱壁，用于客船居住区或者舰艇。

按照结构形式分类，舱壁可分为平面舱壁、双层舱壁和槽形舱壁。平面舱壁是由平舱壁板和加强它的骨架组成的舱壁。双层舱壁是由双层平舱壁板和一定数量的内部隔板组成的舱壁。槽形舱壁是将舱壁板压成梯形、弧形等形状来代替扶强材（stiffener）的一种舱壁。

（一）平面舱壁

平面舱壁（plane bulkhead）由舱壁板和其上的垂直与水平舱壁骨架组成。

1．舱壁板

平面舱壁板（bulkhead plate）由许多块钢板并合焊接而成，板列有水平和垂直两种布置。大型船舶舱壁板的钢板长边沿水平方向布置，根据承受横向水压力的大小，其厚度由下向上逐渐减薄。甲板间舱壁（tweendeck bulkhead）或舱深不大的小船舱壁，为便于施工，舱壁板多垂直布置。防撞舱壁板比其他水密舱壁板稍厚些，其上不准开任何门或人孔，舰轴管通过处舱壁板的厚度一般增加一倍。

2. 舱壁骨架

舱壁骨架由扶强材和桁材两种构件组成，主要作用是增加舱壁板强度和刚性。

(1) 扶强材

扶强材也称“防挠材”，是为保证金属板的刚性所加装的钢质船体结构材料。扶强材是较小的骨架，一般采用不等边角钢或 T 型钢制成，是平面舱壁的主要构件。按照设置方向的不同，扶强材分为垂直扶强材和水平扶强材两种。

(2) 桁材

桁材由腹板与面板组合构成，是较大的骨架，一般采用组合 T 型钢或折边板制成，安装在舱壁高度中间偏下处。桁材支持扶强材，作为中间支座使其跨度减小，从而减小扶强材剖面的尺寸。按照设置方向的不同，桁材分为水平桁和竖桁两种：当深舱或液舱的深度较大且舱壁采用垂直扶强材时，须设置水平桁作为扶强材的中间支座；而竖桁可作为水平扶强材的中间支座并对承受舱壁平面上下方向的压缩力有较大的作用。

(二) 槽形舱壁

槽形舱壁是由钢板压制而成的，以它的槽形折曲来代替扶强材的作用。

与平面舱壁比较，槽形舱壁在保证同样强度的条件下，结构质量轻，节省钢材，而且组成槽形舱壁的零件较少，可减少装配和焊接的工作量，但槽形舱壁占据的舱容较大，不利于装载件杂货物，且垂直于槽形方向的承压能力较差，因而多用于油船、散货船和集装箱船。

(三) 轻舱壁

轻舱壁是指只起分隔舱室作用而不承受载荷的舱壁，通常用作上层建筑内部舱室的隔壁，须具备一定的刚性。轻舱壁分为平面轻舱壁和压筋轻舱壁两种，其结构与主船体舱壁相似，只是构件尺寸较小。平面轻舱壁由舱壁板和扶强材组成，压筋轻舱壁用压筋板做成。

五、艏艉端结构

艏、艉部分别位于船舶的最前端和最后端，线型变化复杂，主要受局部外力作用，因此结构与船体中部有很大不同。

(一) 船首结构

船首结构也包括船底舷侧、甲板等部分，船首最前端有艏柱，船体两舷结构在此会合。从艏柱到防撞舱壁之间的舱室叫“艏尖舱”。由于船首线型比较尖瘦，艏尖舱内不宜装载货物，一般作为压载舱，调节船体纵倾。艏尖舱内设有锚链舱，用来存放锚链。艏尖舱上面的空间，一般作为放置工具和设备的储藏室。

1. 船首形状

船首形状与船舶的用途和性能有关。船舶首端采用的形状不同，其内部结构就会有所差异。船舶首部形状主要有直立型艏、前倾型艏、飞剪型艏、破冰型艏、球鼻型艏等，如图 3-7 所示。

(1) 直立型艏 (vertical bow)：船首部轮廓线呈与基线相垂直或接近垂直的直线，艏部甲板面积不大，主要用于驳船和特种船舶。

(2) 前倾型艏 (raked bow)：艏柱呈直线前倾或微带曲线前倾，艏部不易上浪，甲板面积大，在发生硬撞时船体水线以下的部分不易受损，外观上比较简洁，有快速感。军用船多采用直线前倾型，民用船多用微带曲线前倾型。

(3) 飞剪型艏 (clipper bow)：艏柱在设计水线以上呈凹形曲线，艏部不易上浪，且较大的甲板悬伸部可以扩大甲板面积，有利于布置锚机和系船设备，常用在远洋航行的大型客船和部分货船上。

(4) 破冰型艏 (icebreaker bow)：设计水线以下的艏柱呈倾斜状，与基线约成 30°夹角，以便冲上冰层，用在破冰船上。

(5) 球鼻型艏 (bulb bow)：设计水线以下的艏部前端有球鼻型的突出体，突出体有多种形状，其作用是减小兴波阻力，多用在大型远洋运输船和部分军舰上，军舰可利用球鼻的突出体装置声呐。

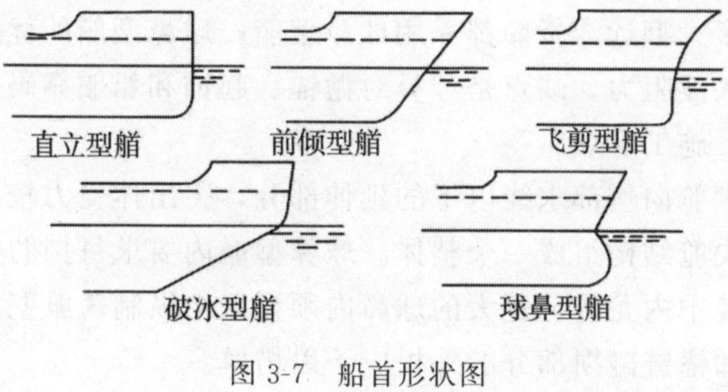

图 3-7 船首形状图

2. 艏端结构

艏端结构主要是指艏尖舱区域的结构，根据船首的受力特点和考虑简化施工，多数船舶的首端采用横骨架式结构，有些军舰采用纵骨架式结构。艏端结构与船体中部的结构相比，有一些特殊的结构要求，如制荡舱壁和强胸结构等。

(1) 横骨架式艏端结构

横骨架式艏端结构横向强度好，民用船舶通常采用此种形式。船舶在波浪中航行时，艏部甲板上浪、舷侧和底部受到波浪的冲击，波浪冲上甲板和对船底的砰击作用常对船体产生严重损害，因此必须采取加强措施。

艏端的加强可分为艏尖舱区域、艏尖舱后的舷侧区域和底部区域三个部分。艏尖舱（forepeak）区域加强的范围从艏柱至防撞舱壁（collision bulkhead），艏尖舱底部每一肋位上设升高肋板（raised floor），其高度向船首逐渐升高，升高肋板之间设置间断的中内龙骨作为防撞舱壁后面船底中底桁的沿伸。艏尖舱后的舷侧区域加强范围从防撞舱壁后至距艏端 0.15 L（L 为船长，下同）区域。横骨架式的舷侧，当肋骨跨距小于 9 米时，该区域舷侧外板加厚 5%～15%；当肋骨跨距大于 9 米时，该区域必须设置延伸的间断舷侧纵桁。船首底部加强的范围从防撞舱壁至距艏端 0.2 L 区域。对横骨架式双层底结构，在每一肋位上设置不超过船中肋距的实肋板，并设置间距不大于 3 个肋距的旁底桁，其间加设半高旁底桁；对纵骨架式双层底结构，在每隔一个肋位处设置实肋板，纵骨尺寸相应增加，并设间距不大于 3 个纵骨间距的旁底桁，旁底桁尽量向艏部延伸。

（2）纵骨架式首端结构

当船舶的中部为纵骨架式结构时，艏端采用纵骨架式结构，可保证艏端连接部位的强度，并可避免因采用横骨架式艏端结构而使过渡结构复杂化。因此，对于线型瘦长的舰艇，其艏端趋向采用纵骨架式结构或纵横混合骨架式结构。

3. 球鼻结构

目前，很多大型远洋货船都采用球鼻型艏，球鼻型艏的优点是在波浪中航行时可以降低兴波阻力，缺点是球鼻对抛锚、起锚和船舶靠码头有妨碍，且外形和结构复杂，施工麻烦。

球鼻是艏尖舱向艏部水线以下的延伸部分，突出体受力较大，应有足够的支持，并与艏尖舱结构组成一个整体。球鼻型艏内要求每挡肋位设置肋板，较小的球鼻内可装中内龙骨，宽大的球鼻内须设置中纵制荡舱壁。此外，球鼻前端以及易受锚和锚链碰损部分的外板应予以增厚。

4. 艏柱（stem）

艏柱是位于船体最前端、汇拢艏部两侧外板、保持船首形状的强力构件。艏柱受力主要是偶然性的外力，如水面漂浮物和浮冰的撞击及船舶相撞时可能发生的碰撞等，因此艏柱要求具有足够的刚性和强度。艏柱的形状随艏部线型而变化，通常在水线附近艏柱截面较瘦，从水线向上逐渐加宽，水线以下至平板龙骨处也要加宽。

按照制作方式的不同，艏柱分为钢板艏柱、铸钢和钢板混合艏柱、锻钢艏柱三种。钢板艏柱由厚钢板弯曲焊接而成，制造方便、质量轻、成本低，受碰撞后虽易变形，但变形范围小，且易修理；铸钢艏柱为钢水浇铸而成，刚性好，可制作较复杂的结构，但质量大，韧性差，除破冰船外，其他船舶很少采用，现代大中型船舶常采用铸钢和钢板混合式艏柱；锻钢艏柱是用钢锭锻造的艏柱，强度和冲击韧性好，适于截面形状简单、容易加工的构件。此外，在内河船舶中，还广泛采用圆钢、钢管艏柱，或在设计水线下采用圆钢、钢管艏柱，而在设计水线上采用钢板焊接艏柱。

5. 艏端侧推器管隧

艏端侧推器管隧就是在船舶艏部横向贯通的管隧，其内装有电动机驱动的侧向推进器。侧推器（thruster）在船舶靠离码头时，作为辅助的推进器，可改善船舶的操纵性，一般用于某些渡船拖船、客船、科学调查船以及集装箱船。

（二）船尾结构

船尾结构指的是从艉尖舱壁到艉端的船体结构，由船尾的甲板、舷侧结构和艉柱组成，有的船还有舵支架和艉轴架。在船尾上甲板下面的舱室内装有舵机设备，称为“舵机舱”，舵机舱下面的舱室是艉尖舱，一般作为艉压载水舱，调节船体的纵倾。舵机舱与艉尖舱之间的平台叫“舵机平台”。

1. 船尾形状

船尾形状常见的主要有椭圆形艉、巡洋舰型艉和方形艉，如图 3-8 所示。

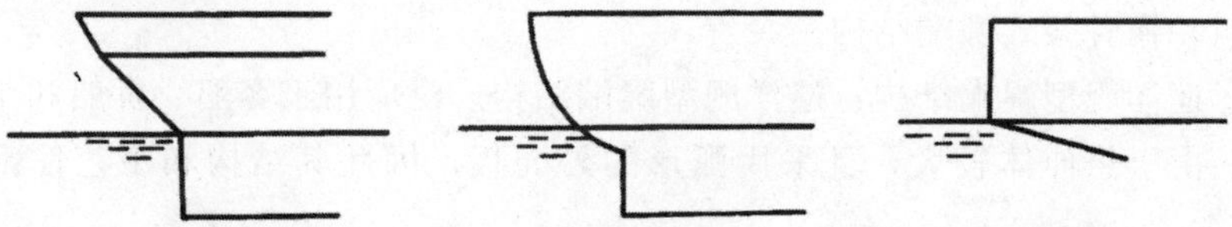

图 3-8 船尾形状图

（1）椭圆形艉（elliptical stern）：船的尾部有短的艉伸部，折角线以上呈椭圆体向上扩展，端部露出水面较大，桨和舵易受破坏，过去民用船舶多采用这种艉型，现在仅用于某些驳船。

（2）巡洋舰型艉（cruiser stern）：具有光顺曲面的艉伸部，艉部大部分浸入水中，增加了水线长度，有利于减小船的阻力，并有利于舵和螺旋桨的保护，在巡洋舰和民用船舶上都曾广泛应用。

（3）方形艉（transom stern）：艉部有垂直或斜的艉封板，其他仍保留巡洋舰型艉的特点，艉部水流能较平顺地离开船体，使航行阻力减小，艉部甲板面积较大有利于舵机布置，并能防止高速航行时艉部浸水过多。方形舰施工简单，但倒船时阻力偏大，大多用于航速较高的船艇及货船。

2. 艉端结构

艉端结构包括艉尖舱和艉部悬伸体，艉部悬伸体的主要作用是扩大甲板面积，保护螺旋桨和舵，并改善航行性能，悬伸体内设有舵机舱，悬伸端下装配舵和螺旋桨。船尾除受静水压力外，还承受舵和螺旋桨的重力及螺旋桨运转时的动水压力，主机在船尾时，功率大的船在螺旋桨运转时产生激振，严重时可能造成局部结构的破坏，因此艉端结构需要有较好的防振加强措施。

艉端的防振加强区域从艉尖舱舱壁至船尾端，包括艉尖舱内和艉尖舱以上舷侧的加强。

艉尖舱（after peak）区域的加强：艉尖舱内的肋骨间距不大于 60 厘米，每挡肋位设置升高肋板，单桨船的肋板伸至艉轴管以上足够高度，在推进器柱、舰轴架、挂舵臂处的肋板一般伸至舱顶并加厚。舷侧为横骨架式时肋板以上应设置间距不大于 2.5 米的强胸横梁和舷侧纵桁或开孔平台，艉尖舱悬伸体的中线面应设置纵向制荡舱壁。艉尖舱内设间断的中内龙骨，或用数道水平加强筋加强升高肋板。

艉尖舱以上的舷侧加强：艉尖舱上面的甲板间舱内设置抗拍击舷侧纵桁或增加外板厚度，并设置不大于 4 个肋骨间距的强肋骨。

艉端结构有横骨架式和纵骨架式两种形式，民用船舶的艉部多用横骨架式结构。

（1）横骨架式艉端结构

①巡洋舰型艉端结构：巡洋舰型艉端结构广泛应用于客船、货船和中低速军舰。由于悬伸体较大，且采用弧形的外壳板，因此其结构和工艺性都比较复杂。

②方形艉端结构：方形艉端结构相当于将巡洋舰型艉的扇形部分切去，用一平直的艉封板代替，艉封板倾斜或竖直布置，其上装有扶强材，看上去比巡洋舰型艉短，除了省掉扇形部分外，其他结构不变。与巡洋舰型艉相比，方形艉端结构相对简单，施工也方便，主要用于货船和高速军舰。

（2）纵骨架式艉端结构

纵骨架式艉端结构通常只用于军用船舶，艉端与船中的骨架形式相同，更有利于保证船体的纵向强度。

（三）艉柱（stern frame）

艉柱是设置在艉端下部中纵剖面上的大型构件，主要作用是连接两侧外板和平板龙骨，加强艉部结构，并支持和保护螺旋桨与舵。艉柱主要承受舵和螺旋桨的质量以及螺旋桨工作时产生的振动和转舵时的力矩，因此要求有足够的强度和刚性。

按照制作方式的不同，艉柱可分为钢板焊接艉柱、铸钢艉柱和锻钢艉柱。形状复杂的艉柱多采用铸钢艉柱。大型的艉柱可分段铸造，然后焊接起来，结构简单的艉柱可采用锻钢制造。根据型式的不同，艉柱可分为以下几种：

1. 装有不平衡舵单螺旋桨船的艉柱

这种艉柱是由舵柱、螺旋桨柱（包括轴毂）和艉框底骨组成的框架结构，由于不平衡舵已很少见，现在此种结构已较少采用。

2. 装有下支承式平衡舵单螺旋桨船的艉柱

这种艉柱由螺旋桨柱和艉舰框底骨组成，无舵柱，目前此种结构最常见。

3. 双螺旋桨船艉柱

双螺旋桨船艉柱即舵柱，是双螺旋桨有中间舵的船舶采用的艉柱，和船身组成一体。

4. 装悬挂舵的艉柱

装悬挂舵的艉柱是单螺旋桨悬挂舵船舶采用的艉柱，由螺旋桨柱和舵轴架组成，无向后伸出的底骨。

（四）艉轴架和轴包套

双螺旋桨船上的推进器为左右舷对称布置，由于船尾下部比较瘦，推进器轴在未到艉端时就伸出船体外面，为了使螺旋桨获得有效的支持，伸出船体外面的推进器轴必须有艉轴架和轴包套支撑。

艉轴架和轴包套形状须配合艉部线型，以减小水阻力，并且应能承受局部的振动力，当一个叶片折断时艉轴架也能承受最大转速产生的不平衡力。

1. 艉轴架（propeller shaft strut）

艉轴架常用于中小型船舶和舰艇上，根据艉轴在船体外伸出的长度和支承要求，由1～2个艉轴架支撑。艉轴架的优点是结构质量轻、造价便宜，缺点是暴露在外面的艉轴易受碰撞和腐蚀。艉轴架有单臂和双臂之分。

(1) 单臂艉轴架：只有一个支臂的艉轴架，刚性较差，但质量轻，损坏时易修理更换，常用在多螺旋桨的小型船艇上。

(2) 双臂艉轴架：有两个支臂的艉轴架，俗称“人字架”（A-racket），支臂伸入船体内与刚性骨架连接，结构刚性比单臂艉轴架好。

2. 轴包套（shell bossing）

轴包套常用在线型较肥、航速较低的大型船舶上，艉轴伸出部分全部包在鼓出的包套内。轴包套的优点是艉轴和轴承保养和检修方便，能提高螺旋桨的工作效率，还可起到减摇的作用；缺点是操纵和回转性差，结构复杂，施工麻烦。

六、上层建筑和机舱棚结构

（一）上层建筑概述

上层建筑是指上甲板以上的各种围蔽建筑物，各部分结构组成与主船体相应部位相似。上层建筑内除了可设客舱及船员的生活舱室，还有部分空间可以作为货舱使用，或存放缆绳、灯具、油漆等，在船中部和艉部上层建筑的顶部，可设置驾驶室以扩大驾驶视野。上层建筑设于机舱上方，可围蔽机舱开口，还能增加船舶的储备浮力，艏楼可减少上浪。

上层建筑包括船楼和甲板室两种形式。船楼是指两侧伸至船的两舷或距舷边的距离小于船宽的4%的上层建筑，根据所在的位置分为艏楼、桥楼和艉楼。甲板室是指宽度较该处的船宽为小，其侧壁位于舷内甲板上的围壁建筑物，根据所在的位置分为中甲板室和艉甲板室，极少采用艏甲板室。

老式货船的上层建筑多采用艏楼、桥楼、艉楼的“三岛式”布置形式，现代大中型的中机型货船多采用艏楼、中甲板室、艉甲板室的布置形式，而艉机型货船多采用艏楼、艉楼（或艉甲板室）的布置形式。目前货船大多是艉机型和中后机型的，桥楼形式的上层建筑已很少见。

艏楼只有一层空间，其上的甲板称为“艏楼甲板”。艉楼部分是船员生活及日常活动的场所，由若干层甲板分隔而成，按自下向上的顺序通常有如下几层：艉楼甲板，其中居住舱所在的甲板也称为“起居甲板”；救生艇所在的甲板叫“艇甲板”；驾驶台所在的甲板叫“驾驶甲板”，标准罗经所在的甲板称为“罗经甲板”，如果是平台，则称为“罗经平台”，它是船楼中最高的一层。货舱之间设置的甲板室有桅室（或桅屋），它的上面通常布置起货机，称为“起货机平台”。

（二）船楼结构及端部加强

根据参与船舶总纵弯曲的程度，船楼分为强力上层建筑和轻型上层建筑。强力上层建筑是指长度大于船长的15%及其本身高度6倍的长桥楼，轻型上层建筑是指短桥楼及长度不延伸至船中0.5 L 区域以内的艏楼和艉楼。

船楼结构由两侧壁、前后端壁和甲板板围成，并由横向骨架（肋骨和横梁）、纵向骨架（纵桁和纵骨）及扶强材等加以支持，其结构形式与主船体相应的板架结构类似。船楼端部的下方应设置支柱、隔壁、舱壁或其他强力构件以支持上层建筑。

（三）甲板室结构及局部加强

甲板室设于船舶的上甲板或船楼甲板上，根据它参与总纵弯曲的程度可分为强力甲板室和轻型甲板室。强力甲板室是指在船中0.5 L 区域内，长度大于船长的15%及其本身高度的6倍，且又支持在主体的三道横舱壁或强肋骨框架之上的甲板室；其他的则称为“轻型甲板室”。

甲板室结构由纵向围壁、前端壁、后端壁、甲板及骨架组成，其结构也和主船体相应的板架结构类似。第一层甲板室甲板板和围壁板的厚度一般不小于6毫米，围壁的下列板容易受潮腐蚀，故较其他围壁板稍厚；第二层及其以上各层甲板室甲板板和围壁板的厚度多依次减薄。

甲板室前端壁扶强材的末端与甲板牢固连接，靠近艏端的甲板室前端壁受到波浪冲击的机会较多，故它的扶强材较其他围壁的扶强材更强些，同样，艉端无庇护的甲板室后壁扶强材一般也适当增强。最下层长甲板室端壁和侧壁一般应以间距不大于9米的局部舱壁或垂直桁材加强，并尽可能与位于甲板室下面甲板间舱内的强力构件在同一垂直平面内。甲板室端部的下面应设支柱、隔板、舱壁或其他强力构件给予支持。

（四）机舱棚结构（engine casing）

机舱棚位于机舱口的上方，主要作用是给机舱采光和补充自然通风。机舱口四周有围壁直通至上部的露天甲板，其上设置有机舱棚顶盖，根据天窗的采光要求，机舱棚顶有水平和倾斜两种形式，机舱棚顶高出露天甲板以防风暴天气时海浪的浸入。

机舱棚围壁结构由围壁板和围壁上的扶强材组成，在上下甲板间的机舱棚围壁可以连续或被甲板切断，或者呈下层甲板比上层甲板开口大的阶梯形状。

第三节　船舶动力装置

船舶动力装置是船舶的心脏，是为了满足船舶航行、各种作业、船上人员的生活、船上财物和人员安全需要所设置的全部机械、设备和系统的总称。船舶动力装置的主要任务是给船舶提供各种形式的能量（如机械能、电能、热能、液压能等），并转换和使用这些能量。

一、船舶动力装置的组成

船舶动力装置主要由以下六个部分组成：

（一）推进装置

推进装置是推动船舶航行的装置，它包括主机、传动设备、轴系和推进器，主机发出动力，通过传动设备及轴系驱动推进器产生推力，使船舶克服阻力向前或向后航行。推进装置的作用是将船舶动力装置提供的动力转换成推力，根据作用方式的不同，船舶推进器可分为主动式和反作用式两类：靠人力或风力驱船前进的纤、帆等为主动式，桨、橹、明轮、喷水推进器、螺旋桨等为反作用式。

（二）辅助装置

辅助装置是指在船舶上能够产生能量的全部动力装置中除推进装置以外的其他装置，主要包括船舶电站、辅锅炉、液压泵站和压缩空气系统，它们分别产生电能、蒸汽热能、液压能和压缩空气供全船使用。

（三）管路系统

管路系统是指用以输送流体的管系，由各种阀件、管路、泵、滤器、热交换器等组成。按照用途的不同，管路系统可分为两类：

1. 动力系统

动力系统指为主机、辅机和辅锅炉等装置服务的管路系统，包括燃油系统、润滑系统、海淡水冷却系统、排气系统、蒸汽系统和压缩空气系统等。

2. 辅助系统

辅助系统指为船舶平衡、稳性、人员生活和安全服务的管路系统，包括压载、舱底水、日用海淡水、通风、空调、冷藏和消防系统等。

（四）甲板机械

甲板机械是指为保证船舶航向、停泊、装卸货物及起落重物所设置的机械设备，包括舵机、锚机、绞缆机、起货机、艉门艉跳系统、吊艇机及舷梯升降机等。

（五）防污染设备

防污染设备是指船舶上用来处理污油水、油泥、生活污水及各种垃圾的设备，包括油水分离装置、焚烧炉及生活污水处理装置等。

（六）自动化设备

自动化设备是指为改善船员工作条件、减少维护工作量、减轻劳动强度、提高工作效率以及减少人为操作错误所装配的设备，主要由遥控、自动调节、监视、报警和打印等设备组成。

二、船舶动力装置的类型

根据提供动力性质的不同，船舶动力装置可以分为蒸汽动力装置、燃气动力装置、核动力装置和电力推进装置。

（一）蒸汽动力装置

蒸汽动力装置是指以蒸汽机为驱动主机的动力装置，根据运动方式的不同，又分为往复式蒸汽机和回转式汽轮机两种。

往复式蒸汽机最早应用于海船，由于它具有结构简单、运转可靠、管理方便及噪声小等优点，在很长一段时间内曾占据主导地位，但由于其经济性差、体积和质量大，现在已经基本上被其他船用发动机代替。

回转式汽轮机由于受到柴油机的挑战，一直发展缓慢，而且其热效率较低、质量和尺寸大的劣势限制了它在中小船舶中的使用。

（二）燃气动力装置

燃气动力装置是指以燃气机为驱动主机的动力装置，根据发动机运动方式的不同，可以分为柴油机动力装置和燃气轮机动力装置两种。

1. 柴油机动力装置

柴油机不仅是热效率最高的一种热机，而且还具有启动迅速、部分负荷运转性能好、安全可靠、装置质量较轻、功率范围大（从几千瓦至数万千瓦）等一系列优点，因此船舶主机及发电副机现在多采用这种发动机。在中大型商船上所使用的柴油机有大型低速和大功率中速两大类，这两种柴油机在激烈竞争的同时又互相促进，都在迅速发展。

2. 燃气轮机动力装置

燃气轮机动力装置的优点是单位质量和尺寸小，单机功率大，机动性高，操纵管理简便，利于实现自动化，但它的经济性差，进排气管道大，机舱布置困难，低负荷运转性能差，而且不能直接倒船（需加离合器），叶片及燃气发生器在高温高压条件下工作寿命较短，所以在商船上应用极少。

（三）核动力装置

核动力装置是指以核能为动力来源的装置，其优点是所用燃料的质量极轻，船舶续航力很大。核燃料燃烧不用空气助燃，不用设置排气系统，但由于造价高，核分裂反应释放出大量放射性物质需要严加防护，操纵、管理、检查系统复杂，因此主要应用在军事船舶上，在商船上应用得很少。

（四）电力推进装置

传统的船舶推进方式是利用原动机直接推进，而船舶电力推进则是一种由原动机带动发电机发电，经变频器把满足要求的电流送到推进电动机，从而驱动螺旋桨的推进方式。电力推进具有体积和质量小、布置灵活、安全可靠性好、自动化程度高，环保效果好等特点，其应用范围正在不断拓展。

三、渔船动力装置之主机

从本书的写作意图和主要读者群体的关切这一角度考虑，在简单了解船舶动力装置的基本知识之后，下面，我们重点介绍一下海洋上数量最多、最常见的船舶——渔船的动力装置相关情况。

（一）渔船发动机——柴油机

柴油机具有热效率高、启动迅速、安全可靠、操作简便、功率范围大等优点，因此目前小至仅几米长、设施简单、只在近岸海域生产的挂机式小渔船，大到100多米长、加工冷藏一体化、主要在远洋作业的现代化渔船，其主机及发电副机基本上都在使用柴油机动力装置。柴油机属于热机的一种。所谓热机，是指把燃料的化学能经燃烧转化为热能，再把热能转化为机械能的机器设备。由于燃烧的场合不同，热机又分为外燃机和内燃机两种。外燃机是指燃料在发动机以外特设的锅炉中燃烧，产生的热能加热锅炉中的水使其变为蒸汽，再进入蒸汽机或汽轮机里膨胀做功的热机，如蒸汽机和汽轮机。内燃机是指燃料在发动机气缸内部燃烧放出热能，直接利用高温高压的燃气推动活塞变为机械能的热机，如汽油机、柴油机和燃气轮机。

柴油机和汽油机的主要区别在于燃料在气缸中点燃的方法不同。汽油机使用挥发性好的汽油作为燃料，汽油与空气在气缸外部的进气管中进行混合形成可燃混合气，通过电火花塞点火后在气缸内燃烧；柴油机则是以柴油作为燃料，燃料不是由外界火源点燃，而是由活塞压缩气缸中的空气使其温度和压力急剧升高，促使气缸内的高温混合气自行发火燃烧，所以柴油机也称为“压燃式内燃机”。

（二）柴油机的类型

柴油机用途广泛，型号众多，但基本工作原理都是相同的，常见的柴油机分类有以下几种：

1. 按工作循环特点分类

按照工作循环特点，柴油机分为四冲程柴油机和二冲程柴油机。

柴油机要向外输出机械能必须使燃油的化学能经过燃烧转变为热能，而燃料燃烧必须有空气，燃油自燃还要求空气达到一定的温度，这样燃油才能燃烧放出热能，使气缸中的燃气温度急剧升高、体积迅速膨胀，推动活塞做往复运动，再通过曲柄连杆机构向外输出功，做功后的废气排出气缸外，以便再次充入新鲜空气，这样一个完整的过程称为柴油机的一个工作循环。

完成一个工作循环需要经过进气、压缩、做功、排气等四个连续过程来实现的柴油机称为“四冲程柴油机”（见图3-9），而将进气、压缩、做功及排气过程紧缩在两个冲程内完成的柴油机则称为“二冲程柴油机”。二冲程柴油机没有专门的进气和排气冲程，其排气和进气是在动力（燃烧膨胀）冲程末期及压缩冲程初期进行的，新鲜空气由专设的扫气泵供给，扫气泵将加压的空气压入气缸，燃烧膨胀做功后的废气一部分自由排出，剩余部分被进入气缸的新气驱赶。这个用新鲜空气驱扫废气的过程称为“柴油机扫气过程”。

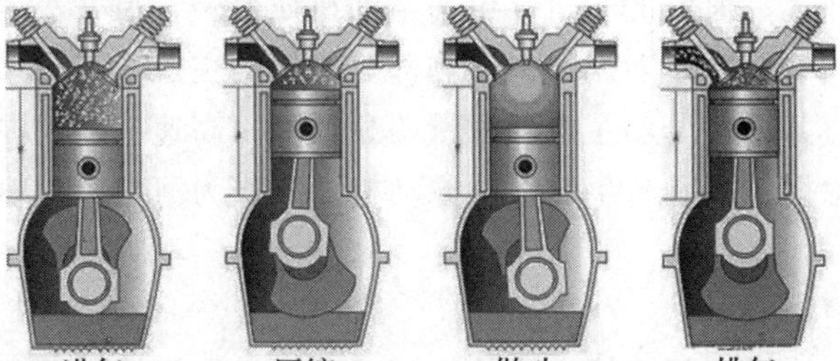

图 3-9　四冲程柴油机工作过程

2. 按柴油机进气方式分类

按照进气方式的不同，柴油机分为增压柴油机和非增压柴油机。

海洋开发和生产发展步伐的不断加快对船舶的驱动能力提出了越来越高的要求，柴油机功率的持续增加成为一种必然选择。增加柴油机功率的途径很多，如增加柴油机的气缸直径、气缸数量、冲程、转速等，但结构尺寸和气缸数量的增加会使柴油机体积增大，转速提升则会损害零部件的使用寿命和换气质量，因此最好的办法是向气缸内喷射更多燃油，吸入更多空气，提高工作压力，从而增加功率。在气缸容积不变的情况下，要增加气缸的进气量就必须提高空气压力，这种能够提高进气压力的机械设备就是增压器。

根据驱动增压器所用能量的不同，增压方式可分为两种：①机械增压，即由柴油机曲轴通过传动齿轮直接驱动增压器。机械增压方式要消耗一部分有用功，当增压压力达到某一限度时，压气机所消耗的功率会完全抵消柴油机增加的功率，因此只适用于小型高速或有特别用途的柴油机，目前已基本上被淘汰。②废气涡轮增压，即利用柴油机排烟的剩余能量驱动废气涡轮高速回转，同时带动与它同轴的增压器也高速回转，空气由增压器吸入后被压缩使空气压力和温度升高。废气涡轮增压方式是利用废气能量实现增压，不消耗柴油机的有效功率，既经济又可靠，为现代柴油机广泛采用。

3. 按柴油机转速和活塞平均速度分类

按照柴油机转速和活塞平均速度的高低，柴油机可以分为高速机、中速机和低速机。

柴油机的速度可以用曲轴转速（n）或活塞平均速度（C_m）来表示。曲轴转速大于 1 000 转/分钟或活塞平均速度大于 9 米/秒的为高速柴油机；曲轴转速大于等于 300 转/分钟，小于等于 1 000 转/分钟，或者活塞平均速度大于等于 6 米/秒，小于等于 9 米/秒的为中速柴油机；曲轴转速不大于 300 转/分钟或活塞平均速度不大于 6 米/秒的为低速柴油机。

低速柴油机功率大、经济性好、结构简单、工作可靠，而且可以燃用劣质燃料，广泛用作大型海船的主机；中速柴油机质量轻、尺寸小，可多台联用及选择最佳的螺旋桨转速，多用作河船和部分海船的主机，近年来随着中速机单机功率的提高，其用作海船主机的数量明显增加；高速柴油机在船上常用作应急发电机、应急消防泵和救生艇等的原动机，或作为河船、机帆船等小型船舶的主机。

4. 按结构特点分类

按照活塞与连杆之间连接方式的不同，柴油机分为筒形活塞式柴油机和十字头式柴油机。

筒形活塞式柴油机中的活塞直接与连杆相连接，活塞的导向作用由活塞下部的筒形部分来承担，在运动时活塞与气缸壁之间产生侧推力；而十字头式柴油机中的活塞通过活塞杆和十字头与连杆相连接，活塞的导向作用主要由十字头承担。

筒形活塞式柴油机中的侧推力由活塞裙部来承担，所以活塞与缸套之间的磨损较大，但其结构简单、紧凑轻便，广泛应用于中高速柴油机；十字头式柴油机中的活塞不起导向作用，活塞与气缸之间间隙较大，同时两者之间没有侧推力的作用，因此它们之间的磨损较小，不易擦伤和卡死，使用寿命长。此外，由于活塞杆只在垂直方向做直线运动，故可在气缸下部开设横隔板，可避免气缸内的脏油、烟灰和燃气等漏入曲轴箱污损润滑油，这对燃烧重油的柴油机来说十分重要，但由于采用十字头式结构，柴油机的高度和质量增大，结构也较复杂，因此主要用于船用大型低速柴油机。

此外，按照气缸数分类，柴油机可分为单缸机和多缸机；按照气缸布置分类，可将柴油机分为直列型（单列式）柴油机和V形排列柴油机；按能否倒转分类，柴油机分为可倒转式和不可倒转式柴油机；按飞轮转向分类，柴油机可分为顺时针方向旋转柴油机（也称为“右旋柴油机”）和逆时针方向旋转柴油机（也称为“左旋柴油机”）。

（三）柴油机常用术语及型号表示

1. 柴油机常用术语

（1）上止点：指活塞在气缸中运动的最上位置，也是活塞离曲轴中心线最远的位置。

（2）下止点：指活塞在气缸中运动的最下位置，也是活塞离曲轴中心线最近的位置。

（3）冲程：也称为“行程”，是指活塞从上止点到下止点间的直线距离，常用S表示。

（4）缸径：指气缸内径尺寸，常用D表示。

（5）压缩室容积：指活塞在缸内位于上止点时，在活塞顶上的全部空间，即活塞顶与气缸盖底、气缸壁所围成的空间，通常用V_c表示。

（6）工作容积（冲程容积）：指活塞在上、下止点间移动所扫过的容积，通常用V_s表示。

（7）气缸总容积：指活塞在下止点时，活塞顶以上的气缸全部容积，通常用V_a表示，$V_a = V_c + V_s$。

（8）压缩比：指气缸总容积V_a与压缩室容积V_c之比，也称为“几何压缩比”。

（9）活塞平均速度：指活塞在1秒内所走过的距离，常用C_m表示。

2. 船用柴油机的型号表示

每种柴油机都有自己特定的代号，通常由若干个字母和数字组成，称为“柴油机的型号”。国际上对柴油机的型号表示没有统一标准，主要由各国柴油机制造厂自行规定和说明，如SE350ZDC型柴油机、12VESDZ 30/55B型柴油机等。

现以几款应用较广的国产柴油机为例，介绍一下柴油机型号的表示方法。

（1）船用大型柴油机

以6ESDZ 43/82型柴油机为例，各符号的含义如下：

6表示气缸数量为6个；

E表示二冲程；

S表示十字头；

D表示可倒转；

Z表示增压；

43表示缸径为43厘米；

82表示活塞行程为82厘米。

再如12VESDZ 30/35型柴油机，其中：

12表示气缸数量为12个；

V表示V形机。

其他字母和数字表示的意义与6ESDZ 43/82型相同。

（2）中小型柴油机

以常见的12V135ZC型柴油机为例，各符号的含义如下：

12表示气缸数量为12个；

V表示V形机；

135表示气缸直径，单位为毫米；

Z 表示增压；

C 表示船用。

再如直列式 6～135 型柴油机，型号中的数字含义如下：

6 表示气缸数量为 6 个；

135 表示气缸直径，单位为毫米。

（四）柴油机的结构和主要部件

下面，我们以比较常见的四冲程柴油机为例，介绍一下柴油机的结构和主要部件。

1. 柴油机的结构

传统柴油机的基本结构俗称“三大机构、四大系统”，即曲柄连杆机构、配气机构、传动机构和燃油供给系统、润滑系统、冷却系统、启动系统，这些系统和机构良好配合，是柴油机正常运转对外输出动力的基础。具体如图 3-10 所示。

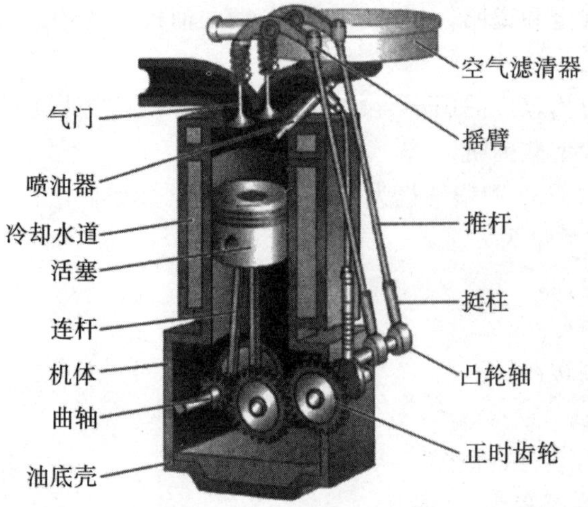

图 3-10　柴油机的基本结构

（1）固定组件

固定组件相当于柴油机这个“大力水手”的骨架，构成柴油机的外形，主要包括机座、机体、主轴承、缸套、气缸盖等。

（2）运动组件

运动组件相当于柴油机这个“大力水手”的心脏，是柴油机产生动力的组件，主要包括活塞、连杆、连杆螺栓、曲轴等。

（3）配气机构

配气机构相当于柴油机这个“大力水手”的呼吸系统，是实现柴油机进气和排气功能的机构，主要包括进气管、排气管、凸轮轴、顶杆、摇臂、进气阀、排气阀、气阀弹簧等。

(4) 冷却系统

冷却系统是柴油机这个“大力水手”的体温调节系统，负责在柴油机工作期间对各受热件如气缸盖、缸套等提供足够数量的有合适温度和压力的冷却水，以保证柴油机始终保持正常的体温，确保各受热组件的工作可靠性。

(5) 润滑系统

润滑系统负责保证柴油机各运动组件在工作时得到有足够压力和温度的润滑油，以避免各运动组件之间发生干摩擦造成不必要的自相伤害。

(6) 增压系统

增压系统是柴油机这个“大力水手”的动力加速系统，负责利用柴油机的废气能量使空气增压后再进入气缸，以提高柴油机的输出功率。

(7) 操纵系统

操纵系统是柴油机这个“大力水手”的动作控制系统，承担柴油机启动、换向、调速、关停等性能的开启和关停。

2. 柴油机的主要组件

(1) 活塞组件

活塞组件包括活塞本体、活塞环、活塞销和卡簧等零件，同气缸、气缸盖共同组成密封的燃烧室工作空间。

活塞是把热能转变为机械能的主要零件之一，通过活塞的往复运动，把燃气的热能转变成机械能，并通过连杆传给曲柄，使曲轴回转对外做功。活塞受燃气压力、往复运动惯性力和侧推力作用，并直接与高温燃气接触，因此要具有足够的强度和刚度。中小型柴油机大多采用整体式活塞，分为头部和裙部两部分：头部是指活塞顶至最下一道活塞环槽之间的部分；裙部是指头部以下的圆柱部分，通常用铸铁和铸铝制成。

活塞环是具有一定直径、高度、厚度和开口尺寸的圆环，主要作用是密封、传热、支承和布油（刮油），其性能直接影响柴油机的工作性能，根据发挥作用的不同，可分为密封环（俗称“气环”）和刮油环（俗称“油环”）两种。

活塞销是活塞和连杆之间的连接件，在柴油机工作时，作用在活塞上的气体力和往复惯性力通过活塞销传给连杆再传给曲轴。活塞销和活塞、连杆小端之间的连接有三种方式：固定式、半浮动式和浮动式。由于工作位置的限制，活塞销尺寸不大，但它所承受的机械应力最大，其材料一般采用优质低碳钢和合金钢，表面进行渗碳和淬火处理。

(2) 连杆

连杆由连杆小端、杆身和连杆大端三部分组成。连杆小端与活塞销相连，工作时绕活塞销摆动，将作用在活塞上的气体力和往复惯性力传给连杆；连杆大端与曲柄销相连，由连杆叉形端和连杆大端轴承盖两部分组成；杆身是连杆大端与小端的连接部分，截面形状通常是工字形或圆形，杆身中心部位钻有润滑孔。

连杆的主要作用是把作用在活塞上的气体力和惯性力传给曲轴，使活塞的往复运动变成曲轴的回转运动，受力复杂，常采用优质碳素钢或合金钢制造。柴油机活塞和连杆结构如图 3-11 所示。

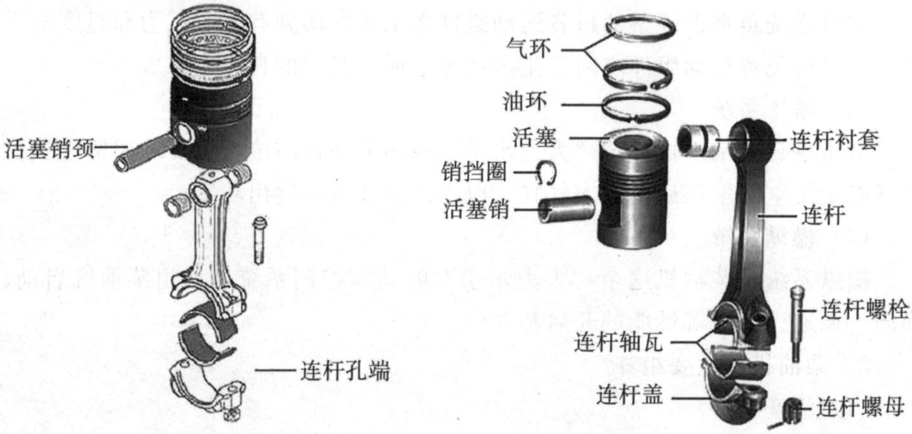

图 3-11　柴油机活塞和连杆结构图

（3）曲轴和轴承

曲轴负责把柴油机各缸发出的功率汇集起来，并以回转运动的形式输出，同时驱动定时齿轮、滑油泵、燃油泵、冷却水泵、空气压缩机等柴油机附属设备，其受力十分复杂，不仅要承受周期性变化的燃气作用，还要承受往复惯性力作用和曲柄销的离心惯性作用，因此要求曲轴具有足够的疲劳强度和刚度、轴颈表面耐磨且有足够的硬度和光洁度。其结构如图 3-12 所示。

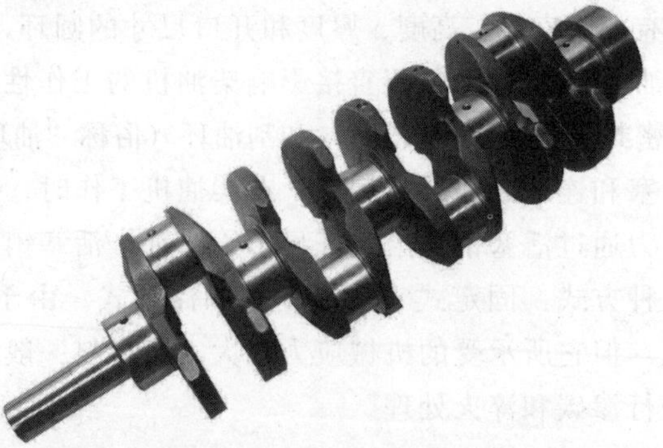

图 3-12　柴油机曲轴

柴油机的主轴承负责支撑曲轴保持正确的轴线，并发挥定位和承受轴向推力的作用。中小型船用柴油机的主轴承大多采用滑动轴承，也有的柴油机使用滚动轴承。按照曲轴装入发动机的形式，滑动主轴承可分为正置式轴承和倒挂式轴承两种。柴油机的曲柄销轴承、十字头轴承和活塞销轴承等均为滑动轴承。滑动轴承由轴承座、轴承盖和上、下轴瓦等构成，轴瓦由瓦壳和瓦衬（耐磨合金层）组成。轴瓦按金属层数分为单层、双层、三层和四层轴瓦，按结构形式则分为两半式厚壁轴瓦、两半式薄壁轴瓦和整体衬套式轴瓦。

（4）机座和机体

机座位于柴油机的最底部，固定于船体的基座上，是柴油机的基础，其主要作用是承受机体、缸套、缸盖、运动部件和其他附件的质量，承受柴油机工作时产生的爆炸压力和运动部件的惯性力，并构成柴油机的油底壳，收集和储存摩擦部件和轴承渗漏的滑油，因此机座必须具有足够的强度和刚度。

机体是气缸体和曲轴箱两者制成整体的总称，下部用螺栓固定在机座上，是柴油机的骨架，其主要作用是承受安装在上面的机件如气缸、缸盖和各种附件的质量，承受气体爆炸力、惯性力、活塞侧推力和各机件安装的预紧力，并与机座共同组成曲轴箱作为曲轴的回转空间，机体的气缸体与气缸套之间构成缸套冷却水空间。因此机体既要有足够的刚度和强度，以避免机架发生变形，又要便于机件的拆装和检修，还要具有良好的密封性，以防止柴油机漏气、漏水和漏油。

（五）柴油机的主要动力系统

1. 燃油系统

燃油系统是柴油机重要的动力系统之一，其作用是把符合使用要求的燃油畅通无阻地输送到喷油泵入口端，为主副柴油机、锅炉等供应足够数量和一定品质的“口粮”，以确保船舶动力机械正常运转，通常由燃油加装（注入）、储存、驳运、净化、供给和计量六个部分组成。

（1）燃油加装

燃油加装指船舶所需燃油自船舶两舷甲板经注入口和注入管路输入燃油舱，一般是利用岸上的油泵，通过船舶甲板两舷装设的燃油注入法兰接头进行的，从两舷均可将轻重燃油直接注入油舱，加装的燃油储存在燃油舱柜中。对于重油船，一般还装设加热盘管以加热重油，以保持其流动性，便于驳油。

（2）燃油储存

船舶上设有足够容量的储油舱，储备燃油以满足船舶最大续航力需要，例如利用船底双层的一部分作为双层底燃油舱或者利用双层底至上甲板的两舷部分作为深油舱等。

(3) 燃油驳运

燃油驳运是指为了满足船舶使用和船体平衡的要求，在各燃油储存舱柜之间进行油料沉淀、过滤、分离等。

(4) 燃油净化

燃油净化是指采用加热、过滤等方式去除燃油中所含的水分和杂质等。使用轻柴油的小型船舶主要采用滤器净化燃油；大中型船舶多燃用低质燃油，常采用沉淀器和分油机来净化燃油。

(5) 燃油供给

燃油供给是指将经过沉淀、分离、净化后符合要求的燃油驳入日用油柜，再由燃油供给泵或靠重力使燃油经过滤器过滤后输送到主副柴油机和锅炉。

(6) 燃油计量

为了及时了解燃油舱（柜）中的燃油储量、主机的燃油消耗量和系统中各处的燃油温度与压力等，在燃油系统中还设有测量与指示装置，如流量计、温度计和压力表等。

2. 润滑系统

所谓润滑，是指在相对运动的两个金属表面之间引入某种润滑剂，形成一个稳定而连续的油膜，使零件表面脱离直接接触，变干摩擦为液体摩擦，以提高运动机件的工作寿命。润滑系统的主要任务是保证供给柴油机动力装置各运动部件润滑和冷却所需的润滑油，在相互运动的金属表面之间保持一层油膜，发挥冷却、清洁、防腐、减震、密封等作用。

根据润滑油储存和回收场所的不同，柴油机润滑系统分为湿式曲轴箱（俗称“油底壳”）滑油系统和干式曲轴箱滑油系统两类。在干式曲轴箱滑油系统中，润滑油的储存与回收是分开的，柴油机油底壳用于润滑油回收，润滑油储存由专门的重力油柜承担，其特点是储油量大，润滑油沉淀、净化处理方便，冷却充分，润滑油使用寿命长，但其所占位置较大，管路较为复杂，主要适用于大中型柴油机；湿式曲轴箱滑油系统中润滑油的储存和回收都在柴油机的油底壳中进行，滑油泵由柴油机带动，管路依附在机体上，组成简单，油底壳存油量少，但油底壳中的润滑油经常会受到燃烧室泄漏的高温燃气的污染，容易变质，滑油使用寿命短，主要适用于小型柴油机。

实践中，中小型柴油机常采用的润滑方法有三种：

(1) 强压润滑

在中小型柴油机中专门设有滑油泵（通常为齿轮泵），它由柴油机曲轴驱动，把润滑油加压到 0.15～0.4 MPa，以保证润滑油连续不断地输送到各润滑部位。强压润滑可以保证润滑的连续性和可靠性，通过压力表和温度表可以监控润滑工作状态。

（2）飞溅润滑

指利用连杆大端轴承在回转时甩出的润滑油飞溅到缸壁上实现润滑的方式，不需要专门设备，简便易行，在中小型柴油机的气缸润滑中被广泛采用。

（3）人工润滑

指利用人工定时、定点加注润滑油和油脂的润滑方式。对于一些设在机器外部、对润滑要求不高的零件，如气阀机构等，可采用这种润滑方法。

润滑系统的工作状况直接影响柴油机工作的可靠性。为保证润滑系统正常工作，在实际管理中应注意如下几点：一是按照柴油机使用说明书中的规定标准，保证润滑油的正常工作压力；二是在柴油机启动前或在运行中注意检查润滑油柜或油底壳中的润滑油储存量，使它保持在正常工作油位；三是确保润滑油的工作温度始终保持在一定的范围内。

3. 冷却系统

柴油机需要保持正常的“体温”才能持续稳定地工作，如果体温过高或过低，就会使金属材料的机械性能下降，导致零件过度磨损或出现较大的热变形，破坏液体动力润滑，造成机器咬死甚至发生严重的机损事故。在现代柴油机中，燃油燃烧所放出的热量中有20%～30%经气缸盖、气缸和活塞散发给外界，其余部分则须依靠专门的冷却系统来处理。

冷却系统负责将冷却介质输送到柴油机各个受热部件，将多余的热量带走，使其保持足够的冷却状态。冷却介质主要有海水、淡水、润滑油、燃油和空气等，现代柴油机，无论是中小型柴油机还是大型低速柴油机，冷却系统无一例外地都采用了冷却水系进行强制冷却。中小型柴油机冷却系统的主要设备有冷却水泵、调温阀和冷却器等。冷却水泵通常采用离心式的，装在柴油机自由端由曲轴驱动，为了保证连续可靠地供给冷却水，一般配备两台冷却水泵，一台作为备用；调温阀通常装在冷却水出机处，用以控制冷却水出口温度。根据布置方式的不同，冷却系统可分为开式冷却系统、闭式冷却系统和集中式冷却系统三类。

（1）开式冷却系统

开式冷却系统直接用海水（或江水）来冷却柴油机，冷却水经海底阀、滤器被冷却水泵送到滑油冷却器，然后进入冷却水总管，经过各气缸套后再进入气缸盖冷却。

开式冷却系统采用自然冷却方式，设备简单，水源充足，但海水或江水中所含盐分和杂质较多，容易在冷却表面生成水垢，因此必须把冷却水的出水口温度控制在45 ℃以下，使水中盐分不致析出，以免造成冷却水泵等部件和冷却管道的腐蚀，主要应用于某些小型船舶柴油机的冷却。

（2）闭式冷却系统

闭式冷却系统由两个系统组成：一个是淡水冷却系统，用淡水来冷却柴油机的高温零部件；另一个是海水冷却系统，用海水来冷却淡水，使之温度降低后再次使用，最后海水将热量带出舷外。

闭式冷却系统的冷却温度可以调节，冷却水对受热部件进行冷却后进入调温阀，一路冷却水经膨胀水箱直接到淡水泵入口继续冷却柴油机，另一路则经调温阀进入淡水冷却器冷却后再进入淡水泵，实现冷却水温度的自动调节，这样可以减少受热件的热应力和提高柴油机的热效率。闭式冷却系统结构比较复杂，日常维护和管理工作量较大，主要应用于大型船舶中。

（3）集中式冷却系统

在集中式冷却系统中，冷却主机气缸的高温淡水和冷却其他设备的低温淡水均由海水冷却，高温淡水和海水之间在气缸套水冷却器中进行热交换，低温淡水和海水之间在中央冷却器中进行热交换，高温淡水用低温淡水冷却，二者在气缸套水冷却器中进行热交换，所以用海水冷却的冷却器只有中央冷却器。

集中式冷却系统中与海水直接接触的设备、管路阀件大为减少，系统使用寿命大大延长而且维修工作量明显减少，但其设备造价及对维修技术的要求都比较高。

4. 操纵系统

柴油机的操纵系统就是将启动、换向、调速等各装置联结成一个整体并可以集中控制柴油机的机构。在船舶柴油机中，操纵系统是最复杂的一部分，零部件多，排列错综复杂，尤其是近年来遥控技术和自动化技术在操纵机构的应用，更增加了操纵系统的复杂程度。

（1）柴油机操纵系统的类型

按操纵部位和操纵方式的不同，柴油机操纵系统可分为三类：①机旁手动操纵：操纵台设在主机旁，使用相应的控制机构操纵柴油机使之满足各种工况的需要。②机舱集控室控制：在机舱的适当位置设置专用的控制室，实现对柴油机的控制和监视。③驾驶台控制：在驾驶台的控制台由驾驶员直接控制柴油机。

机旁手动控制是柴油机操纵系统的基础，机舱集控室控制和驾驶台控制统称“遥控”，即远距离操纵主机。在这三类操纵系统中，操纵台上均设有操纵手柄、操纵部位转换开关、应急操作按钮及显示仪表等，以便对主机进行操纵和运行状态参数的监测。

按照遥控系统所使用的能源和工质的不同，柴油机遥控系统可分为五类：

①电动式主机遥控系统：以电作为能源，通过电动遥控装置和电动驱动机构，在集控室对主机进行操作。优点是：系统控制性能好，不受信号传递距离的限制，不需要油、气管路，易于实现较高程度的自动化，是实现主机遥控的最佳途径。

②气动式主机遥控系统：以压缩空气作为能源，通过气动遥控装置和气动驱动机构对主机进行遥控。压缩空气可直接利用主机启动用的压缩空气，只要经过减压和净化处理即可取得，信号传递范围比较远，一般在 100 米以内可满足系统的控制要求，信号传递基本不受温度、振动、电气干扰等的影响，目前也趋于小型化和集成化。

③液压式主机遥控系统：以液体压力作为能源，优点是结构牢固，工作可靠，传递力较大，但由于液压传动有惯性和所用油的黏度受温度的影响等，传动的灵敏性和准确性受到限制，一般限于在机舱范围内使用，不适用于远距离信号传递。

④混合式主机遥控系统：为了综合利用上述各种系统的优点，出现了许多混合式遥控系统，如电气混合式和电液混合式等，即从驾驶台到机舱采用电传动，机舱系统采用液动或气动。目前，这种系统在船上应用得较为广泛。

⑤微型计算机控制系统：在常规的主机遥控系统中，程序控制等功能是通过各种典型环节的控制回路完成的。采用微型计算机遥控主机时，是通过软件设计出一个计算机执行程序以取代常规遥控系统的控制回路，用软件取代硬件程序，其主要特点是用微处理机取代了分立元件或集成逻辑电路元件，体积小、功能强，扩大了逻辑和运算功能，增加了灵活性，可实现最佳状态和最经济性控制。

（2）柴油机启动系统

所谓柴油机启动，是指柴油机由静止状态通过某种外界能源带动曲轴回转，形成柴油机第一冲程，从而使柴油机连续运转起来。柴油机自身没有启动能力，若使柴油机从静止状态进入工作状态要有一定条件，启动装置的任务就是创造这一条件。

柴油机属于压燃式内燃机，缸内可燃混合气的燃烧主要依靠压缩行程，因此柴油机启动时必须要有一定转速。柴油机启动时所要求的最低转速称为“启动转速”。启动转速的范围一般为：小型柴油机为 60～70 转/分钟，中速柴油机为 80～150 转/分钟，低速柴油机为 50 转/分钟。

根据外力能源的不同，柴油机的启动方式可分为人力、电力和压缩空气启动等几种。因人的力量有限，人力启动只限于 14 千瓦以下的小型柴油机，并辅以减压启动；电力启动结构紧凑，操作方便，但需要电池和直流电动机，主要适用于44千瓦以下的柴油机；压缩空气启动可以得到较大的扭矩，并可实现反转启动，在大中型柴油机上被广泛采用。

按照气缸启动阀开启的方式，压缩空气启动系统分为直接启动和间接启动两种：①直接启动压缩空气系统：由气缸启动阀、空气分配器、启动控制阀、截止阀、出气阀和空气瓶组成，主要特点是进入气缸的启动空气全部经过空气分配器，按发火次序送入各缸启动阀，并直接作用在阀盘上使阀开启随之进入气缸，实现柴油机启动。优点是管路布置简单；缺点是空气压力损失大，耗气量大。②间接启动式压缩空气系统：由气缸启动阀、空气分配器、主启动控制阀、启动控制阀、截止阀、出气阀和空气瓶等组成，来自空气压缩机的压缩空气储存在空气瓶中。要实现迅速可靠地启动，压缩空气必须具有足够压力和一定储量，送入气缸要有一定的启动定时。

（3）柴油机换向系统

所谓船舶换向装置，就是用来改变螺旋桨轴向推力方向的机械装置。船用主机发出的功率驱动螺旋桨在水中旋转，螺旋桨把转矩变为轴向推力并作用于水，水的轴向反力又作用于螺旋桨并经轴系传给推力轴承，从而推动船舶前进。

船舶换向有下列四种方法：①柴油机曲轴经轴系直接与螺旋桨相连，只要改变曲轴转向便可实现换向，称为“直接换向”；②柴油机和螺旋桨之间采用机械（换向齿轮）换向传动装置使螺旋桨改变转向，称为“间接换向”；③柴油机转向不变，而改变螺旋桨桨叶的螺距角，使轴向推力向前或向后，称为“可调螺距桨换向”；④Z形换向装置，螺旋桨做360°转动可实现推力向前或向后，其推力方向在360°范围内任意改变。

柴油机换向时，首先应停车，进行反向启动时必须使压缩空气在原来转向的压缩或排气冲程进入，使曲轴反转，因此，空气分配器凸轮必须换向；柴油机热力过程的进气、压缩、燃烧、膨胀和排气在换向后必须与换向前相同，因此，必须改变进气凸轮、排气凸轮、燃油凸轮与曲轴的相对位置；柴油机换向之后，柴油机的发火次序必须改变；换向前后，柴油机自身驱动的扫气泵、水泵、滑油泵和燃油输送泵等的输送方向不变。

（六）柴油机的运行与管理

1. 柴油机的备车与启动

备车是指船舶在开航前使主机及其一切辅助设备处于能随时启动、停止和进入各种运行状态，准备执行驾驶台发出的各种指令。无论柴油机长期停车或短期停车后，开航前均需进行备车。虽然各种船舶动力装置的机型、辅助设备等不尽相同，但备车内容大致相同，主要包括供电准备，暖机，各动力系统的准备，转车、冲车和试车等。

（1）供电准备

在备车过程中，要启动许多功率较大的设备，如空气压缩机、淡水泵、通风设备等，使船舶用电量迅速增加，因此应根据需要启动备用发电柴油机并电运行。

（2）暖机

暖机是指对柴油机冷却系统和润滑油系统进行预热，并启动冷却水循环泵和滑油循环泵给机器各部件加温和向各运动摩擦表面供应润滑油的过程。主机暖缸可用发电柴油机冷却系统中的淡水循环实现，也可以用蒸汽或电加热器对主机淡水系统进行加温实现；而滑油系统除用蒸汽管道直接加温主机循环油柜外，常用滑油分油机进行分油加温。

（3）各动力系统的准备

①滑油系统的准备：检查主机滑油循环柜、增压器油柜、轴系中间轴承座和艉轴承油柜的油位，不足时补充至规定油位；启动滑油分油机，并加热滑油；启动滑油循环泵，并逐渐将油压调至规定值，以便将滑油送至润滑表面。采用油冷却的活塞，滑油泵启动后，要注意各缸回油及油温和温差，强制式废气涡轮增压器润滑系统要先启动涡轮油泵，使油在废气涡轮增压器的轴承中循环。

②冷却系统的准备：首先检查膨胀水箱的水位和系统各阀门是否处于正常状态，然后启动主机淡水泵，让淡水在系统中循环，将系统中的气体驱走，同时可用发电柴油机的淡水或用蒸汽加热后的循环淡水来进行暖机。对于水冷活塞，要检查各缸冷却水的流动情况和水柜水位；对于独立冷却系统的喷油器，应启动喷油器冷却泵，检查冷却器冷却柜液位，必要时可进行加温预热。

③燃油系统的准备：检查主机日用轻柴油柜和重油柜的油位，油位较低时应提前分油至规定油位，并注意放残；对重油日用油柜加温至规定范围，启动低压燃油输送泵，将系统中的气体驱除，并调至规定压力，使燃油在日用油柜和高压油泵间循环，对高压油泵预热。

④压缩空气系统的准备：按规定将主、辅空气瓶充气至规定压力，并泄放气瓶内的残水和残油，打开气瓶出口阀、主停气阀或使自动主启动阀处于“自动”位置上。如设有汽笛空气瓶和独立的控制系统，则在备车时将所有空气瓶充满并打开出口阀，以备随时使用。

（4）转车

暖机后应开动转车机转动主机，检查机器各运动部件和轴系的回转情况以及缸内有无大量积水，同时人工向气缸注油进行润滑，使缸壁和所有润滑表面都得到充分润滑。对于大型柴油机，要求正车和倒车共转车 10～15 分钟，在确认柴油机转动自如后，将转车机停掉并脱开，并确认联锁装置处于开通位置。

（5）冲车

冲车是利用启动装置（不供给燃油）使机器转动，将气缸中的杂质、残水或积油等从示功阀处冲出的过程。在冲车过程中，注意观察是否有油或水从各缸示功阀中冲出，若有应查明原因并予以排除后再关闭示功阀，准备试车。

（6）试车

试车的目的是检查启动系统、换向装置、燃油喷射系统、油量调节机构及调速器工作是否正常。试车时先将车钟推至运转位置，待驾驶台回车令后进行柴油机正车或倒车启动操作，供油发火后在低速下运转数转后停车，然后换向，再进行倒车（或正车）启动，供油发火后低速运转数转后停车。在换向和启动过程中，应注意观察换向装置和启动系统各阀件以及油量调节机构等运行是否正常，若发现不正常情况应及时查明原因予以消除。试车完毕后将车钟手柄置于停车位置，对于采用驾驶台遥控方式的装置，试车完毕后，将操纵手柄转至"驾控"位置。

2. 柴油机的机动操纵

船舶在靠离码头和进出港口时，柴油机的启动、停车和各种运行状态变化频繁，当班轮机员应严格执行车令，并进行正确的管理和操纵。当机舱接到驾驶台机动操纵的命令时，轮机部应立即备车。为了保证船舶的机动性能和倒车性能，机动操纵时应使用轻质燃油，启动空气瓶应补足空气，并随时注意和保持汽笛瓶的气压处于正常范围之内，以备驾驶台使用。

启动操纵时，不要将油门推进太大，并尽量做到一次启动成功，以防冷爆损伤机件和增加不必要的磨损，同时可减少空气耗量。在船舶起航和加速过程中，不要突然加大油门，应随船速的不断增加逐渐将油门加大，以免主机超负荷，如遇转速禁区，操纵手柄应迅速越过，防止机器发生强烈振动。在进行倒车操纵时，为避免装置超负荷，除注意启动加速过程不宜过快外，每挡车令的转速应以港内转速运行。

在机动操纵期间，要注意冷却水和滑油温度，使其保持稳定，不要忽高忽低，以免影响柴油机的工作性能和增大受热机件的应力，同时要减少通过增压空气冷却器的海水量，以免在扫气箱中产生过多的凝结水，并且保持正常的扫气温度，以保证气缸必要的热状态。

3. 柴油机运行中的管理

柴油机稳定运转后，评价其技术状态和运转性能的主要依据是燃料在气缸中的燃烧情况和各缸负荷分配的均匀程度，以及各零部件和系统的工作情况。为了保证柴油机处于正常的技术状态，柴油机运转中应做好以下工作：

（1）运转中的热力检查

热力检查的目的是确定发动机各缸燃烧是否良好以及负荷分配的均匀度。运转中，应注意喷油设备技术状态的变化特别是喷油器性能不良常引起的气缸燃烧恶化和各缸负荷的失衡，对喷油器的检查可以通过检测排气温度、观察排气颜色以及打开示功阀观看火焰情况等方法进行，同时应检查各缸冷却水、活塞冷却液及废气涡轮增压器冷却水出口温度是否符合规定值，增压空气的压力、温度，空气冷却器前后增压空气的压差也是判断柴油机燃油燃烧状况、排气温升的重要依据，管理中也要给予重视。

（2）运转中的机械检查

机械检查的目的就是保证发动机各机件和系统处于正常的工作状态。实践中，正常而有节奏的运转声就是发动机正常运转的证明，值班人员应经常注意倾听，如有异常应迅速查明原因并采取相应的措施。巡回检查时应注意检查气缸盖与气缸套接合处及喷油器四周和附设在气缸盖上的各阀件有无漏气，少量漏气旋紧螺母即可制止。同时，应加强以下各主要系统的管理：

①冷却系统的管理：注意检查主、副机膨胀水柜，喷油器冷却水柜的水位是否在规定范围，不足时应及时补足。柴油机各缸的出水温度应保持正常，并基本一致。在运行过程中，冷却水的温度应稳定在正常范围内，不应忽高忽低，压力表指针不应有异常波动现象。空气冷却器出口的扫气温度不得低于25 ℃，不得高于45 ℃。

②润滑系统的管理：为了实现良好的润滑，滑油循环泵的出口压力、进出机温度、循环柜滑油量应保持正常，冷却器前的滑油温度应保持在50～55 ℃。值班中应注意检查滑油循环柜的油位：如发现油位下降过快，则说明有泄漏之处；如油位不降反升，则说明水或燃油漏入曲轴箱，应减速或停车，检查原因并及时消除。对于油冷活塞，检查时应注意活塞的回油情况是否稳定，防止由于油量不足或中断而造成活塞咬缸。注意检查滑油泵的压力和滤器前后的压差是否正常，如压差过大，则说明滤器被异物堵塞，应立即将管路旁通，使滤器与管路脱离，以便进行清洗。应定期检查轴系中各轴承的温度和油位是否正常。

③燃油系统的管理：要注意各油舱的合理使用、加温、驳运、沉淀、净化和日用油柜的交替使用情况，检查日用油柜的油位和温度，按时排放柜中的残水，定期清洗燃油滤器，清洗后要充满燃油，将空气排出，以免造成燃油中断。在燃油系统管理中，要特别注意喷油泵和喷油器的工作状态，并检查高压

油管的脉动情况，如果泵体或高压油管发热，则说明喷油器的喷孔被堵塞，应及时排除故障。

④增压系统的管理：注意检查废气涡轮增压器运转的平稳性，仔细倾听有无不正常的声音，检测增压器的转速、增压空气压力、润滑和冷却情况。注意观察压气机端消音滤网和空气冷却器的前后压差，检查主机运转过程中各轴承的润滑情况，并注意油质的检测和及时更换。同时，应充分注意空气冷却器尤其是空气侧脏堵对柴油机运转状态的影响，定期进行化学清洗。

4. 柴油机的停车和完车

正常情况下柴油机停车应保持各系统正常运转，主机处于随时可用状态，如停车时间较长，应注意各系统工作状态参数的变化，并及时调整。

当船舶要进行停泊作业时，驾驶台会发出“完车”指令，即要求主机不再动车，这时值班人员应做如下工作：

(1) 关掉启动空气系统的主停气阀、主启动阀和气瓶出口阀，并将空气瓶补满。

(2) 接上转车机，打开各缸示功阀，转车15～30分钟，并人工强力驱动气缸注油器几十下。

(3) 将主海水泵进出口阀以及通往冷却器的进口阀关掉。

(4) 关掉燃油低压输送泵，关闭进出口阀，最后将燃油日用柜出口阀关掉。

(5) 将扫气箱、涡轮端排出管等处放残阀门打开，最后用防尘罩将压气机消音滤网罩好，以防灰尘积存。

(6) 为避免突然中断冷却液造成机件出现应力裂损或造成气缸壁滑油在高温下结炭，完车后应使主机滑油泵、淡水冷却泵再继续循环一段时间，待降温后再停泵关闭进出口阀门，喷油器冷却水泵也应在运转一段时间后再停掉。如主机需要副机冷却水继续暖机，则应在水温降低前停掉淡水冷却泵，关闭有关阀门，换用副机暖机管系继续对主机进行暖机，最后经检查主机和机舱无异常情况后开始停航。

(七) 柴油机的应急处理

1. 封缸运行

所谓封缸运行，是指船舶在航行时，当船用柴油主机的一个或一个以上的气缸发生了故障且一时无法排除时，采取停止有故障气缸运转的措施。根据船舶规范要求，六缸以下的柴油机，应能保证在停掉一个气缸的情况下继续保持运转；缸数多于六个的柴油机，应能保证在停掉两个气缸的情况下继续保持运转。所以停掉一两个气缸，柴油机转入应急运转状态仍然可以维持船舶继续航行。

（1）封缸运行的三种情况及措施

①停止故障气缸供油发火：如果有一个气缸发生故障，如喷油泵、高压油管、喷油器故障或气阀咬死、气缸漏气、拉缸等，这些故障只是使该气缸不能发火而运动部件尚可运转。根据柴油机故障的不同情况，此时可提起喷油泵滚轮使喷油泵停止工作，或打开喷油器的回油阀使燃油停止喷入气缸，但要避免关闭喷油泵的进出口阀，以免造成喷油泵偶件发生干摩擦而咬死。

只采取停油而不拆除运动部件的情况也称为“减缸运行”或“停缸运行”。如果是直流二冲程柴油机，在停止喷油泵工作的同时，还可以将排气阀锁在开启位置，以减少活塞消耗的压缩功。

②活塞组件必须拆掉，连杆和十字头留在机内：如果只是活塞、气缸盖、气缸裂纹或损坏而无法使用，但连杆和十字头尚能正常工作，则必须拆掉包括活塞杆和填料函在内的活塞组件，并要采取下列措施：提起喷油泵滚轮，停止泵油。如果是弯流扫气柴油机，则用专用工具封住气缸套排气口；如果是直流扫气或四冲程柴油机，则根据具体结构将气阀锁在常关位置。用专用工具封住活塞杆填料箱孔。在十字头上安装专用封盖。封闭活塞冷却系统。把通向启动阀的控制空气管和启动空气管拆下并封住。关闭故障气缸冷却水的进出口阀。把故障气缸的气缸润滑油量减至最小。活塞组件拆除后重新安装气缸盖。

③活塞连杆、十字头都拆掉：如果出现连杆、十字头、导板严重损坏或者轴承损坏等情况，则需要拆除全部运动部件。除采取上述第 2 项措施外，还需采取下列措施：用夹具封闭曲轴曲柄销上的油孔；封闭十字头润滑系统。

（2）封缸运行的应急处理

①封缸运行时，为了防止柴油机超负荷，其余各缸的燃油供应和排气温度不允许超过标定值，如排气温度过高，则应适当降低柴油机的转速和负荷。

②封缸运行时，因故障气缸停止供油，废气涡轮增压器的空气流量减少，因而可能发生喘振，使扫气压力明显波动。如果连续不断或间歇地发生喘振现象，那么柴油机就不能在此转速下运行，应降低转速直至喘振现象消除为止。

③封缸运行时，故障气缸的某些运动部件被拆除或受力情况变化，破坏了柴油机的平衡性，因而可能在某些转速范围内产生强烈的振动，如果振动异常强烈，则应把柴油机的转速进一步降低。

④应注意被封的气缸处于启动位置时，柴油机就无法启动。对于可倒转的柴油机，可先向相反的转向短促地启动一下，使曲轴改变位置后再转向启动。在机动操纵时，应向驾驶台说明情况，并要求将启动柴油机的次数限制在最少的程度。

总之，封缸运行时，应综合考虑排气温度、振动、喘振等各种因素，选择适宜的转速维持航行。

2. 拉缸

拉缸是指活塞环与气缸套或活塞（常为裙部）与气缸套之间两个相对运动的表面相互作用造成表面损伤的现象。气缸套和活塞环之间的拉缸主要发生在磨合初期，磨合完毕后几乎不再发生；气缸套和活塞裙部之间的拉缸则可发生在磨合完毕后稳定运转的数千小时内。

根据表面损伤程度的不同，拉缸可分为划伤、拉缸和咬缸三类。拉缸损伤的机理大多是由于相对运动的部件之间的润滑油膜受到局部破坏，致使两个运动表面的突起部分首先发生金属接触，然后在局部出现微小的“熔着”现象，而熔着部位由于部件的相对运动又被撕裂，成为加剧表面磨损的磨料。在出现熔着磨损的短时间中，在活塞和气缸套表面出现和气缸套中心线相平行的高低不平的磨痕，这就是拉缸现象；而严重时滑动部位完全黏着或卡住甚至在两个表面的薄弱部位产生裂纹以致机件破坏，这就是“咬缸”。

（1）拉缸的原因

柴油机拉缸的原因十分复杂，如制造材料的选配、运动部件之间间隙的确定、部件表面粗糙度的大小、机器的装配是否妥当等。拉缸时气缸冷却水出口温度和活塞冷却液出口温度会增高，活塞与气缸壁之间会因干摩擦而发出异常声音，曲轴箱和扫气箱温度升高，甚至有烟气冒出。运行管理不当造成的拉缸主要有下列几种情形：

①气缸润滑不良。气缸润滑油不足或供油中断使活塞与气缸套过热从而过度膨胀变形，失去原来的正常间隙造成拉缸。导致气缸润滑不良的主要原因有：注油器调节油量过小、注油管压瘪或堵塞、注油管接头漏油、气缸套注油孔或布油槽堵塞、注油器故障、气缸润滑油品种选择不当或变质、四冲程柴油机的刮油环刮油效果过好。

②磨合不够充分。金属部件之间的磨合必须综合考虑磨合时间和负荷分配等因素，在低负荷下，即使磨合的时间较长也达不到理想的磨合效果，而如果急于在高负荷下运转，则可能迅速造成拉缸。因此，实践中要注意三个问题：磨合期间要适当加大滑油注入量；活塞环换新后应在低负荷下运转一段时间；活塞和气缸套换新后应进行磨合再加大负荷。

③冷却不良。冷却不良的原因主要有四个：冷却水泵排出压力不够、供水不足或中断；冷却水腔锈蚀或脏污；水中含有气泡，积存在冷却腔内没有放出；水质太脏、水温太高。

④活塞环断裂。活塞环断裂的碎片常引起拉缸甚至咬死，其主要原因有：搭口间隙过小，使活塞环断裂；天地间隙过小，使活塞环卡死；积炭过多，使

活塞环黏在环槽内失去弹性，造成断裂或燃气泄漏；搭口间隙太大或磨损严重，发生漏气。

⑤使用劣质燃油。柴油机使用的燃油如品质太差，则燃油因不完全燃烧会产生过多的燃烧残渣，并会因后燃造成排气温度升高，影响润滑油的润滑效果。

(2) 拉缸时的应急处理

①早期发现拉缸，应立即加大气缸润滑油注入量，如过热现象没有改变，可采取单缸停油、降低转速、加强活塞冷却等措施，直到过热现象消除为止。

②当发现拉缸时，必须迅速慢车，然后停车，继续增加活塞冷却液，同时进行盘车。此时切勿加强气缸的冷却，否则会使拉缸加剧，使事故更加恶化。

③如因活塞咬死导致盘车盘不动时，可待活塞冷却一段时间后再进行盘车，使其活动。

④活塞咬死不能盘车时，可向气缸内注入煤油，待活塞冷却后撬动飞轮或盘车；如活塞仍不能动作，可拆下曲柄销轴承盖（或十字头上的大螺帽），将起吊螺栓装在活塞顶上用吊车吊出，吊出时应同时注入煤油，并用软金属敲打活塞顶，慢慢将其吊出，防止将起吊螺栓拉断或将螺孔拉坏。

⑤吊缸检查时，将活塞和气缸套上的拉缸痕迹用油石仔细磨平，损坏的活塞环必须换新，如果活塞和气缸套损坏情况严重，也应换新。

⑥吊缸装复时，必须仔细检查气缸套上的各注油孔供油是否正常，如果更换新的活塞和气缸套则要磨合一段时间，负荷必须逐渐增加，否则会对新换部件造成故障。

⑦如果拉缸事故不能修复或不允许修复时，可采取封缸的办法继续航行。

3. 敲缸

敲缸是指柴油机在运行中产生有规律的异常声或者敲击声的现象。敲缸分为燃烧敲缸和机械敲缸两类：燃烧敲缸也称“热敲缸”，是指柴油机由于燃烧方面的原因在上止点发出尖锐的金属敲击声；机械敲缸也称“冷敲缸”，是指因运动部件和轴承间隙不正常引起的钝重的敲击声或者摩擦声。区别燃烧敲缸和机械敲缸的办法是：将柴油机降速或者切断问题气缸的供油，如果敲击声音消除，则是燃烧敲缸；如果敲击声音不能消除，则应该是机械敲缸，可以进一步用听诊棒探查敲击声发生的具体部位。

(1) 燃烧敲缸的原因

实践中，造成燃烧敲缸的原因主要有：

①燃油喷射时间过早，使平均压力增长率和最高爆发压力增高。

②喷油器的喷嘴针阀在开启位置卡住发生漏油。

③喷油器弹簧断裂而漏油。

④喷油器弹簧松动，启阀压力下降，喷油提前。

⑤故障气缸超负荷运转，喷油量过大。

⑥所用燃油的燃烧性能差，发火迟后。对于燃烧敲缸，除用切断供油和听其敲击声来判别外，也可采用测取示功图检查燃烧状况和最高爆发压力来判定。

(2) 机械敲缸的原因

实践中，造成机械敲缸的原因主要有：

①气缸上部机械敲缸的常见原因：第一道活塞环碰到气缸套上部的磨台；活塞连杆中心线与曲轴中心线不垂直，使活塞有倾斜运动；曲柄销轴承的偏磨损引起活塞敲击声。

②气缸中部敲击的常见原因：四冲程柴油机活塞销间隙过大；四冲程柴油机的活塞与气缸套间隙过大；气缸套磨损严重。

③气缸下部及曲轴箱敲击的常见原因：十字头轴承间隙过大；十字头滑块与导板间隙过大；连杆轴承或主轴承间隙过大；主要运动部件的螺栓松动。

(3) 敲缸时的应急处理

发现柴油机敲缸时，首先应采取降速运行的措施，避免部件损坏，如果判断是燃烧敲缸，则停车进行如下检查修理：

①对喷油器进行试压和调整，必要时予以换新。

②检查喷油泵的供油量，必要时调整其有效行程。

③检查和调整喷油定时。

如因气缸或活塞过热产生沉重而又逐渐加重的敲击声，在未进行降速前，会出现转速随之自行下降的现象，这种情况可按过热拉缸进行处理。

因机械部件的缺陷造成的敲缸现象，一般没有应急的调整方法，只能更换备件进行修理。没有备件或不能修理时，可降低到某个安全的转速继续航行。若机件的损坏影响安全运行又无备件可以更换，则可采取封缸的措施继续航行。

4. 烟囱冒火

烟囱冒火是指装有废气锅炉的柴油主机在运转过程中有大量火花连续从烟囱中喷出的现象。烟囱冒火时还常伴随着废气锅炉的气压突然升高，锅炉安全阀冲开发生跑气，不仅易引起火灾，危及船舶特别是油船的安全，而且也是柴油机运行状态不佳和管理不善的反映，应及时采取相应措施予以消除。

(1) 烟囱冒火的原因

柴油机烟囱冒火通常是由于未烧尽的燃油或含油积存物随高温燃气喷出烟

囱遇空气再燃烧所产生的，即燃料在气缸内燃烧过程的延续。从火花形式看，烟囱冒火可分成三种情况。

①油雾燃烧形成的火花。这种火花在白天不易发现，在黑夜可看到细小而短的浅粉红色火花从烟囱中冒出，火花大多在随其排出的烟流中自行熄灭，而无炭垢或黑色的颗粒落下。

这种情况多因柴油机超负荷、部分气缸燃油雾化较差或气缸空气供应不足等使气缸内喷入的燃料不能完全燃烧，气缸内过量的油雾或微细油珠被高温排气直接带出烟囱时遇氧而燃烧。

②残油燃烧形成的火花。此类火花的形状较油雾燃烧形成的火花稍长，颜色也稍深，由烟囱冲入天空并随风飘流后自行熄灭，有微细炭粒及烟灰带出。

这种火花一般发生在柴油机部分喷油器滴油或在低负荷运行中燃烧不良的情况下，尤其当排烟系统的温度、压力长期偏低时，尚未燃烧的油分常常积存在排烟道内，即使被带出烟囱也难以被低温燃气点燃。

③烟灰沉积物燃烧形成的火花。此类火花大多呈板状，白天因光线关系不易察觉，晚间则甚为可怕，火花亮点较大，呈黑红色，持续时间较长，有灰分及不同形状的固体颗粒伴随火花同时从烟囱中冲出，常常落在甲板上还继续燃烧，容易引起火灾。这种火花产生的时间往往是起航后不久以及航行 10～15 天之后，火花继续的时间多为 0.5～3 小时。

烟灰沉积物燃烧形成的火花最为常见，危险性也最大，其原因主要有：燃油质量差，柴油机燃用轻油时产生的烟灰沉积物数量甚微，而燃用劣质油时其数量不仅增多，而且所含有的可燃性物质也更多；燃油的喷油设备不完善或故障，不完全燃烧使排气中的含油物质增加；气缸润滑油的注油量太大；气缸进气系统工作不完善，四冲程柴油机换气条件优于二冲程柴油机，所以发生烟囱冒火的情形也少些；废气锅炉脏堵，研究指出，当锅炉水管外的表面沉积物厚度达 2～3 毫米或当排气的流量阻力增加到 12.7～13.3 千帕时容易发生烟囱冒火。

(2) 烟囱冒火的应急处理

①若发现油雾燃烧形成的火花，应立即降低柴油机负荷或慢慢停车，查明原因并消除故障后再继续使用，待排烟正常后再加至需要的负荷。

②若发现残油燃烧形成的火花和烟灰沉积物燃烧形成的火花，在环境允许的条件下应让其继续“喷冒”，使排气系统内的油性沉积物尽量吹掉、烧尽，但应加强装油机和废气锅炉的维护管理以及防火工作。

③除火势过猛，个别气缸或局部排烟管过热需降速外，必须尽量使柴油机保持较高负荷运行。

④不要轻易使用灭火设备，特别是CO_2灭火设备，以防止高温金属因温度急剧降低而产生炸裂。

5. 紧急刹车

紧急刹车是指船舶航行遇到避碰等紧急情况时，为使船舶尽快停止运动或改为倒航而对主机进行制动并迅速倒转的操纵过程。对于采用直接传动式推进装置的船舶，船舶倒航通常以改变主机的回转方向来实现。

紧急刹车的操作因柴油机型号不同而有所差异，一般而言，以下事项须加以注意：

(1) 保证压缩空气的压力，否则紧急刹车过程很难有效进行。对于比较常见的苏尔寿型柴油机，保持较高的滑油压力可以使差动换向动作迅速完成。

(2) 为了保证倒车启动成功，可根据情况适当将启动油量调大些（如苏尔寿型柴油机可从3.5格移至5.0格）。

(3) 为了使主机迅速刹车和反向启动，拉动启动手柄时可略微停顿一下，这样，当转速降至零后便可反向启动，可大大缩短刹车过程的时间。

(4) 当主机和船舶在较高航速下刹车时，进行一次操作可能无法使主机刹车成功，且这样的操作将使主机曲轴承受较大的附加应力，同时也会使空气消耗量过大。为了改善这种状况，采取几次间断刹车的操作方式较为有利。

(5) 对于另一种常见的B&W型主机，尽管具有联锁装置，但在操作中当换向手柄未推至极端位置时，切不可过早拉动启动调油手柄，以免发生意外；同样，当主机差动换向未完成时，亦不可过早将启动调油手柄推到供油位置，否则可能造成严重后果。

(6) 倒航操作中应避免一次性将油门加得过大，以防超负荷。在特别紧急的情况下（驾驶台将车令重复一次），则应尽快给出相应转速，以保证船舶安全。

(7) 紧急刹车操作的时机十分重要，既要考虑操作前的主机转速、船舶航速，又要清楚主机的技术性能和具体状态，同时要熟悉其他辅助设备，如空气压缩机等的工作能力。此外，操作过急、过缓都将失去紧急刹车的意义并可能造成严重后果。

(8) 对采用遥控系统的主机，为使换向迅速，在其换向程序中大多具有紧急刹车功能。此时，上述操作均按设定程序自动完成，但需密切注意压缩空气压力，以防启动空气消耗过多。当遥控系统本身发生故障时，应及时转换为集控室直接操作。

第四节　船舶辅机

船舶辅机即为船舶和主机服务的各种辅助动力装置和设备的总称，包括发电机、锅炉、空压机、舵机、锚机、制冷系统等。根据本书的写作目的，下面重点围绕设备构成和使用知识逐一作简要介绍。

一、船舶辅锅炉

锅炉是船舶动力装置的重要组成部分，其通过燃料（一般为燃油）的燃烧把化学能转化为热能，使炉内的水变成蒸汽（或热水）。在以蒸汽轮机为主机的船上，锅炉产生的过热蒸汽用于驱动船舶，故称其为“主锅炉”，这种形式已经很少采用；而在以柴油机为主机的船舶上，锅炉产生的饱和蒸汽仅用于加热燃油、滑油以及满足生活使用，故称其为“辅锅炉”。

（一）燃油锅炉

燃油锅炉是指使用柴油、废油等油料作为燃料，利用燃油燃烧时发出的热量来产生蒸汽的锅炉。燃油锅炉本体一般包括炉膛、蒸发受热面、水腔和蒸汽空间等，锅炉本体上还有水位计、安全阀、主蒸汽阀、排污阀等一系列的附件。

传统的燃油锅炉主要有两种类型：烟管锅炉和水管锅炉。若燃油燃烧产生的烟气在受热面管内流动，管外是水，则该锅炉为烟管锅炉；若锅炉受热面管内流动的是水或汽水混合物，而烟气在管外流动，则该锅炉为水管锅炉。

（二）废气锅炉

废气锅炉是指利用柴油机排出的烟气热量加热水产生蒸汽的一种小型锅炉，所产生的蒸汽主要用来加热油类和供给生活用气。我国海船上使用较普遍的是立式火管废气锅炉，结构非常简单，它装设在机舱顶部的柴油机排气管道上，锅炉下端装有进口烟箱（下烟箱），上端装有出口烟箱（上烟箱），柴油机排气自下烟箱流经烟管时，一部分热量传给锅水并产生蒸汽，然后从上烟箱排出。

（三）锅炉的日常操作及管理

目前，船舶辅锅炉基本都可实现自动控制，只有在自动控制失灵或故障排查过程中才需要采用手动操作模式。

1. 燃油锅炉的操作及管理

（1）在准备启动锅炉时应确认的事项

在准备启动锅炉时应确认如下事项：电源是否已供到本地操作台；锅炉的

水位是否在准许范围内；燃油系统是否备妥；燃油管线压力和通过滤器的压差是否在标准值范围内；给水泵和给水控制装置是否工作正常，给水管线是否有泄漏；控制空气系统是否有反常现象。

（2）手动操作步骤

在控制箱上，将两个主电源开关之一置于“ON”位置；将风机和转杯电机旋钮置于“MANU”位；无论是手动或自动工况，两台油泵、两台给水泵、两台循环泵开关同时置于“AUTO”位，否则不能实现自动运行和自动切换的功能；锅炉运行模式选择开关放在“1”位（手动模式）；手动点火时，必须充分扫风，风机启动后按“加负荷”按钮，开大风门扫风，预扫风时间约为1分钟；点火前，检查风门位置，负荷指示在3以下才能安全点火，如果太大则按“减负荷”按钮关小风门；点火时，先按燃烧器顶部“点火”按钮，观察到有点火火焰后再同时按下“油门”按钮，待火焰指示灯亮起，保持5～10秒，再松开“点火”和“油阀”按钮，以后可通过“加负荷”或“减负荷”按钮调整负荷。

（3）自动操作

将两个主电源开关之一置于“ON”位置；将风机和转杯电机旋钮置于“AUTO”位；将两台油泵、两台给水泵、两台循环泵开关同时置于“AUTO”位；锅炉运行模式选择开关放在“0”位（自动模式）；在触摸屏上依次按下 Operation→Burner Start/Stop 启动锅炉；在自动模式下，锅炉将根据蒸汽压力的大小自动起停，无须人工干预；若有报警发出，在触摸屏上依次按下 Operation→Message Acknowledge 可复位本地报警，每按两次复位一个报警。

（4）运行期间应检查和确认的事项

定期（每周）进行水质化验，确认各项指标均在标准值范围内，根据化验结果进行上、下排污和投放炉水处理药剂，并记录；燃油压力和温度是否在标准值范围内，燃油系统是否有不正常现象；定期（每月）清洗；锅炉给水是否正常，热水井回水状况是否良好，定期（每周）冲洗水位计；自动燃烧控制器运行是否正常，燃烧室进口油压和送风按负荷要求控制得是否得当；观察烟囱排烟情况和燃烧室燃烧情况，确认燃烧是否处于良好状态，燃烧良好的标志是火焰呈橘黄色；每天向炉膛投放除灰弹一枚，并定期（每1～3个月）对炉膛进行水洗。

2. 废气锅炉的日常操作及管理

（1）停航期间，废气锅炉停用，保持炉水强制循环泵进出口处于关闭状态。

（2）每次主机备车前半小时，打开炉水强制循环泵进出口，启动一台循环泵，将其旋钮置于“MANU”位，另一台泵置于“AUTO”位。

（3）每次主机完车两小时后，停止炉水强制循环泵，关闭其进出口阀。

（4）航行期间，每天用蒸汽吹灰器对废气锅炉吹灰两次。

（5）定期（每1～3个月）对废气锅炉烟侧进行水洗。

二、船用空压机

经机械压缩后压力高于大气压力的空气，称为“压缩空气”。船舶主机启动、操纵、换向及鸣放汽笛、吹洗机件等都需要使用压缩空气，这些压缩空气由船舶的压缩空气系统来负责提供。船用压缩空气系统一般由空压机、空气冷却器、气液分离器、空气瓶、安全阀、自动控制设备、空气减压阀和释载阀（手动或自动）等组成。

中小型柴油机船舶通常配备1～2台排压为3兆帕的电动空压机，某些中小型船舶采用轴带空压机，还有的小型船舶则采用柴油机某缸停止喷油的方法产生压缩空气。下面，我们以渔船上常用的活塞式空压机为例，介绍一下空压机的使用和维护知识。

（一）活塞式空压机的启动

（1）检查曲轴箱的油位是否在油标尺两刻线之间，若采用滴油润滑，油杯的油位不应低于其高度的1/3，并将滴油速度调至每分钟4～6滴。

（2）检查冷却水供应情况，开启冷却水管上的截止阀供水，开启放水阀放水。

（3）检查气密情况。

（4）检查电气系统是否正常。

（5）检查空压机排气管路上各截止阀是否开启，开启手动释载阀或气液分离器上的泄放阀，以减轻空压机的启动负荷。每隔2小时打开泄放阀和放残阀（位于空气瓶瓶头）排放油污水。

（6）检查空压机连接是否紧固，检查外观是否处于适宜启动状态，消除一切可能妨碍机器运转的杂物。

（7）将曲轴旋转1～2转，检查运动部件是否灵活，有无卡阻现象。

（8）点动空压机，注意停车时转向是否与机体上的标志一致，以防油勺润滑的空压机连杆大端得不到润滑。

（9）接通电源，启动空压机，待达到额定转速后，关闭手动释载阀或气液分离器上的泄放阀。

（二）活塞式空压机的运行

（1）观察各压力表读数是否正常，包括排出压力（随背压增大而升高）、中间压力（压缩比分配是否均匀）和滑油压力（压力润滑）。注意观察高、低压缸的压缩比分配是否均匀，工作压力有无超过规定值，滑油油压应保持在 98～294 千帕。

（2）检查各级排气温度和曲轴箱润滑油温。冷却水进出口温差一般不大于 10～15 ℃，如启动时忘记开冷却水阀，必须立即停机以防炸缸；各级排气温度不大于 200 ℃，进入空气瓶的空气温度不大于进水温度加 30 ℃（水冷）或不大于环境温度加 40 ℃（风冷）；曲轴箱内滑油温度不大于 70 ℃。

（3）滑油量尽量适中。对于油勺润滑的空压机，当活塞处于下止点时，油勺应浸入油中 20～30 毫米，离箱底 2～3 毫米；对于滴油杯式润滑的空压机，其油位不低于其高度的 1/3。曲轴箱的油位应严格控制在油标尺两刻线之间，每班至少检查两次曲轴箱油位。

（4）查看压力表读数，分析是否过载。

（5）每隔 2 小时左右打开气液分离器的泄放阀，排出积聚其中的油和水，放出来的水应是水面上看到油渍，而沾在手上捻起来又无油腻感。

（6）每班至少检查一次电动机的连接情况、地脚螺栓的紧固情况，并注意有无异常声响，若有应立即停车检查。

（三）活塞式空压机的停车

（1）开启气液分离器上的泄放阀排污。

（2）关闭电动机开关，切断电源。

（3）关闭冷却水截止阀和滴油杯的油量调节阀。

（四）活塞式空压机的常见故障及处理方法

表 3-1 所列为活塞式空压机的常见故障及处理方法。

表 3-1 活塞式空压机的常见故障及处理方法

故障	可能原因	处理方法
排气量降低	空滤器部分被污垢堵塞	吹扫或清洗空滤器
	气阀故障	检修气阀
	气缸和活塞故障	检修气缸和活塞
	冷却器脏污或积水垢	清洗冷却器
排气压力偏高	安全阀失灵	检修安全阀
	中间冷却器冷却效果差	检修中间冷却器
排气压力偏低	气阀漏气	检修气阀
排气温度过高	排气阀漏气	检修气阀
	气缸或中间冷却不良	加强气缸或中间冷却，检修中间冷却器

续表

故障	可能原因	处理方法
气缸与气缸盖发热	冷却水不足	适当加大冷却水流量
	冷却水管路堵塞	检查、疏通冷却水管路
突然冲击	气缸中积聚水分，产生“水击”	检查积水原因并排除故障
	阀片折断或进气阀紧固螺母松脱	检修气阀
气阀有敲击声	气阀定位螺钉未到位，气阀受到气流的冲击而上下跳动	拧紧气阀定位螺钉
	阀片折断	更换阀片
	弹簧松软或失去弹性	更换弹簧

三、通风机

通风机，俗称“风机”，是一种输送气体的机械，在船舶上主要用于舱室通风、锅炉送风和空调装置送风。

（一）通风机的分类

表 3-2 所列为通风机的类型及各自的特点或用途。

表 3-2　通风机的类型

分类方式	种类	特点或用途
工作原理	离心式通风机	风量为零时，功率较小
	轴流式通风机	转速高、风量大、压头低，用于舱室的送风和抽风
工作压力	低压通风机	工作压力低于 1 千帕，通常用于舱室送风
	中压通风机	工作压力为 1～3 千帕，通常用于锅炉送风
	高压通风机	工作压力为 3～15 千帕，通常用于空调装置送风
连接方式	送风机	将新鲜空气输入舱室内
	抽风机	将舱室内的污浊空气排出舱外
	风扇	使舱室内空气流通

（二）通风机的使用与维护管理

1. 通风机的使用

（1）离心式通风机在风量为零时，功率较小，宜关闭出风闸门“封闭”启动。

（2）轴流式通风机在风量为零时，功率并不小，一般在全开出风闸门的情况下启动，且不宜在短时间内频繁起停。

2. 通风机的维护管理

（1）定期清除吸入空滤器和通风机内部的灰尘污垢，以确保气道的通畅和防止生锈。

（2）定期加注轴承润滑油，以确保良好润滑。

（3）对备用或停机时间长的通风机，应定期将转子旋转 120°～180°，以免主轴弯曲变形。

（4）在通风机运行过程中，若出现剧烈振动、轴承过热等，应停机检修。

四、造水机

船舶每天都要消耗大量的淡水，主要用于设备冷却、锅炉补给、冲洗和生活用水四个方面，但船舶能够储存的淡水数量有限，无法满足长时间海上航行和生产的需要，所以远海或远洋作业船舶上都要设置造水机，通过海水淡化来补充淡水供给。

造水机的工作原理，就是对海水加热使之沸腾汽化，然后冷凝蒸汽后得到淡水。船舶上使用较多的是采用真空沸腾式造水机提供锅炉补给水和其他用水需要。造水机的操作规程如下：

1. 造水机启动

要使造水机工作，要满足两个基本条件：一是船舶定速航行；二是船舶离岸 20 海里以上，且不在受污染水域，以保证海水的清洁。具体的启动步骤如下：

（1）将集控室控制台“制淡系统温控器”的设定温度调为 78 ℃。

（2）打开造水机海水泵的吸入、排出阀。

（3）打开喷射泵的通舷外阀。

（4）关闭造水机上的真空破坏阀。

（5）启动海水供给泵，抽真空到至少 90%（最多需要 10 分钟）。

（6）打开主机缸套冷却水至造水机的进出口阀。

（7）通过旁通阀调节进蒸发器的热水量。

（8）打开进蒸馏水舱的截止阀。

（9）打开盐度计。

（10）启动淡水泵，打开投药桶出口阀并通过流量指示计调节流量。

2. 停止造水机

蒸馏水舱已满或备车航行前，应停止造水工作，具体的操作步骤如下：

（1）将集控室控制台“制淡系统温控器”的设定温度调为 82 ℃。

（2）停止进蒸发器的主机缸套水，关闭进出口阀。

（3）停止淡水泵。

（4）关闭盐度计。

（5）停止造水机海水泵，关闭进出口阀。

（6）打开真空破坏阀。

（7）关闭喷射泵通舷外阀。

（8）关闭进蒸馏水舱的截止阀。

五、舵机

舵机（操舵装置）是保证船舶安全航行的最重要的设备之一，主要包括转舵动力设备、转舵机构和操纵系统。海洋渔业船舶的舵机包括电动液压舵机和人力液压舵机两类。每艘船舶应配备两套操舵装置，一套为主操舵装置，另一套为辅助操舵装置，且当其中之一损坏时，不致使另一装置失灵。

（一）阀控型电动液压舵机

下面介绍一下船舶上常用的阀控型电动液压舵机。

阀控型电动液压舵机由主油泵、辅油泵（控制油泵）、电液换向阀、转舵机构等组成，两台定量泵机组互为备用，各包括一个主油泵和一个辅油泵，可由驾驶台和舵机间两处启动，转舵机构为往复式油缸。阀控型电动液压舵机使用单向定量油泵（主、辅油泵），其吸、排方向不变。当驾驶台发出信号，遥控电磁换向阀换向时，控制油使电磁换向阀换向，使主油泵来的动力油进入转舵机构不同的油缸中，改变舵的转动方向；当驾驶台无控制信号时，主油泵处于卸载状态。

阀控型电动液压舵机可采用电力或电液的方式远距离操纵。一般当油路通径较小（即阀芯较小）时，多采用电力直接操纵；当油路通径较大时，需采用电液间接操纵的方法，由驾驶台直接控制液动换向阀的电磁导阀两电磁铁通电和断电即可。阀控型电动液压舵机结构简单，造价低，维护管理方便，但是，因采用换向阀换向，液压冲击大，在停止操舵时，主油泵仍以最大流量排油，油液发热量大，经济性较差，主要适用于功率较小的系统。

（二）电动液压舵机的使用与维护管理

1. 液压系统充油

（1）液压油的品种和型号应符合说明书的规定，严禁不同品种和型号的油混掺使用。

（2）液压油应当经过滤后再充入油柜，并达到最高油位。用泵充油时，应随时向油柜补充油，以保证油柜中的吸油管口始终浸没在油中。

(3) 防止油泵干转。新装或检修后的油泵，启动前最好灌入一定量的液压油，并用手转动油泵，让油箱的油液逐渐充满油泵；若没有手动泵，可以用油泵向系统充油。

(4) 防止转舵机构的柱塞撞击油缸。左右油缸如设有旁通阀，向油缸充油时可开启旁通阀；如果未设旁通阀，则可利用机房的操纵机构控制主泵，间断交换地向左右油缸充油。为可靠起见，最好拆下转舵油缸上的放气螺塞或位置较高的管路接头，注入一定量的油液。

(5) 驱除空气。充液中应开启系统中的放气阀或螺塞，或者松开压力表接头排出空气。

2. 船舶开航前的试舵

(1) 确认主换向阀或泵的变量机构处于中位后，脱开遥控机构或把转换开关置于舵机房操舵位置。

(2) 启动一台泵组，通知驾驶室后在机房操舵，从 0°转至一舷 35°，然后回中。间断地开启压力侧油路上的放气阀或螺塞排出空气，观察电流、油压、密封和电机运转情况，注意有无异常响声和气味，核对转舵时间是否符合要求。

(3) 分别启动其他泵组，进行同样的检查。

(4) 接通遥控机构或把转换开关置于遥控位置，通知驾驶台试舵。分别启动各泵组，向两舷做 5°、15°、25°、35°的操舵试验，观察舵机运转情况，核对指令舵角（操舵角）、实际舵角和指示舵角是否一致。

(5) 用备用的遥控机构或其他应急操舵装置做同样试验。

(6) 试验完毕后，通知驾驶台，停泵，待开航。

3. 航行中的管理

在船舶航行过程中，每小时对舵机房巡回检查一次，船舶用急倒车时应到舵机房监视舵机的工作，发现异常应及时处理，并报告轮机长和做好记录。

(1) 检查油位：补油柜或循环油柜的油位应保持在油位计的 2/3 左右。

(2) 检查油温：油箱的油温通常不应超出室温 30 ℃，一般不应超过 60 ℃，若油温超过80 ℃，则须停泵。

(3) 检查油压：主泵的排油压力不应高出最大工作压力，吸油压力不应低于补油条件（闭式系统）或吸油条件（开式系统）所确定的正常值。

(4) 检查外露滑动表面：适时加注一定量的工作油，设有油杯的，应适时地加油。

(5) 检查密封情况：油柜、油缸、阀件、油管和接头等处不应漏油、舵杆的舵承填料不应漏水。

(6) 若有异响和冲击声，则应查明原因，及时处理。

(7) 油泵和电动机不应有过热现象。

(8) 检查备用泵：停用时不应反转，若反转则表明泵排出管处的单向阀泄漏或防反转机构损坏。

(9) 检查应急操舵系统是否处于良好的备用状态。

(10) 检查电气控制箱工作是否正常，线路接头是否松动。

4. 船舶停航时的管理

(1) 清洁油缸柱塞等外露的滑动表面，并加注工作油，若长期停用，则应涂覆滑脂。

(2) 消除油管、接头、阀件和各密封填料处的漏油现象。

(3) 定期清洗油滤器，新船首次航行后必须清洗。

(4) 清洁换向器和控制箱中的电气触头，检查并消除连接松动现象，测量电气设备的绝缘电阻，如不符合要求，应检修。

(5) 至少每半年取液压油样外观检查，每年化验一次油样，若已超过使用极限，则应换用同品种新油。油箱换新油时必须彻底清洗，使用约两年清洁一次。

(三) 人力液压舵机

人力液压舵机是以人力作为油泵的动力，由舵轮直接驱动油泵工作的液压舵机，其结构简单，工作可靠，广泛应用于小型机动船舶上。

1. 人力液压舵机的组成和工作原理

摆动柱塞式油泵的人力液压舵机由摆动柱塞式油泵、转舵机构、阀件等组成。当向右转动舵轮时，曲轴顺时针回转，在曲柄带动柱塞摆动的同时，一方面使柱塞在缸体中做往复运动，产生吸、排过程；另一方面又使缸体交替地左右回转，使左右油口交替地开启和关闭，完成配油任务。这时，泵经右边的油口从转舵机构的左油缸吸油，经左边的油口向转舵机构的右油缸排油，舵向右偏转。当向左转动舵轮时，油泵吸、排油的方向相反，则舵向左偏转。

2. 人力液压舵机的使用

(1) 油缸充油排气

开启充液阀、旁通阀（左）、截止阀（左）和左油缸的放气旋塞，关闭旁通阀（右），然后向左转动舵轮，就可对左油缸充液放空气；开启充液阀、旁通阀（右）、截止阀（右）和右放气旋塞，关闭旁通阀（左），然后向右转动舵轮，则可以对右油缸充液放空气。

（2）校正舵角

校正舵角时，可先转动舵轮，使转舵机构的拨叉处于正中位置，然后关闭截止阀，开启旁通阀，转动舵轮，使舵角指针停在“0”位，且使舵轮上不同标记的轮爪正好朝上。关闭旁通阀，开启截止阀，再左右转动舵轮，检查操舵角与实际舵角是否相符。

3. 人力液压舵机的管理

（1）经常检查油箱中是否充满液压油。

（2）加油时，必须加注规定牌号、清洁的液压油。

（3）使用过程中，充液阀必须处于开启状态，以便自动向系统即时补油。

（4）开航前应进行校舵，必须满足操纵舵角、指示舵角和实际舵角一致的要求。

（5）检查防浪阀的开启压力是否正确，以免不能正常工作或超负荷。

六、锚机

船舶停泊时，为了克服作用在船体上的水流力、风力和船舶纵倾、横倾时所产生的惯性力，保持船舶位置稳定，需设置锚设备。此外，船舶靠离码头、在狭窄水道掉头或紧急减刹船速时也要用锚设备作为辅助。

船舶锚设备一般由锚、锚链、制链器和锚机等组成。锚机是用来收放锚和锚链的机械。根据原动力的不同，锚机可分为人力锚机、电动锚机和液压锚机；按照驱动轴的布置方式，锚机则可分为立式锚机和卧式锚机。

卧式电动锚机（见图 3-13）包括原动机（电动机或液压马达）、减速器、离合器、卷筒、链轮、制动轮、驱动轴、手轮等，减速器由蜗轮、蜗杆和减速齿轮构成，制动轮和链轮为整体制造，套于驱动轴上，靠牙嵌离合器的离合使其与驱动轴脱开或连接。

图 3-13　船舶电动锚机

七、系缆机

系缆设备是船舶为停靠码头、傍靠他船和进出船坞等所使用的机械设备，由系缆索、带缆柱、导缆装置（导缆孔、导缆钳或导缆滚轮等）、系缆机、绳车、碰垫等组成。利用绞缆机收绞缆索，即可使船舶系靠。在船首，系缆卷筒通常和锚机一起，用同一动力驱动，并可通过离合器啮合或脱开；在船尾，则多设置独立的系缆机。按所用动力的不同，系缆机可分为电动系缆机和液压系缆机。

系缆机包括原动机（电动机或液压马达）、减速器、卷筒和制动装置等。电动机（或液压马达）通过齿轮减速机构带动主、副卷筒转动，主卷筒在卷绞的同时还能储绳，它既能绞缆，又能靠手动带式制动装置来系缆，当缆绳张力太大时允许制动器打滑松缆，以免拉断。副卷筒只能卷绞缆索，收储缆绳需靠另设的人力控制的绳车。

本章小结

本章主要内容可归结为以下四点：①船舶大小悬殊，形式各异，但总体上可以划分为船体、船舶动力装置和船舶舾装三大部分。②船体即船舶的身体，主要包括船底、外板和甲板板、舷侧、舱壁、艏艉端、上层建筑和机舱棚等部分，是人类在海上从事生产活动的“工作间”和居留地。③船舶动力装置是船舶的心脏，由推进装置、辅助装置、管路系统、甲板机械、防污染设备、自动化设备六大部分组成，其中以柴油机为主的推进装置居于统帅地位，曲柄连杆机构、配气机构、传动机构和燃油供给系统、润滑系统、冷却系统、启动系统等三大机构、四大系统是柴油机正常运转对外输出动力的基础。④船舶辅机是为船舶和主机服务的各种辅助动力装置和设备的总称，主要包括发电机、锅炉、空压机、舵机、锚机、系缆机、制冷系统等。

第四章　船舶通信——“闯海人”的“千里眼”与“顺风耳”

人类是伟大的，其之所以能够成长为这个蓝色星球上的万物之长，不是受惠于某个具有超能力的造物主心怀慈悲而给予的特别恩赐，而是依赖于自身前赴后继战天斗地为了生存繁衍而付出的不懈努力。即便是面对风云变幻、凶险莫测的海洋世界，人类也没有停止探索的脚步，而是小心翼翼但却始终坚定地走出了一条由近岸到远海、由海平面到海底的蓝色开发之路。同时，人类也是渺小的，与宏大壮丽的自然界相比，不仅身躯微小，而且力量薄弱，恰如“恒河一沙”。如果置身于浩瀚无垠的大海之上，我们就会特别深刻地理解什么是“沧海一粟”，你会发现，即使借助于外力勉强在海洋之上短暂立足，但身体的各项机能却被外部环境严重地削弱，呼啸的海风会轻松地吹散你拼尽全力发出的呐喊，奔涌的海浪也会悄然阻挡住相隔不远的同伴对你发出的呼唤，自己被变成了一个能够说话的“哑巴”和能够听到声音的“聋子”!

此种情况下，一旦遇到险情，我们恐怕连向外界发出求救信号都十分困难！幸好，人类创造了船舶这个亲密而可靠的伙伴！有了船舶，我们仿佛穿上了一套万能铠甲，化身为变形金刚，不仅能够在海洋之上行动自如，而且可以通过船舶上的信号设备、航行设备和通信设备，长出“千里眼”“顺风耳”和“金嗓子”，学会“说话”和“聆听”，在遇到险情时能够求救，可以回应，为自己的生命财产安全搭建一条沟通外界、畅通信息的生命通道！

第一节　船舶信号设备

船舶在海上航行，为了相互确认身份、沟通信息，避免不必要的冲突和碰撞，需要建立一套能够彼此交流的管道。船舶信号设备就是船舶的“脸庞”和“嘴巴”，负责向外界表达船舶的“喜怒哀乐”状态和“坐卧行止”等行动意图。船舶信号设备是指船舶上可对外发出各种视听信号的所有设备的总称，主要包括号灯、号型、号旗和音响信号设备等。

一、号灯

号灯，简单来讲，就是能够发出信号的灯，或者反过来说，就是用灯光来发出信号的装置。船舶上的号灯是指用于显示船舶的尺度、动态、种类和工作性质的桅灯、舷灯、尾灯、环照灯、闪光灯的总称。《1972 年国际海上避碰规则公约》对各种不同类型号灯的颜色、显示方式、显示的水平光弧与能见距离以及安装位置和要求有明确的规定，在日落至日出期间和白天能见度不良时以及在一切其他有必要的情况下，船舶都应该按照规定显示号灯，以便向包括其他船舶在内的外界传达自己的相关动静态信息。

（一）号灯的类型

渔业船舶应当按照规定配备航行灯、锚灯、失控灯等基本号灯和环照灯、闪光灯等信号灯。

1. 桅灯

桅灯是指安置在船的艏艉中心上方的白灯，在 225°的水平弧内显示不间断的灯光，其装置要使灯光从船的正前方到每一舷正横后 22.5°内显示。

2. 舷灯

舷灯是指右舷的绿灯和左舷的红灯，各在 112.5°的水平弧内显示不间断的灯光，其装置要使灯光从船的正前方到各自一舷的正横后 22.5°内分别显示。总长小于 20 米的船舶，其舷灯可以合并成 1 盏，装设于船的艏艉中心线上。

3. 艉灯

艉灯是指安置在尽可能接近船尾的白灯，在 135°的水平弧内显示不间断的灯光，其装置要使灯光从船的正后方到每一舷 67.5°内显示。

4. 锚泊灯

锚泊灯是指锚泊中的船舶，自日落至日出挂在船首和船尾最易见处的两盏发出白光的灯。

5. 拖带灯

拖带灯是指与前述艉灯具有相同特性的黄灯。

6. 环照灯

环照灯是指在 360°水平弧内显示不间断的白、红、绿或黄色的灯光。

7. 闪光灯

闪光灯是装在舷灯上方，当船舶向左右转向时，按规定的时间间隔发出红光或绿光的环照信号灯。

8. 通信闪光灯

通信闪光灯又称“莫尔斯信号灯”，指由人工操作，按莫尔斯电报码信号发出白光的灯，供近距离通信联络用，包括定向发光的手提式或旋转座架式通信闪光灯、环照发光的桅顶式通信闪光灯。图 4-1 所示为渔船号灯实装图。

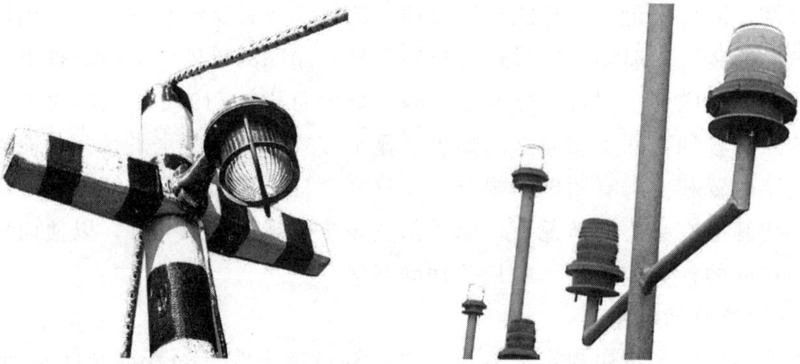

图 4-1　渔船号灯实装图

（二）号灯的技术要求

1. 号灯的能见距离

号灯的能见距离就是指能够看清号灯的最远位置与号灯所在位置之间的距离，最简单的测量方法就是让夜间观测者逐渐远离灯光，直到不能看清楚灯光发光点时的距离。

号灯的作用就是通过灯光传达信息，因此必须具备一定的发光强度，以便让其他船舶或人员能够在一定的距离范围内看到灯光。根据《渔业船舶法定检验规则（2019）》，渔船号灯强度要达到以下标准：

（1）总长不小于 50 米的渔业船舶

这类渔业船舶桅灯的能见距离不小于 6 海里；舷灯的能见距离不小于 3 海里；艉灯的能见距离不小于 3 海里；拖带灯的能见距离不小于 3 海里；白色、红色、绿色或黄色环照灯的能见距离不小于 3 海里。

（2）不小于 12 米但小于 50 米的渔业船舶

这类渔业船舶桅灯的能见距离不小于 5 海里，但总长小于 20 米的渔业船舶其桅灯的能见距离不小于 3 海里；舷灯的能见距离不小于 2 海里；艉灯的能见距离不小于 2 海里；拖带灯的能见距离不小于 2 海里；白色、红色、绿色或黄色环照灯的能见距离不小于 2 海里。

（3）不易觉察的、部分淹没的被拖渔业船舶或物体

白色环照灯的能见距离不小于 3 海里。

2. 号灯的光弧

通俗地解释，光弧就是指能够看到光信号的最大弧度范围，包括水平光弧和垂向光弧。

（1）号灯的水平光弧

①舷灯在朝前的方向上，应显示最低要求的发光强度，发光强度在规定光弧外1°～5°，应减弱以达到切实断光。

②艉灯、桅灯及舷灯在正横后22.5°处，应在水平弧内保持最低要求的发光强度，从规定的光弧内5°起，发光强度可减弱50%，然后，发光强度不断减弱，以达到在规定光弧以外至多5°处切实断光。

③环照灯应安置在不受桅、顶桅或上层建筑大于6°光弧的遮蔽的位置，但锚灯除外。

④如果仅显示1盏环照灯无法符合要求，则应使用2盏环照灯，固定于适当位置或用挡板遮挡使其在1海里距离上看尽可能像是1盏灯。

（2）号灯的垂向光弧

电气号灯的垂向光弧应保证：从水平上方5°到水平下方5°的所有角度内，至少保持所要求的最低发光强度；从水平上方7.5°到水平下方7.5°，至少保持所要求最低发光强度的60%。

（三）号灯的供电与控制

（1）每一航行灯应由安装在驾驶室易于接近位置上的航行灯控制箱引出的独立分路供电，而且在这些分路的两个绝缘极上能由安装在该控制箱内的开关和熔断器或断路器进行控制和保护，所设的双套灯具应能在控制处进行转换。

（2）航行灯控制箱应直接由主配电板和应急配电板两路供电，如渔业船舶设有临时应急电源时，航行灯控制箱应由应急配电板和临时应急充放电板供电，并在航行灯控制箱上或驾驶室的适当位置设置电源的转换开关。

（3）总吨位在500吨以上的渔业船舶应设置当每一航行灯及航行灯控制箱发生故障时，能发出听觉和视觉报警信号的自动指示器。如果采用与航行灯串联的灯光信号，应该有防止由于信号故障而导致航行灯熄灭的措施。

（4）除航行灯以外的其他号灯的控制箱应有应急电源和临时应急电源，每一号灯应由控制箱引出的独立分路供电，而且在这些分路的两个绝缘极上能由安装在该控制箱内的开关和熔断器或断路器进行控制和保护。

（5）手提白昼信号灯不应单独由主电源供电，其电源在任何情况下均应包括可携电池。

（四）号灯的安装

1. 号灯的垂向位置和间距

（1）总长不小于20米的机动船，桅灯应安置如下：

①前桅灯或只装设1盏桅灯，则该灯在船体以上的高度应不小于6米，如船的宽度超过6米，则在船体以上的高度应不小于该宽度，但是该灯安置在船

体以上的高度不必大于 12 米。

②当装设 2 盏桅灯时，后桅灯高于前桅灯的垂向距离应至少为 4.5 米。

③机动船的 2 盏桅灯的垂向距离应是这样：在一切正常艉倾的情况下，当从距离船首 1 000 米的海面观看时，应能看出后灯在前灯的上方并且分开。

（2）总长不小于 12 米但小于 20 米的机动船，其桅灯安置在舷边以上的高度应不小于 2.5 米。

（3）机动船的舷灯安置在船体以上的高度，应不超过前桅灯高度的 3/4。这些舷灯不应低到受甲板灯光的干扰。

（4）总长小于 20 米的机动船的舷灯，如并为一盏，则应安置在低于桅灯不小于 1 米处。

（5）当垂直装设 2 盏或 3 盏号灯时，这些号灯的间距如下：

①总长不小于 20 米的渔业船舶，这些号灯的间距应不小于 1.2 米，而且除需要拖带号灯的情况外，这些号灯的最低 1 盏，应装设在船体以上高度不小于 3 米处。

②总长小于 20 米的船舶，这些号灯的间距应不小于 0.8 米，而且除需要拖带号灯的情况外，这些号灯的最低 1 盏，应装设在舷边以上高度不小于 2 米处。

③当装设 3 盏号灯时，其间距应相等。

（6）为从事捕鱼的船所规定的两盏环照灯中较低的一盏，在舷灯以上的高度应不小于这两盏号灯垂向间距的 2 倍。

（7）当装设 2 盏锚灯时，前锚灯应高于后锚灯不小于 4.5 米。总长不小于 50 米的渔业船舶，前锚灯应装设在船体以上高度不小于 6 米处。

2. 号灯的水平位置和间距

（1）当机动船按规定有 2 盏桅灯时，两灯之间的水平距离应不小于总长的一半，但不必大于 100 米。前桅灯应安置在离船首不大于总长的 1/4 处。

（2）总长不小于 35 米的机动船，舷灯不应安置在前桅灯前面，这些舷灯应安置在舷侧或接近舷侧处。

（3）当号灯设置在前桅灯和后桅灯垂向之间时，这些环照灯应安置在与该船艏艉中心线正交的横向水平距离不小于 2 米处。

（4）当机动船按规定仅有 1 盏桅灯时，该灯可安置于距船艏不大于 2/3 船长处。长度小于 20 米的船舶不必在船中之前显示该灯，但应在尽可能靠前的位置上显示。

3. 渔业船舶示向号灯的位置细节

（1）正在进行捕捞作业的渔船，其用以指示船边外伸渔具方向的号灯，应安置在离开 2 盏环照红灯和白灯不小于 2 米但不大于 6 米的水平距离处，其高度应不高于环照白灯但也不低于舷灯。

（2）在其他渔业船舶附近进行捕捞作业的渔船，按照规定显示的额外号灯应安置在最易见处，其间距至少应为 0.9 米。这些号灯应能在水平四周至少 1 海里的距离上被见到，但不超过失控灯的照距。

4. 舷灯遮板

（1）总长不小于 20 米的渔业船舶的舷灯，应装有无光黑色的内侧遮板。

（2）总长小于 20 米的船舶的舷灯，如使用单一直立灯丝并在绿色和红色两部分之间有一条很窄分界线的合座灯，可不必装配外部遮板。

5. 高速船

高速船的桅灯可装设在相应于船体宽度的高度上，其条件是由 2 盏舷灯和 1 盏桅灯形成的等腰三角形的底角，在正视时不小于 27°。

二、号型

号型，从字面上可以理解，就是指用来传达信息的造型，具体到船舶，专指用于显示船舶的动态、种类和工作性质等信息的球体、圆柱体、圆锥体、菱形体或篮子等黑色形体的总称。《1972 年国际海上避碰规则公约》对各种不同类型号型的尺度作了明确的规定，其中球体、圆柱体的直径及圆锥体的底部直径应不小于 0.6 米，圆柱体的高度应为直径的 2 倍，圆锥体的高度应与直径相同，号型间的垂直距离应至少为 1.5 米，船舶应按照规定在日出到日落这段时间内显示号型。长度小于 20 米的船舶，可用与船舶尺度相称的较小尺度的号型，号型间距亦可相应减小。

（一）渔船号型大小的规定

渔船号型应是黑色并符合以下尺度要求：

1. 球体

大号球体的直径为 60 厘米，小号球体的直径为 40 厘米，其误差不能大于 1 厘米。

2. 圆锥体

圆锥体的高度应与底部直径相同，其大、小号尺寸的要求与球体相同。

3. 圆柱体

圆柱体的直径为 60 厘米，其误差不得大于 1 厘米；圆柱体的高度应为直径的 2 倍。

4. 菱形体

菱形体为 2 个圆锥体底部叠合的组合体。

图 4-2 列出了几种船舶号型的形状。

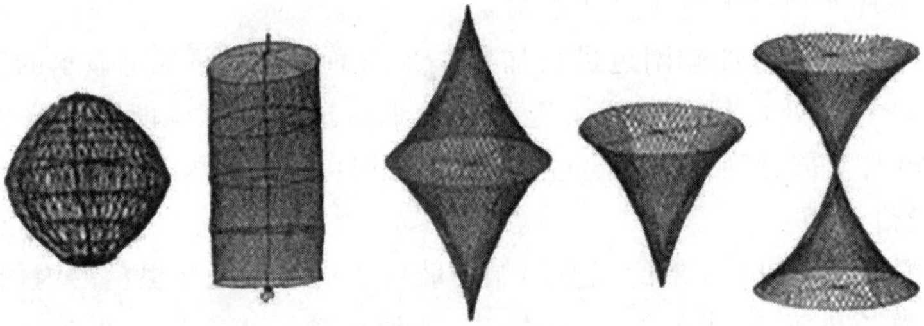

图 4-2 船舶号型图

（二）渔船号型间距的规定

各个号型之间的垂直距离应不小于 150 厘米。

（三）小型渔船号型的规定

总长小于 20 米的渔业船舶，可用与船舶尺度相称的较小尺度的号型（60 厘米可减为 40 厘米），号型间距亦可相应减少（可减为 100 厘米）。

（四）号型的存放

号型应存放于悬挂该号型的装置附近，一般存放在驾驶室附近的箱柜内，锚泊、失控信号用的球体应当处于随时悬升的状态。

三、号灯与号型的配备

（一）号灯配备数量规定

总长在 12 米以上的国内海洋渔业船舶应按规定配备基本号灯、作业号灯及备用号灯。

1. 基本号灯配备数量要求

渔船应按表 4-1 的要求配备基本号灯。

表 4-1 渔业船舶基本号灯配备

序号	号灯名称	$L_{OA}\geqslant 50$ 米		20 米 $\leqslant L_{OA}<50$ 米		12 米 $\leqslant L_{OA}<20$ 米	
		机动船	非机动船	机动船	非机动船	机动船	非机动船
1	桅灯	2		1①		1	
2	左舷灯	1	1	1	1	1③	1④
3	右舷灯	1	1	1	1	1③	1④
4	艉灯	1	1	1	1	1	1④
5	白环照灯（作锚灯用）	2	2	1②	1②	1	1⑤

续表

序号	号灯名称	L_{OA}≥50 米		20 米≤L_{OA}<50 米		12 米≤L_{OA}<20 米	
		机动船	非机动船	机动船	非机动船	机动船	非机动船
6	红环照灯（作失控灯用）	2	2	2	2	2	2

注：表中 L_{OA} 代表船舶总长。

①可以配备 2 盏桅灯作前后桅灯用。

②可以配备 2 盏白环照灯，作前后锚灯用。

③除拖带和顶推船外，可用 1 盏双色灯代替左舷灯与右舷灯。

④可用 1 盏三色灯代替左右舷灯与艉灯。

⑤可用 1 盏白环照灯代替桅灯和艉灯。

2. 作业号灯配备数量要求

渔船应按表 4-2 的要求配备作业号灯。

表 4-2　渔业船舶作业号灯配备

序号	号灯名称	渔业船舶			
		拖网渔船		非拖网渔船	
		L_{OA}≥50 米	L_{OA}<50 米	L_{OA}≥50 米	L_{OA}<50 米
1	桅灯	1			
2	白环照灯	1+2③	1+2③	1+1 或 2④	1+1 或 2④
3	红环照灯	2③	2③	1	1
4	绿环照灯	1	1		
5	黄环照灯（闪光灯）			2①	2①
6	探照灯	1②	1②		

注：表中 L_{OA} 代表船舶总长。

①仅围网渔船配备。

②仅拖网渔船配备。

③最小能见距离不小于 1 海里，但不大于 2 海里。

④为指示外伸渔具方向环照灯，根据使用情况可安装 1 盏或 2 盏。

3. 多种作业及受限渔船号灯配备数量要求

多种作业的渔业船舶，应当按照规定配齐各种相应的作业号灯，但失去控制的、操纵能力受到限制的以及限于吃水的渔业船舶所用号灯中的环照红灯，以及各种作业号灯中相同的号灯，如其性能相同而安装又符合要求，可免除其重复的盏数。此外，港口特殊规定的号灯、号型或号笛，或者渔业船舶所有人为结队从事捕鱼的渔船所制定的关于额外的队形灯、号灯或号型，应尽可能不致被误认为表 4-1 和表 4-2 中规定的任何号灯、号型或号笛，以免对其他船舶造成误导。

（二）渔业船舶号型的配备要求

渔业船舶应按表 4-3 的要求配备号型。

表 4-3　船舶号型配备

船舶种类	船长（L_{OA}）/米	号型		
		球体/个	圆锥体/个	菱形体/个
渔船	$L_{OA} \geqslant 24$	2	3①	
	$12 \leqslant L_{OA} < 24$	2	3①	
	$L_{OA} > 12$		3①	
拖船、被拖船	$L_{OA} \geqslant 24$	3		1②
	$12 \leqslant L_{OA} < 24$	3		1②
	$L_{OA} < 12$	1		1②
操纵能力受到限制的船舶	$L_{OA} \geqslant 24$	3④		1③
	$12 \leqslant L_{OA} < 24$	3④		1③
机帆船	$L_{OA} \geqslant 24$	3		
	$12 \leqslant L_{OA} < 24$	3	1	
	$L_{OA} < 12$	1	1	
其他机动船	$L_{OA} \geqslant 24$	3		
	$12 \leqslant L_{OA} < 24$	3		
	$L_{OA} < 12$	1		

①非拖网船的渔具伸出船舷的水面距离大于 150 米者应配 3 个，其他渔船配备 2 个。

②拖船、被拖船或被拖物体，当拖带长度大于 200 米时应配此号型。不易觉察的、部分淹没的被拖船舶或物体或它们的组合体应配此号型。若拖带长度超过 200 米应配 2 个。

③从事疏浚及水下作业（小船除外）的船舶应配备 3 个，从事拖带作业而拖带长度大于 200 米者应配备 2 个。

④从事疏浚、水下作业及清除水雷的船舶应配备 4 个。

（三）渔业船舶基本号灯与号型的显示要求

渔业船舶的基本号灯包括航行灯、锚灯和失控灯。

1. 在航机动渔业船舶号灯与号型的显示要求

航行中的机动渔业船舶，其基本号灯应显示如下：

（1）在船舶前部显示 1 盏桅灯。

（2）第 2 盏桅灯后于并高于前桅灯；总长小于 50 米的渔业船舶，不要求显示该灯，但可以设置第 2 盏桅灯。

（3）2 盏舷灯。

（4）1 盏艉灯。

2．在航非机动渔业船舶号灯与号型的显示要求

航行中的非机动渔业船舶，其基本号灯应显示如下：

（1）2 盏舷灯。

（2）1 盏艉灯。

（3）在总长小于 20 米的非机动船舶上，号灯可以合并成 1 盏，装设在桅顶或接近桅顶的最易见处。

3．锚泊中的渔业船舶和搁浅渔业船舶号灯与号型的显示要求

（1）锚泊中的渔业船舶，应在船的前部最易见处显示 1 盏环照白灯或 1 个球体；在船尾或接近船尾处显示 1 盏环照白灯。

（2）总长小于 50 米的渔业船舶，可以在最易见处显示 1 盏环照白灯。

（3）锚泊中的渔业船舶，还可以使用现有的工作灯或同等的灯照明甲板，而总长不小于 100 米的渔业船舶应当使用这类灯。

（4）搁浅的渔业船舶应按照规定显示号灯，并在最易见处外加垂直 2 盏环照红灯和垂直 3 个球体。

4．失去控制或操纵能力受到限制的渔业船舶号灯与号型的显示要求

（1）失去控制的渔业船舶，其基本号灯与号型应显示如下：

①在最易见处，垂直 2 盏环照红灯。

②在最易见处，垂直 2 个球体或类似的号型。

③当对水移动时，除显示规定的号灯外，还应显示 2 盏舷灯和 1 盏艉灯。

（2）操纵能力受到限制的渔业船舶，其基本号灯与号型应显示如下：

①在最易见处，垂直 3 盏环照灯，最上和最下者应是红色，中间一盏应是白色。

②在最易见处，垂直 3 个号型，最上和最下者应是球体，中间一个应是菱形体。

③当对水移动时，除显示规定的号灯外，还应显示桅灯、舷灯和艉灯。

5．限于吃水的渔业船舶号灯与号型的显示要求

限于吃水的渔业船舶，除显示机动船规定的号灯外，还可在最易见处垂直显示 3 盏环照红灯或者 1 个圆柱体。

6．总长为 50 米及以上的渔业船舶，其航行灯应配有双套灯具。

（四）渔业船舶作业号灯与号型的显示要求

1. 拖网作业渔船号灯与号型的显示要求

渔船从事拖网作业，即在水中拖曳爬网或其他用作渔具的装置时，应显示：

（1）垂直 2 盏环照灯，上绿下白，或一个由上下垂直、尖端对接的 2 个圆锥体所组成的号型。

（2）1 盏桅灯，后于并高于那盏环照绿灯，总长小于 50 米的渔业船舶，则不要求显示该灯，但可以这样做。

（3）当对水移动时，除显示前述规定的号灯外，还应显示 2 盏舷灯和 1 盏桅灯。

2. 拖网渔船以外的渔业船舶号灯与号型的显示要求

除拖网作业渔船外，其他渔业船舶应显示：

（1）垂直 2 盏环照灯，上红下白，或一个由上下垂直、尖端对接的 2 个圆锥体所组成的号型。

（2）当有外伸渔具，其从船边伸出的水平距离大于 150 米时，应朝着渔具的方向显示 1 盏环照白灯或 1 个尖端向上的圆锥体号型。

（3）当对水移动时，除显示前述规定的号灯外，还应显示 2 盏舷灯和 1 盏艉灯。

3. 在其他渔业船舶附近的渔业船舶号灯与号型的显示要求

在其他渔业船舶附近的渔业船舶，应显示如下额外信号：

（1）拖网渔船的信号

①总长不小于 20 米的渔业船舶在从事拖网作业时，不论使用海底还是深海渔具，都应根据作业情况分别显示：垂直 2 盏白灯（放网时）；垂直 2 盏灯，上白下红（起网时）；垂直 2 盏红灯（网挂住障碍物）。

②总长不小于 20 米，从事对拖网作业的每一船，在夜间应显示朝着前方并向本对拖网中另一船的方向照射的探照灯；当放网或起网或网挂住障碍物时，应显示垂直 2 盏红灯。

（2）围网渔船的信号

从事围网捕鱼的渔船，可垂直显示 2 盏黄色号灯。这些号灯应每秒钟交替闪光一次，而且明暗历时相等。这些号灯仅在船的行动为其渔具所妨碍时才可显示。

图 4-3 所示为拖网渔船信号和非拖网渔船额外信号。

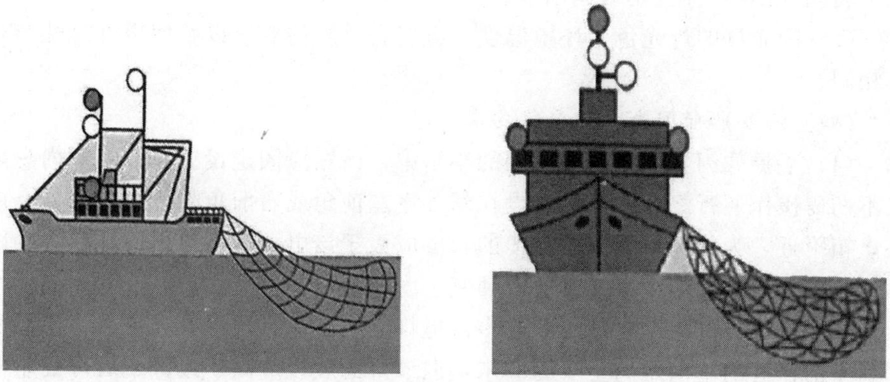

图 4-3　拖网渔船信号和非拖网渔船额外信号

4. 从事拖带或救助的渔业船舶

渔业船舶在从事拖带另一遇险或需要救助的船舶时，应采取一切可能的措施来表明拖带船与被拖船之间关系的性质，尤其应将拖缆照亮。但需注意，如发出灯光或音响信号招引他船注意，这种信号应不致被误认为是《1972 年国际海上避碰规则》或其他规定所准许的任何信号。为此目的，应避免使用诸如频闪灯这样高亮度的间歇灯或旋转灯。

四、闪光灯

（一）闪光灯的型式及技术要求

渔业船舶闪光灯的型式见表 4-4。

表 4-4　渔船闪光灯的技术要求

序号	型式	用途	能见距离	灯色	发射方向
1	手提式	通信用	2 海里	白	定向
2	桅顶式	操纵用	5 海里	白	环照

（二）渔业船舶闪光灯的配备要求

（1）每艘渔业船舶应配备 1 盏手提式白昼通信闪光灯。

（2）总长不小于 20 米的渔业船舶可配备 1 盏桅顶式闪光灯，以补充号笛发出的操纵信号。每盏闪光灯应有 2 个备用灯泡。

（三）闪光灯的结构及标志要求

（1）闪光灯及其电键防护的等级应不低于 IP54。

（2）如属旋转座架式，闪光灯应至少能在水平方向旋转 360°和在垂直方向上下转动各 15°，并应均有制动装置。

(3) 闪光灯的灯光色、环境温度、电气和材料的要求以及使用可靠性与号灯相同。

(四) 渔业船舶闪光灯的安装要求

(1) 手提式闪光灯应置于专用的小箱中，该箱应固定设置在驾驶室内易取又不妨碍操作通行之处，一般可设在驾驶室左前角或右前角附近。电源插座应在该箱附近，为其配备的柔软电缆的长度应大于该电源插座至任何一舷边的距离，也可为此目的而设置 2 个电源插座。

(2) 操纵号灯应安置在 1 盏或多盏桅灯的同一垂直面上，如可行，操纵号灯高于前桅灯的垂向距离至少为 2 米，但该灯的装设应高于或低于后灯的垂向距离不小于 2 米。只装设 1 盏桅灯的渔业船舶，如装有操纵号灯，则应装设在与桅灯的垂向距离不小于 2 米的最易见处。

五、号旗

号旗就是船舶用来表明其所属国家、行业、公司等身份信息及传递其他信号的旗帜。船舶号旗是供船舶通信及标识用的各种旗帜的统称，包括国际信号旗、国旗、公司旗、军舰旗、手旗以及各国自行规定的识别旗号。

(一) 渔业船舶号旗的配备

(1) 船长大于 50 米的渔业船舶，应配备 3 号国旗 1 面、4 号国旗 2 面、3 号国际信号旗 1 套及手旗 1 副。

(2) 船长小于 24 米的渔业船舶，应配备 5 号国旗 1 面。

(3) 其他船长的渔业船舶应配备 4 号国旗 1 面、5 号国旗 2 面、3 号国际信号旗 1 套、4 号国际信号旗 1 套及手旗 1 副。

(4) 非机动船舶可不配备国际信号旗与手旗。

表 4-5 所列为各种渔业船舶的号旗配备。

表 4-5　渔业船舶号旗配备数量

号旗名称	船长		
	$L_{OA}>50$ 米	24 米 $\leqslant L_{OA}\leqslant$ 50 米	$L_{OA}<24$ 米
本国国旗 3 号	1 面	—	—
本国国旗 4 号	2 面	1 面	—
本国国旗 5 号	—	2 面	1 面
国际信号旗 2 号	—	—	—
国际信号旗小 2 号	—	—	—

续表

号旗名称	船长		
	$L_{OA}>50$ 米	24 米 $\leqslant L_{OA}\leqslant$ 50 米	$L_{OA}<24$ 米
国际信号旗 3 号	1 套	1 套	—
国际信号旗 4 号	—	1 套	—
手旗	1 副	1 副	—

注：①凡有船舶呼号的渔业船舶，应配有与国际信号旗相同规格的船舶呼号旗 1 套及国际信号规则 1 本。

②非机动船舶不配备国际信号旗与手旗。

（二）号旗的悬升装置与存放

1. 在桅桁、桅柱顶部或各支索上应安装足够数量的合适的滑车与旗绳，每根旗绳均应配有带转环的旗钩 1 套，宜将部分旗绳引至驾驶室附近，并应设置合适的系缚旗绳的装置。

2. 总长不小于 20 米的渔业船，应至少配有 2 根旗绳，各能同时悬挂国际信号旗 4 面。

3. 号旗应存放于驾驶室或其附近舱室内的专用旗柜内。

图 4-4 所示为国际信号旗图例和船舶信号旗实图。

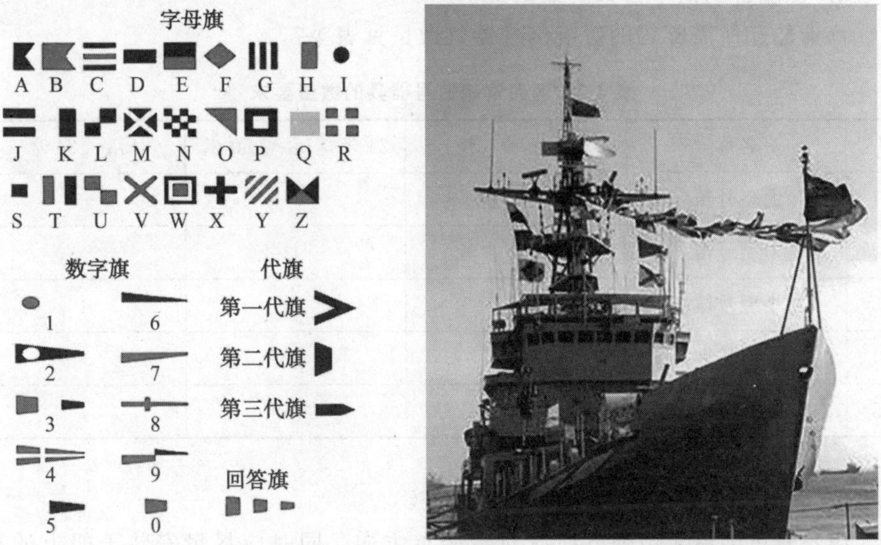

图 4-4　国际信号旗图例和船舶信号旗实图

六、渔船音响信号器具

音响信号器具是指能发出具有一定规律的音响信号并通过该信号传递一定信息的器具。渔船音响信号器具主要包括号钟、号笛、雾角等。

（一）渔船音响信号器具的配备要求

1．渔船音响信号器具的技术要求

渔业船舶的音响信号器具需符合表4-6所列技术要求。

表4-6 渔船音响信号器具的技术要求

序号	名称	基本频率范围/赫兹或直径/毫米	声压级/分贝	可听距离/海里
1	大型号笛	130～350	138	1.5
2	中型号笛	250～700	130	1.0
3	小型号笛	250～700	120	0.5
4	大型号钟	直径≥300	110	—
5	小型号钟	直径≥200	110	—

2．渔船音响信号器具的数量要求

渔业船舶所需配置的音响信号器具数量见表4-7。

表4-7 渔船音响信号器具的数量要求

序号	名称	L_{OA}＞75米	24米≤L_{OA}≤50米	L_{OA}＜24米
1	大型号笛	1	—	—
2	中型号笛	—	1	—
3	小型号笛	—	—	1
4	大型号钟	1	1	—
5	小型号钟	—	—	1

（二）渔船音响信号器具的安装与存放

(1) 号笛的最大声强方向应对着船首方向，同时应尽量安装于船上的高处，使发出的声音少受遮蔽物的阻挡。

(2) 在船舶驾驶室收听到本船号笛的声压级应不超过110分贝（A），并应尽量不超过100分贝（A）。

（3）当船长不小于 50 米时，号笛的拉手或按钮应配置双套。

（4）除电气号笛外，安装在驾驶室附近的动力号笛，不论其拉手与按钮的数量如何，驾驶室内必须设有 1 个直通号笛本体的用机械传动的拉手装置。

第二节　船舶航行设备

在日常生活中，我们经常会说这样一句话：“大海航行靠舵手。”是的，在变幻莫测的大海上航行，确实需要一个出色的舵手来引领船舶过激流、越险滩、避风险、保平安。但是，舵手也需要帮手，不能仅靠自身的力量抵御大自然的考验。航行设备就是舵手须臾不能离开的亲密伙伴。从发挥的作用上分类，航行设备就是船舶和舵手的“眼睛”，负责帮助船舶和舵手分辨方位，确定航向，找到通往渔场和平安回家的最佳航线。

一、船舶航行设备的功能要求

船舶上配备使用的各类航行设备应当符合以下一般规定：

（1）所有航行设备的控制器应便于进行正常的调整，并在设备的正常操作位置易于识别，凡不需要经常操作的控制器不应放在易于接近的位置上。

（2）应具有足够的照明（设备上自带或船上照明），以便随时都能识别控制器和易于看到显示器的读数，并应具有亮度调节装置。

（3）航行设备可仅由主电源供电。若使用 1 个以上的电源，则应该有迅速从一个电源转接到另一个电源的转换装置。

（4）设备的外壳应设有可靠的接地装置，但不应由此引起电源任一端接地。

（5）应采取各种合理的实际可行措施消除和抑制设备与船上其他设备之间的电磁干扰。

（6）应限制航行设备各部件产生的机械噪声，使其不妨碍与船舶安全有关的听觉。安装在驾驶室、海图室及其他噪声敏感区内的航行设备及其部件所产生的噪声级应不超过 65 dB（A）。

（7）在标准磁罗经或操舵磁罗经附近的设备及其部件，应按规定安装，并应清楚地标示这些设备离开磁罗经的最小安全距离。

（8）航行设备的外壳防护型式，应与其安装使用的场所相适应。

（9）连接航行设备的电缆网络的敷设，应符合船舶电气的有关要求。

（10）航行设备应具有标明制造厂、型号和编号、出厂年月等的铭牌，以及经船用产品检验合格的标志。

二、船舶航行设备的数量要求

船舶航行设备的数量要求如表 4-8 所示。

表 4-8　船舶航行设备配备定额表

设备名称	航区			备　注（L 为船长）
	远海	近海	沿海	
1. 航海罗经				
（1）磁罗经：标准磁罗经	1	1		$L\geqslant45$ 米要求配备
操舵磁罗经	1	1	1	所有船舶均需配备。配备有反射磁罗经的船可免除。$L<24$ 米可装设 B 级罗经
备用标准罗经	1	1		$L\geqslant45$ 米要求配备，但已设有 1 台操舵罗经或陀螺罗经的船可免除
（2）陀螺罗经	1	1		$L\geqslant45$ 米要求配备
陀螺罗经附属的方位分罗经	2	2		若方位分罗经设置于驾驶室外的两翼甲板上，而该甲板顶上是遮阳的，则应另在驾驶室顶上的露天甲板处增设 1 个分罗经
陀螺罗经附属的航向分罗经	按需要数量配置			至少应在主操舵位置（若此位置能清晰地从主罗经读数则除外）和应急操舵位置上设置
（3）舵角指示器	1	1	1	$L\geqslant45$ 米要求配备
（4）推进器转速指示器	1	1	1	$L\geqslant45$ 米要求配备
2. 无线电导航设备				
（1）雷达	1	1		$L\geqslant35$ 米要求配备，并能在 9 吉赫频带上工作
（2）电子定位设备	1	1		$L\geqslant24$ 米要求配备，要求配备北斗船位监控设备
3. 测深设备				
（1）回声测深仪	1	1	1	①$L\geqslant45$ 米要求配备 ②可用带有回声测深功能的鱼群探测仪代替
（2）测深手锤	1	1	1	

续表

设备名称	航区			备　注 （L为船长）
	远海	近海	沿海	
4. 避碰仪器				
雷达反射器	1	1	1	非钢质船舶要求配备
自动识别系统船载终端（AIS）	1	1	1	$L \geqslant 24$ 米要求配备

注：①如装有可调螺距螺旋桨或横向推进螺旋桨，应配有显示该螺旋桨的螺距和工作模式的指示器，所有这些指示器应能从指挥位置读出。

②各航区所有船舶均应配有1只在水平面360°范围测得方位的器具。

三、船舶主要航行设备介绍

目前我国船舶配备使用的航行设备主要可以分为方位指示类、定位导航类、预防碰撞类和测深类等四类设备：

（一）方位指示类设备

1. 磁罗经

磁罗经又称“磁罗盘”，是一种利用磁针受地磁作用稳定指北的特性制成的指示地理方向的仪器，在中国古代的司南、指南针基础上逐步发展而成，主要用于确定船舶航向和观测物标的方位。

（1）磁罗经的结构和功能

磁罗经罗盘可看作一根磁针，因地磁北极具有负磁量，地磁南极具有正磁量，在异极相吸的作用下，磁针的北极指向地磁北极，磁针的南极指向地磁南极。磁罗经具有结构简单、性能可靠和不依赖于外界条件工作的优点，故国际海事组织要求所有的船舶应安装磁罗经且正确校正自差和备有自差表或自差曲线。

船用磁罗经主要由罗（经）盆、罗经柜和自差校正器组成。

①罗盆

a. 罗盆本体。罗盆本体用非铁磁质金属材料制成，密封储存液体。顶部有一玻璃盖，其边缘用金属环压紧橡皮圈密封。罗盆侧壁有注液孔，供注入液体或排除气泡用。在罗盆前后（左右）内壁各装有一个垂直金属线，直立于罗经刻度盘边缘处，称为“基线”。位于船首方向的称为“首基线”，供读取航向用。盆底装有配重，用以降低罗盆的重心。罗盆安装于万向平衡环（常平架）上，借助于罗盆的摆性，当船舶摇摆时，罗盆仍能保持水平。

b. 罗盘。罗盘是罗经指示方向的灵敏部件，由刻度盘、浮室、磁钢和轴帽等组成，刻度盘用云母等非磁性材料制成，呈圆盘形，刻有 0°～360°刻度。罗盘中间有一呈半球形的水密空气室，称为“浮子”或“浮室”，用以增加罗盘在液体中的浮力，减小罗盘轴帽与轴针之间的摩擦力，提高罗盘的灵敏度。浮室的下部装有 2～3 对磁针或环形磁钢，磁针 NS 轴线平行于刻度盘 0°～180°轴线排列并与刻度盘中心对称。浮子的中心处是轴帽，整个罗盘通过轴帽承载在轴针上。轴针尖端镶有铱金，以减小轴针与轴帽的摩擦力，轴针下端固定在罗盆内的轴针横梁上。

c. 液体。罗盆内的液体一般为酒精和蒸馏水的混合液（酒精 45%，蒸馏水 55%），酒精的作用是降低冰点，其冰点为 26 ℃且温度在－20～50 ℃黏滞系数基本不变。液体也有使用高级煤油或瓦素的。

d. 调节液体热胀冷缩的措施。为避免由于热胀冷缩损坏罗盆盖玻璃，有的磁罗经将罗盆分成上下两室，上室安放罗盘并充满液体，下室也装有液体并留有一定的空间，用毛细管连通上下两室；有的罗经在其罗盆底部装有铜皮压成的波浪形的缩片，以调节盆内液体随温度变化的体积变化。

②罗经柜：罗经柜由木料、黄铜或合金等非磁材料制成，用来放置罗盆和自差校正器。

③自差校正器

a. 垂直磁铁：垂直放置在罗经柜内正中间，可上下移动，用以校正倾斜自差。

b. 纵横磁铁：水平放置在罗经柜内正中间，可上下移动、转动，用以校正硬半圆自差。

c. 垂直软铁条或佛氏铁：竖直放置于罗经柜外正前方直立盒内，用于校正软（次）半圆自差。

d. 软铁球或软铁片：放置于罗经柜外左右正横支架上，其中心与罗盘处于同一平面，可左右移动调节，以校正象限自差。

（2）磁罗经的分类

磁罗经有多种类型，根据构造的不同可分为台式、桌式、移动式和反映式四种，根据组成结构的不同可划分为干罗经和液体罗经两种，按照用途则可分为标准罗经、操舵罗经、应急罗经、艇用罗经等。现代船舶多在驾驶台顶的露天甲板上装配一部能将罗经卡读数投射到驾驶室内的标准罗经，可兼作操舵罗经，这种罗经有反射式和投影式两种，它们的基本结构同普通罗经相似，仅多一套光学投射系统。

①标准罗经。标准罗经是作为航向和方位测定用的基准罗经，通常安装在驾驶室露天顶甲板首尾线上，因其位置高，受船磁影响小，指向性较准确，同

时该处四周障碍物较少，故便于观测方位。

②操舵罗经。操舵罗经是安装在驾驶室内、专供操舵时观看航向用的磁罗经，由于此处受船磁影响较大，因此需要经常与标准罗经校对。内河船舶一般只安装操舵罗经。

③应急罗经。应急罗经安装在应急舵旁，供使用应急舵航行时指示航向用。

④艇用罗经。艇用罗经是救生艇使用的一种小型液体罗经，刻度盘上涂有变光材料。

（3）磁罗经的检查方法

①外观检查磁罗经，不应有变形或其他缺陷，液体磁罗经罗盘内液体不应有直径大于10毫米的气泡，否则应换液。

②检查磁罗经的安装位置，查明所有电气设备和磁性材料到操舵磁罗经和标准磁罗经的最小安全距离都满足要求，安装处所应做到视野开阔，安装时应该垫有25～50毫米厚的木垫，要求首尾方向的中心线与船体中线的角度偏差应在±0.5°以内。

③检查磁罗经的自差表或自差曲线，标准磁罗经剩余自差应不超过±3°，操舵磁罗经应不超过±0.5°。

④船上装有陀螺罗经时，应比较磁罗经与陀螺罗经的读数，以验证磁罗经的工作状态是否正常。

⑤检查罗经照明及为保证其正常工作的附件是否满足要求。

⑥每年对磁罗经进行一次自差校核，查验自差表或自差曲线。

⑦当标准磁罗经是投射型或反射型时，应能在操舵位置看清其读数。

2. 陀螺罗经

长期以来，磁罗经作为测定船舶方位用的指向仪器，在各类船舶上得到了广泛应用，然而随着航海事业和造船技术的发展，钢船代替了木船，特别是大中型船舶和潜水艇出现后，磁罗经的可靠性和精确度已远不能满足船舶航行的实际要求，这就促使人们寻求新的指向仪器，不久陀螺罗经问世了。

（1）陀螺罗经的结构和功能

陀螺罗经又称“电罗经”，是利用陀螺仪的两个基本特性即定轴性和进动性，结合地球自转矢量和重力矢量，借助控制设备和阻尼设备而制成的提供真北基准并精确跟踪地理子午面的指向仪器，它不依赖地磁场进行定向，不受磁干扰的影响，所以能在钢质船舶上高度精确地工作，用来指示船舶的航向和测定物标的方位，这是它相比较于磁罗经的优越之处。陀螺罗经是根据法国学者L. 傅科1852年提出的利用陀螺仪作为指向仪器的原理而制造的，德国人安许茨于 1908 年、美国人 E. A. 斯佩里于 1911 年、英国人 S. G. 布朗于 1916 年分别制成了以他们的姓氏命名的三种不同的陀螺罗经，布朗罗经以后又发展为阿马—布朗罗经，现在这三种罗经都各自形成了产品系列，广泛应用于船舶之上。

陀螺罗经按照对陀螺施加作用力矩的方式可分为机械摆式和电磁控制式两类。任何一种系列的陀螺罗经，均由主罗经及其附属设备组成。主罗经是陀螺罗经的主体，由灵敏部分、随动部分和固定部分组成，罗经刻度盘按 1°或其分数分成相等的刻度，从 0°开始，沿顺时针方向至 360°，至少每 10°应有数字表示，具有指示船舶航向的功能；附属设备则是确保主罗经正常工作并提供相应功能的必需设备，包括电源变换器、控制箱或操纵箱、分罗经、航向记录器和自动报警装置等。此外，陀螺罗经通常还具有校正速度和纬度误差的装置。为了减少陀螺罗经的部件数，电源变换器可与控制箱组装，也可与主罗经组装成一体。

图 4-5 所示为台式磁罗经和陀螺罗经。

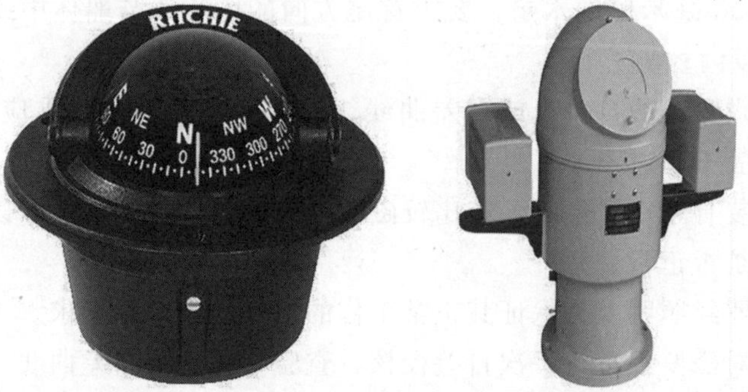

图 4-5　台式磁罗经和陀螺罗经实物图

（2）陀螺罗经的检查方式

主罗经和分罗经在船上安装时，其首尾基准线应置于或平行于船舶纵中剖面，其误差应不超过±0.5°。主罗经应避免安装在由于船舶横纵摇和首摆而使罗经出现过量误差的位置，并应尽量安装在驾驶台或海图室内。日常检查时，应重点检查以下内容：

①检查设备的完整性及安装质量。测量绝缘电阻，电源部分热态电阻最低值应为 1.0 北欧，整个系统（电源切断）热态电阻最低值应为 0.5 北欧；主罗经首尾基线与船舶纵中剖面的平行度误差不应超过±0.5°，两舷分罗经应尽可能安装在可以得到 180°以上的最大视野的位置。

②应备有两套电源，且能够自动转换，当主电源失电时，应能够发出声光报警。

③检查罗经启动后，是否能够在 6 小时内保持稳定，即在不改变航向的情况下，罗经指向没有外界影响应是一条直线。

④检查主罗经和分罗经之间的跟踪和匹配精度，偏差应不超过±0.5°。

⑤检查罗经输出信号的工作情况，以保证其他设备工作正常。

⑥确认照明良好，光通量应连续可调。

⑦对陀螺球为液体悬浮子式的罗经（如安许茨系列罗经），应通过观察窗查看其液面高度是否在规定范围内，一般应每年换液一次。

⑧在应急操舵位置指示艏向用的陀螺罗经复示器或磁罗经应为固定安装型式，并应有艏向标示。

（二）定位导航类设备

1. 雷达

雷达是英文 Radar 的音译，源于“radio detection and ranging”的缩写，意思为“无线电探测和测距”，即用无线电的方法发现目标并测定它们的空间位置。因此，雷达也被称为“无线电定位”。

(1) 雷达的结构和功能

雷达是利用电磁波探测目标的电子设备，所起的作用和人的眼睛、耳朵相似，其原理是雷达设备的发射机通过天线把电磁波能量射向空间某一方向，处在此方向上的物体反射碰到的电磁波，雷达天线接收此反射波后送至接收设备进行处理，提取有关该物体的某些信息，如目标物体至雷达的距离、距离变化率或径向速度、方位、高度等，以实现对扫描目标进行探测和测定其位置的目的。

图 4-6 所示为船载导航雷达及雷达主界面。

图 4-6 船载导航雷达及雷达主界面

雷达的种类繁多，分类的方法也非常复杂。按照雷达的信号形式分类，有脉冲雷达、连续波雷达、脉部压缩雷达和频率捷变雷达等；按照跟踪方式分类，有单脉冲雷达、圆锥扫描雷达和隐蔽圆锥扫描雷达等；按照目标测量的参数分类，有测高雷达、二坐标雷达、三坐标雷达和敌我识对雷达、多站雷达等；按照雷达采用的技术和信号处理的方式分类，则有相参积累和非相参积累、动目标检测、脉冲多普勒雷达、合成孔径雷达、边扫描边跟踪雷达等；按照天线扫描方式分类，分为机械扫描雷达、相控阵雷达等；按雷达频段分类，则可分为超视距雷达、微波雷达、毫米波雷达以及激光雷达等。各种雷达的具体用途和结构不尽相同，但基本形式是一致的，主要包括发射机、发射天线、接收机、接收天线、处理部分以及显示器，还有电源设备、数据录取设备、抗干扰设备等辅助设备。

雷达的优点是白天黑夜均能探测远距离的目标，且不受雾、云和雨的阻挡，具有全天候、全天时的特点，并有一定的穿透能力。通常情况下，船载雷达设备应能显示相对于本船的其他水上船只、碍航物、浮标、海岸线及航标的位置，借以助航和避碰。当雷达天线安装在海平面以上 15 米时，在没有杂乱回波的情况下，雷达设备应能对表 4-9 所列各种物标在规定的距离内显示清晰的图像。

表 4-9　雷达探测距离参照

序号	物标性质	能见距离/海里
1	海拔为 60 米的海岸	20
2	海拔为 6 米的海岸	7
3	500 总吨的船舶	7
4	10 米长的小船	3
5	有 10 平方米有效反射面积的助航浮标等物标	2

(2) 雷达的检查方法与流程

按照雷达产品说明书的规定进行效用试验，重点检查下面几个方面：

①检查外观，确认结构应完整。接通电源后经 3～4 分钟延时，应能正常工作。

②检查各操作旋钮、转换开关及各种指示装置功能是否正常，各量程挡中的物标回波是否清晰。

③测量已知距离、方位的目标，检查其距离、方位指示的正确性，方位标尺指示的读数与电子判断方法显示值应一致，同一物标在不同量程中指示的距离、方位应一致。

④检查雷达天线转动是否平稳，有无阻滞现象和异常噪声。

⑤检查雷达的人工标绘装置，应有印有方位圈、距标圈的作图纸和置于雷达显示器附近便于作图的作图桌。

⑥雷达应能保证 24 小时连续工作。

⑦备用电源应该在主电源失电后自动切换。

2. 船舶北斗定位通信终端及小型北斗终端

（1）北斗卫星导航系统的组成及功能

中国自主研发的北斗卫星导航系统与美国的 GPS（全球定位系统）、俄罗斯的格洛纳斯、欧洲的伽利略并称为全球四大定位导航系统，具有双向通信、实时导航、精密授时等特点。北斗导航系统主要由空间段、北斗地面段和用户终端等三部分组成：空间段主要包括 5 颗静止轨道卫星和 30 颗非静止轨道卫星；地面段包括主控站、测轨站和计算中心等，主要用来控制和校正卫星运行参数，并完成对用户定位信息的解算；用户终端是收发器，由北斗用户终端或者 GPS 等其他卫星导航系统兼容的终端组成，能够接收和发送卫星所传输而来的信号。

北斗卫星定位导航系统的基本工作流程如下：

①地面控制站将信号发送到空间卫星。

②空间工作卫星接收到信号后，运用转发器将信号传输给用户。

③服务区用户对工作卫星所发出的信号进行回应。

④地面控制中心接收到用户信号后进行解析。

⑤空间卫星接收用户坐标资料，运用卫星转发器将数据传输给用户，从而获取定位。

图 4-7 所示为船载北斗卫星定位通信终端显示器及天线。

图 4-7　船载北斗卫星定位通信终端显示器及天线

（2）船舶北斗定位通信终端的组成与功能

船舶北斗定位通信终端是北斗卫星导航系统在海洋渔业特别是海洋渔船安全生产领域的重要应用，也是北斗卫星导航系统在民用领域内的最大应用项目。船舶北斗定位通信终端是基于北斗定位和短报文通信与兼容 GPS 的

RNSS（卫星无线电导航业务）进行一体化设计的船载北斗用户终端，主要由大屏幕彩色显控单元、北斗定位通信单元以及手写板等配件部分组成，可为船舶上的生产作业者提供卫星定位及导航、船舶自动防碰撞报警、紧急遇险一键式报警等功能，并支持北斗短报文通信，提供船舶之间、船岸之间的短信息互通服务。近年来，为适应船舶安全生产和监控管理的需要，船载北斗定位通信终端的功能不断拓展、丰富，不仅可以提供船舶精确定位、轨迹和相关状态查询，而且可配置油量传感器，检测油箱油量，并上报可续航里程等。其功能可概括如下：

①定位功能：实时显示本船的当前位置、速度、航向和渔区号；实时显示目的地（或游标）所在位置、渔区号、目的地到当前船位距离；实时显示当前时间、公历日期及农历日期；实时跟踪并显示卫星状态和卫星信号强度。

②导航功能：a. 航点导航，在调用一个航点导航时，在航点附近将绘制一个到达报警圈，当航行进入报警圈且报警开关开启时，系统自动语音提示报警，同时在海图上以文字提示报警。b. 计划航线导航，当船到达计划航线的第一个航点的报警圈时，如果报警开关开启，则系统会语音提示到达航点，且自动转入计划航线上的下一个航点开始导航。

③北斗通信功能：具有北斗短信息通信功能，可与北斗终端和手机互通短信息；可存储接收和发送的短信息，可编辑常用短语和常用联系人。

④北斗报警功能：a. 紧急报警，显控单元具有紧急报警快捷键，显控界面上弹出紧急报警对话框，先按“左”“右”键选择报警类型，然后按“上”“下”键将光标移至“确定”键，按“确定”键后，北斗终端向指挥中心发送紧急报警；b. 区域报警，当船舶进入禁入区域时，触发区域报警。显控界面提示区域报警，弹出区域报警对话框并闪烁，同时，显控发出“区域报警”语音提示，北斗终端向运营中心发送区域报警。按“确定”键，停止声光报警。若 10 分钟后船舶依旧违反区域规定，则继续报警。

⑤电子海图显示功能：显示全中国海域电子地图，并可实现多级缩放及任意移动和旋转海图；在海图上记录船只的航行轨迹；灵活调节亮度，使其适应航行中频繁交替出现的晴天、阴天、傍晚和夜晚场景。

⑥轨迹查询功能：可在地图上定位到特定时间的船舶位置点；能够对船舶名称、开始时间、结束时间、在线行驶时间、在线休息时间、行驶里程等信息进行统计。

⑦扩展功能终端：加装 AIS 模块和相应天线后，可扩展 AIS 功能，包括 AIS 自动识别功能、AIS 短信功能和防碰撞功能。

⑧具有拆卸报警功能和断电报警功能：当船载终端被非法拆卸时能及时上

报拆卸报警到监控中心。设备外部供电电源被关闭时监控中心会收到断电报警提示。

（3）船舶北斗定位通信终端常见故障及排除（见表 4-10）

表 4-10　船舶北斗定位通信终端常见故障及排除

	现象	处理
1	无法启动，设备不工作	检查设备供电，检查线缆连接是否正确
2	无法显示经纬度信息或显示不正确	查看显控单元的捕捉卫星屏，RNSS/北斗有关信号强度是否正常。若不正常，则检查天线部分有没有被遮挡，检查天线线缆是否断开，检查显控单元的连接头是否可靠；若正常，则等待 3 分钟，查看是否正常
3	无法发出信息	查看电源是否连接正常，显控单元连接线是否正常，和定位通信单元的连接是否正常
4	收不到短信信息	查看天线有没有被遮挡，电源供电是否正常
5	显控单元不能进行操作或操作不正常	关掉设备，重新加电，重新开机

3. 全球定位系统接收设备

全球定位系统（Global Positioning System，GPS），是由美国建立的一个中距离圆形轨道卫星导航系统。它可以为地球表面绝大部分地区（98%）提供准确的定位、测速和高精度的时间标准。GPS 由美国国防部研制和维护，可满足位于全球任何地方或近地空间的用户连续精确地确定三维位置、三维运动和时间的需要，该系统包括导航卫星（太空中的 24 颗 GPS 卫星）、地面站（地面上 1 个主控站、3 个数据注入站和 5 个监测站）及用户接收设备（用户端的 GPS 接收机）三部分，最少只需 3 颗卫星就能迅速确定用户端在地球上所处的位置及海拔高度；所能连接到的卫星数越多，解码出来的位置就越精确。

图 4-8 所示为船载 GPS 导航仪。

图 4-8　船载 GPS 导航仪

GPS有多种优点：使用低频信号，纵使气候不佳仍能保持相当的信号穿透性；全球覆盖（高达98%）；三维定速、定时、高精度；快速、省时、高效率；应用广泛、多功能；可移动定位；不同于双星定位系统，使用过程中接收机不需要发出任何信号，增加了隐蔽性，提高了其军事应用效能。GPS卫星接收机的种类很多，根据型号分为测地型、全站型、定时型、手持型、集成型；根据用途分为车载式、船载式、机载式、星载式、弹载式；按照接收机的用途，则可分为导航型接收机、测地型接收机和授时型接收机，船舶上使用的多为导航型接收机。

（1）船舶GPS接收机的功能与技术要求

船舶GPS接收机可以实时给出船舶的位置和速度，一般采用C/A码进行伪距测量，单点实时定位精度一般为±10米，价格相对低廉。GPS接收设备应符合下列要求：

①能接收和处理经选择可用性（SA）变换的标准定位服务（SPS）信号，并应给出以全球大地系统（WGS）84表示的，以度分、千分之分为计量单位的经度、纬度位置以及当时的国际通用时间。

②应至少有1个能供其他设备使用的位置信息输出。

③应具有当水平精度系数（HDOP）≤4或位置精度系数（PDOP）≤6时，以天线位置为基准的静态精度小于100米（95%概率）。

④在船舶运动和一般海况下，应具有当HDOP≤4或PDOP≤6时，以船舶位置为基准的动态精度小于100米（95%概率）。

⑤应能自动选择适当的卫星发射信号，以使所确定的船位达到要求的精度和修改的速率。

⑥无有效的天文数据时，在30分钟内应能获得要求精度的位置；有有效的天文数据时，在5分钟内应能获得要求精度的位置。

⑦当GPS信号中断24小时以上但未失去供电时，应能在5分钟内重新获得要求精度的位置；在供电中断60秒后，应能在2分钟内重新获得要求精度的位置。

⑧每2秒内应至少能产生和输出一个新的位置，最小的位置（即经度、纬度）分辨度应为0.001分。

⑨应具有处理符合差分全球定位系统（DGPS）数据的附件，如装配了差分接收机，则静态和动态精度应为10米（95%概率）。

（2）GPS接收机的检查方法与流程

①检查外观，确认设备良好，保持完整性。

②检查设备及其天线的安装情况，应符合要求。

③按产品说明书的规定做效用试验，检查精度是否满足要求。

④检查试验故障报警功能。

（三）预防碰撞类设备

1. AIS避碰终端和便携式AIS设备

（1）AIS的组成及功能

AIS是船舶自动识别系统（Automatic Identification System）的简称，由岸基基站设施和船载设备共同组成，是一种新型的集网络技术、现代通信技术、计算机技术、电子信息显示技术为一体的数字助航系统和设备。船舶AIS是由舰船飞机上配备的敌我识别器发展而成的，商船上一般配备CLASS A设备，渔船上通常配备简化的CLASS B设备，AIS配合GPS将船位、船速、改变航向率及航向等船舶动态信息和船名、呼号、吃水及危险货物等船舶静态资料由甚高频（VHF）频道向附近水域的船舶及岸台广播，使邻近船舶及岸台能及时掌握附近海面所有船舶之动静态信息，得以相互识别并通话协调，可提前采取预防碰撞的相关措施，对船舶安全航行和海上搜救都有很大帮助。

近年来，船舶上使用的AIS终端设备不断优化，逐渐升级为新的智能型AIS，其主要功能有：

①不间断连续供电功能：AIS天线设备内置可充电锂电池供电及充电，电池供电时进入省电模式，在断掉外接电源的情况下，可保证AIS终端正常工作和记录本船与周边船舶3个月以上的动态信息。

②船舶防碰撞智能报警功能：根据船舶的作业及航行情况，设备可在锚泊、在港、在航三种模式之间自动转换，其防碰撞功能拓展为区域报警和会遇报警两类，可根据本船与其他船舶的相对位置及航速智能判断相互碰撞的可能性，一旦报警，机器会发出声光提示，并在屏幕上高亮闪动显示他船位置及信息。

③船舶会遇自动语音通话功能：设备显控单元内置VHF语音通信单元并配有天线和话筒，当发生会遇报警时，机器自动打开海事应急16频道，通过话筒可以与他船进行双向语音通话，考虑到无法与外轮语言交流，机器还可手动启动中英文避让信息广播。

④船舶航行数据存储和自动上传功能：设备内置SD卡，自动存储本船航迹不少于3年，自动存储本船周围AIS动态数据不少于3个月。船舶进港时可把存储的航行数据自动上传至管理平台。

图4-9所示为船舶用智能AIS船载终端设备的构成与功能。

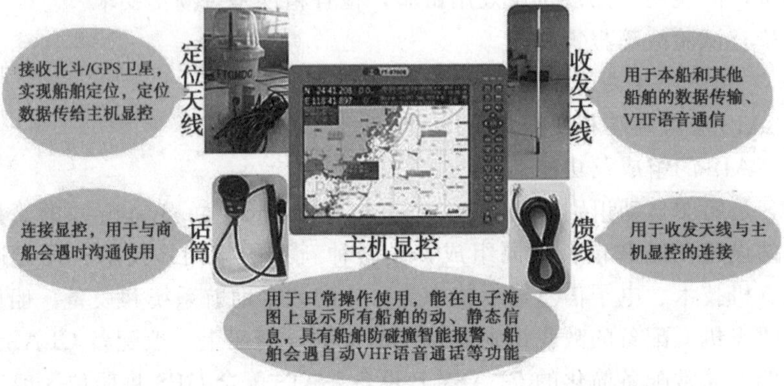

图 4-9　船舶用智能 AIS 船载终端设备的构成与功能

此外，为适应小型船舶无驾驶楼和船舶供电的实际，近年来市场上又出现了可反复充电使用的便携式 AIS 设备，其功能与 AIS 设备基本相同，只是没有显控主机。每次使用前设备需充电 3～5 小时，可持续使用 4～5 天。

（2）AIS 设备的常见故障及排除方法（见表 4-11）

表 4-11　船载 AIS 设备的常见故障及排除方法

故障现象	可能原因	排除方法
不能开机	电源电压不正常（超压、低压），电源线正负极接反	检查稳压电源及连接线是否正确
	JACK 板故障	更换 JACK 板
	2410 主板故障	更换 2410 主板
卡在开机画面	2410 主板故障	更换 2410 主板
不能接收和发射	VHF 天线问题	检查 VHF 天线与接头是否锁紧
	RF（射频）收发板故障	更换 RF 收发板
	没有设置 9 位识别码（MMSI）	重新设置 9 位识别码
不定位	查看星历信号强度、检查定位天线位置	更换定位天线，更换定位天线位置
	JACK 板故障	更换 JACK 板
数据不能输入、输出	数据输入、输出未设置	通过“功能设置”设置数据输入、输出
	接线接口是否错误	检查数据线极性、脚位

续表

故障现象	可能原因	排除方法
机器频繁发出提示音	提示距离设置太短	入港时，请关闭提示音，重新设置提示距离及选择区域报警模式
有船靠近没有提示音	提示音处于关闭状态或距离设置太长	开启提示音，重新设置提示距离

2. 雷达反射器

雷达反射器，又名“角反射器”，是指附装于浮标或立标上用以增强雷达波反射的无源装置。一般根据其用途和作用方向加以几何设计，使之具有一定的反射面积和具有将入射雷达波向原方向反射的特性，当雷达电磁波扫描到雷达反射器后，电磁波会在金属角上产生折射放大，产生很强的回波信号，在雷达的屏幕上出现很强的回波目标。

按照材料分类，雷达反射器可分为金属型和涂层型；根据形状则可分为四角形、八角形、六角形、多角形；依据放置方法，则可分为固定型和吊挂型。图 4-10 所示为常见的雷达反射器。

图 4-10　雷达反射器

雷达反射器主要用于船舶航行安全和海上遇险救生，木制船及救生艇放置雷达反射器可提高大型船舶的雷达回波显示，避免碰撞，减少意外；海面养殖及作业的小船应放置雷达反射器，避免船舶误入，造成不必要的损失；主要航道和易发事故海域，如沉船暗礁、浅礁应放置雷达反射器，防止在特殊气象条件下船舶航行出现意外。

（四）测深类设备

1. 回声测深仪

（1）回声测深仪的组成与功能

回声测深仪是利用超声波在水中的物理传播特性制成的一种测量水深的水声导航仪器。回声测深仪的工作原理是利用换能器在水中发出声波，当声波遇到障碍物而反射回换能器时，根据声波往返的时间和所测水域中声波传播的速度，就可以求得障碍物与换能器之间的距离。声波在海水中的传播速度，随海水的温度、盐度和水中压强而变化，在海洋环境中，这些物理量越大，声速也越大，常温时海水中的声速约为 1 500 米/秒，淡水中的声速约为 1 450 米/秒。所以在使用回声测深仪之前，应对仪器进行率定，计算值要加以校正。

回声测深仪通常由发射系统、发射换能器、接收换能器、接收系统、显示器和电源等部分组成，渔船上也可用探鱼仪来测量水深。回声测深仪可以在船只航行时快速而准确地测得水深的连续数据；在船只进入陌生海域或浅水航行时，可用于导航，以确保船舶航行安全；在航道及港口测量方面，它还可以提供准确、可靠的水深资料，在特殊情况下，可通过测量水深来辨别船位。因此，回声测深仪已被广泛地应用于航道勘测、水底地形调查、海道测量、船只导航定位等方面。

图 4-11 所示为回声测深仪和测深手锤。

图 4-11　回声测深仪和测深手锤

（2）回声测深仪检查的内容与流程

回声测深仪的显示器应安装在驾驶台或海图室内，换能器应安装在船底振动最小、在航行时不形成涡流和空气泡之处，并应尽量远离船体内产生声干扰的机械设备和产生电干扰的电气设备，换能器的工作面不允许涂漆。测深仪的显示方式主要是图表显示，其应能直接提供深度数据和可见的测深记录，也可附有其他显示方式，但不应影响主要显示方式的正常工作。在深水范围内，深度记录显示应至少延续 15 分钟，当剩余记录纸为全长的 1/10 时，应有清楚的标记或用其他方式给予指明。日常检查时，应按产品说明书的规定进行效用试验，重点检查如下内容：

①在不同航速、不同载重量的情况下进行测量试验，以检验换能器安装的位置是否受水流、气泡的影响而不能正常工作。

②检查探测方位、深度的准确性及回波映像的清晰度。

③检查水平探鱼仪换能器的升降、回转、俯仰机构的动作灵活度。

④设备接通电源后，检查零位信号和零位线以及定位标志。

⑤检查设备的防干扰措施。

⑥工作时间连续考核一般约 4 小时。

2. 测深手锤

整套的测深手锤应包括质量为 3～6 千克的铅质或生铁的测锤，锤底应有凹孔，以供采集底质泥沙之用，并应配有长度超过 50 米的纤维锤绳，绳上应设有长度的标志。

第三节　船舶通信设备

如果说信号设备是船舶的“脸庞”，航行设备是船舶的“眼睛”，那么，通信设备就是船舶的“嘴巴”和“耳朵”。正是依靠着通信设备这个助手，船舶才能够和外界对话交流、沟通信息，特别是在遇到危险、发生险情的时候，更需要借助各种通信设备向其他船舶和陆地的值守中心及时发出求救信号，并和前来施救的船舶、飞机、人员建立联系，从而提高应急救援的效率和成功率。

一、渔船无线电通信设备配备的海区规定

对于一艘辛勤工作在水上粮仓的渔船而言，其行动场所会涉及三个区域，分别是渔区、航区和海区。

1. 渔区

渔区是指渔业行政主管机关核准的某艘渔船可以生产作业的水域范围。根据渔业捕捞管理的有关法律法规规定，新建造或购置渔船必须先经渔业行政主管部门批准，取得“渔业船网工具指标批准书”，在该批准书中会规定渔船的作业类型及作业场所，如海洋捕捞渔船的作业场所划分为 A 类、B 类、C 类和 D 类四类渔区。

2. 航区

航区是船舶航行水域的统称。对于渔业船舶，要根据其批准作业的渔区和

船舶自身条件，核准确定其到达渔区作业的航行区域。海船航区按海船稳性规范划分为遮蔽、沿海（Ⅲ类航区）、近海（Ⅱ类航区）和无限航区（Ⅰ类航区）；根据水文和气象条件，内河船舶航行区域划分为A、B、C三级，其中某些水域，依据水流湍急情况，又划分出急流航段，即J级航段。

3．海区

海区则是根据船舶航行区域无线电波所能覆盖的范围来确定的水域范围。根据陆地通信岸台使用的各种频段无线电波覆盖的海域范围，海区可划分为A1、A2、A3、A4四类。

（1）A1海区

A1海区属于沿海海区，指按当事国规定，至少由一台具有连续数字选择性呼叫（DSC）报警能力的VHF岸台的无线电话所覆盖的区域。A1海区的范围一般从海岸台延伸至近岸30～50海里。

（2）A2海区

A2海区是指除A1海区外，按当事国规定，至少由一台具有连续DSC报警能力的中频（MF）岸台的无线电话所覆盖的区域。A2海区的范围一般从海岸延伸至近岸50～150海里。

（3）A3海区

A3海区是指除A1和A2海区外，具有连续报警能力的国际海事卫星组织（INMARSAT）对地静止卫星所覆盖的区域。A3海区的范围大概处于北纬70°与南纬70°之间。

（4）A4海区

A4海区是指A1海区、A2海区、A3海区以外的海区，该海区基本上是极地地区，即北纬70°和南纬70°以上地区。

从我国的实际情况看，A1海区的范围是以我国建设的13个VHF DSC岸台为圆心，以25海里为半径的圆所覆盖的海域；A2海区的范围是以我国建设的16个MF DSC岸台为圆心，以100海里为半径的圆所覆盖的海域（基本上对我国近岸100海里范围内的海域形成链状覆盖）。

二、船舶无线电通信设备配备的功能要求

除A1海区及遮蔽航区以外，每艘船舶配备的无线电通信设备应具有以下功能：

（1）除甚高频上使用数字选择性呼叫和船舶地球站外，应至少有两台使用不同无线电通信业务的分开和独立的装置发送船对岸的遇险报警。

（2）接收岸对船的遇险报警。

（3）发送和接收船对船的遇险报警。

（4）发送和接收搜救协调通信。

（5）发送和接收现场通信。

（6）发送和接收寻位信号。

（7）发送和接收海上安全信息。

（8）发送和接收发往和来自岸上无线电系统或网络的一般无线电通信。

（9）发送和接收驾驶室对驾驶室的通信。

三、船舶无线电通信设备配备的数量要求

船舶无线电通信设备配备的数量要求如表 4-12 所示。

表 4-12　船舶无线电通信设备配备的数量要求

序号	设备名称	遮蔽航区	A1 海区	A2、A3 海区
1	甚高频无线电装置		1	1①
2	奈伏泰斯（NAVTEX）接收机			1
3	卫星紧急无线电示位标（406MH-EPIRB）		1	
4	中频无线电装置			根据实际海区任选一种①
5	中频/高频无线电装置			
6	INMARSAT 船舶地球站			
7	救生艇筏双向甚高频无线电话		2③	3②
8	搜救定位装置			2②
9	便携式甚高频无线电话	1		

①永远处于编队作业的辅船可免配。

②船长小于 45 米可减少 1 只。

③不配救生艇筏的渔业船舶可免配。

④航行于 A3 海区的渔业船舶应配备双套设备，该海区的双套设备系指双套 VHF 和双套船舶地球站或双套 MF/HF 无线电装置，或者双套 VHF 和 MF/HF 船地球站各一套。

四、主要船舶无线电通信设备介绍

从目前我国国内船舶无线电通信设备的配备和使用情况看，船舶无线电通信设备基本上可以分为三类：

（一）船舶身份识别与位置监测类设备

1. 射频识别系统

射频识别（Radio Frequency Identification，RFID）是一种利用射频通信技术，通过无线电信号识别特定目标并读写相关数据，而无须识别系统与特定目标之间建立机械或光学接触的通信系统。船舶射频识别系统由船舶射频识别标签、港口射频识读基站、船载射频识读基站、多媒体手持射频执法终端及数据中心平台软件组成，将 RFID 技术、互联网技术与远距离无线传输技术相融合，实现对船舶不登船检查、远距离身份自动识别、船舶进出港自动统计、显示黑名单船舶并报警、查询和修改船舶资料等功能。

船舶射频识别标签是安装在船舶（中大型船舶安装位置多为船舶前桅杆、小型船舶安装位置多为船舷内侧）上的识别目标设备，内置一组由数字组成的识别码，与船舶船名号等基础数据一一对应，根据被识别的机制不同，可分为主动式、半主动式和被动式三类，其通信距离要求不低于 1 000 米，具备外接线圈式或内置按压式电子防拆卸功能，一旦被私自拆卸即可报警显示状态。渔港射频识读基站、船载射频识读基站、多媒体手持射频执法终端都属于远程射频识别设备，其通信距离分别要求不低于 1 000 米、1 500 米和 500 米，通过远程读取射频识别标签内的识别码来识别船舶的身份信息，实现船舶防套牌功能；港口射频识读基站多采用太阳能或风能、光能互补供电，通过定期识读其覆盖范围内的船舶射频识别标签信息判断船舶进出港状态、统计在港船舶数量，并通过 GPRS 方式将信息传送到数据中心平台软件（见图 4-12）。

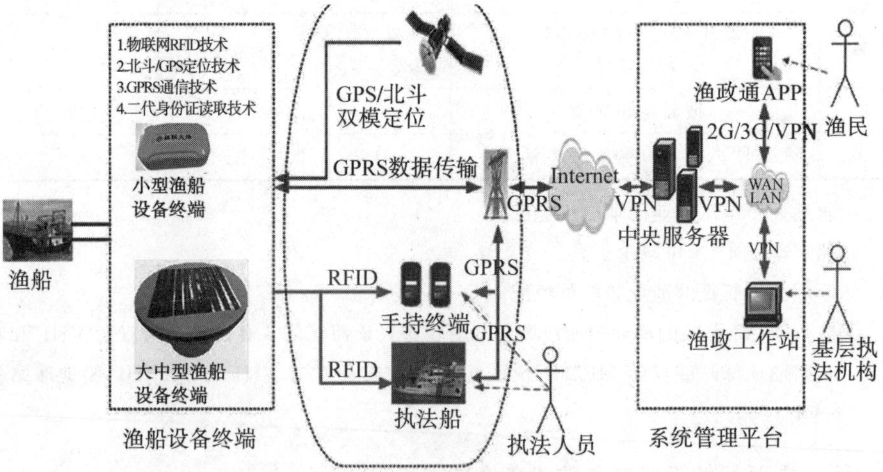

图 4-12　船舶射频识别系统结构示意图

2. 海洋渔业移动通信定位终端

(1) 海洋渔业移动通信定位终端及其功能

为了有效解决我国近海小型作业渔船渔民的安全生产和日常通信问题，从2007年开始，农业部与中国电信集团签署了战略合作协议，共同建设海洋渔业CDMA移动通信系统。CDMA（Code Division Multiple Access）是码分多址的简称，是在数字技术的分支——扩频通信技术上发展起来的一种成熟的无线通信技术。

海洋渔业CDMA移动通讯系统是结合CDMA公众移动通信网、GPS高精度卫星定位和现代GIS地理信息技术，建立的一套集渔船海上定位、抢险救助、通信指挥于一体的近海渔业安全生产综合信息管理系统，具有定位、导航、遇险报警、语音通信等功能，同时提供天气预报、市场行情等信息服务。海洋渔业CDMA移动通信系统由渔业安全信息服务平台、通信网络和船用（手持）终端设备组成，系统平台可实现定位监测、信息发布、报警处理等功能；船用（手持）终端设备可实现语音通信、短信收发、遇险报警等功能，在有条件的地方还可实现手机对讲功能。

从外观上看，海洋渔业移动通信定位终端就是一款普通的CDMA手机，只不过，除了具备CDMA手机能够支持语音通信和收发短消息的功能之外，海洋渔业移动通信定位终端还能够提供实时GPS定位监测、遇险一键报警、应急救援导航、远程对讲等功能，为小型渔船安全生产和海上救援工作提供了技术支撑手段。

图4-13所示为海洋渔业CDMA遇险报警终端。

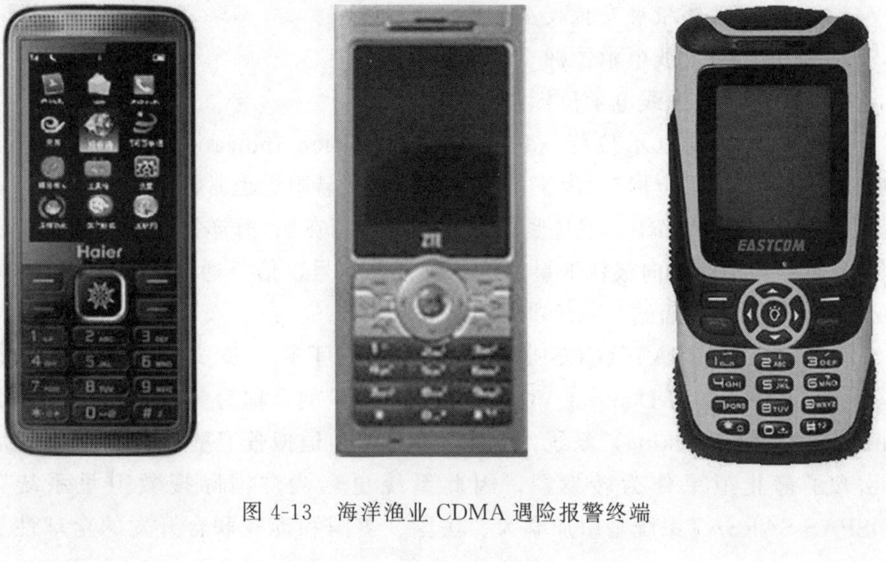

图4-13　海洋渔业CDMA遇险报警终端

(2) 海洋渔业移动通信定位终端的技术要求和工作流程

海洋渔业移动通信定位终端应具备语音通信、短信息收发、GPS One 和 GPS 定位功能，待机时间要求大于 48 小时，防水、防尘级别要求不低于 IP57，并需满足以下功能和工作流程的要求：

①终端应能在船舶行驶过程中实时确定并显示船舶当前的位置。

②终端应能与监控中心进行实时双向数据通信、语音通信和短信通信。

③终端应能在监控中心的控制下进行船位报告和接收调度指挥指令，支持定时、定距、定位置发送船舶位置报告。

④终端应能在紧急情况下以单键触发启动的方式向监控中心发出报警信号，告知船舶位置信息，然后，再以单键拨号形式语音接入救助中心。

⑤终端应能在液晶显示器上显示中心发布的调度信息，并在本地存储中心调度信息。

⑥终端应能在设备外部电源断开时向中心发送告知信息。

⑦终端应能显示与网络的通信状况。

⑧中心向终端发布紧急告警信息时，终端应能发出满足工作环境要求的持续声光告警，同时将信息内容直接显示在屏幕上，直至用户手动确认，并向中心回复应答信息。

⑨中心向终端定位或发布紧急告警信息时，终端应不受当时工作模式的影响，必须第一时间作出响应。

⑩终端发出报警信号后，等候中心确认信息，并支持自动重发，直至收到中心确认信息为止，同时终端应能够手动撤销误操作。

(二) 船舶遇险报警及搜救应答类设备

1. 卫星紧急无线电示位标

(1) 卫星紧急无线电示位标及其功能

卫星紧急无线电示位标（Emergency Position Indicating Radio Beacon，EPIRB），简称“示位标”，因工作频率在 406 兆赫附近也常被称为 406 卫星示位标或 406 兆赫 EPIRB。卫星紧急无线电示位标在船/海洋平台下沉后，能够自动弹出浮到水面，向极轨卫星发射遇险报警信号，信号通过 COSPAS-SARSAT 系统转发到地面站。

COSPAS-SARSAT（COSPAS 是俄文的拉丁化，英文的全称是 Space System for Search of Distress Vessels，SARSAT 的全称为 Search And Rescue Satellite Aided Tracking）系统，原称为“低极轨道搜救卫星系统”，该系统后来引入了静止卫星作为转发器，因此系统更名为“国际搜救卫星系统”。COSPAS-SARSAT系统是由加拿大、法国、美国和苏联联合开发的全球性卫星搜救系统，它是国际海事卫星组织推行的全球海上遇险与安全系统的重要组成部分。该系统由遇险示位标、卫星星座和地面分系统三大部分构成，使用低高度卫星为全球包括极区在内的海上、陆上和空中提供遇险报警及定位服务，以使遇险者得到及时有效的救助。

图 4-14 所示为航海用紧急无线电示位标和北斗应急无线电示位标。

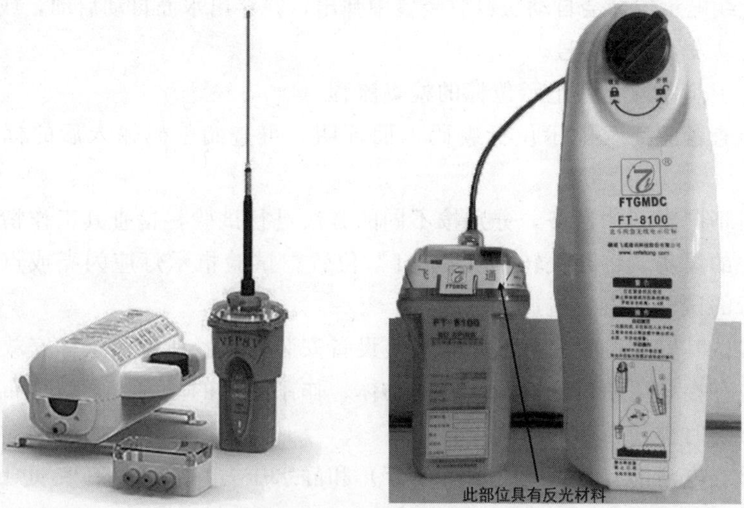

图 4-14　航海用紧急无线电示位标和北斗应急无线电示位标

遇险示位标实际上就是一台可以完全独立工作的全自动发信机，有三种形式：航空用紧急示位发射机（ELT）、航海用紧急无线电示位标（EPIRB）、个人位置示位标（PLB）。航海用紧急无线电示位标可以分为固定式与移动式两类：固定式紧急无线电示位标装配在驾驶室附近，船舶沉没后能够自动弹出并自动发送求救信号；移动式紧急无线电示位标常装在驾驶室里面，不具有自动发送求救信号功能，必须要人工触发。当用户遇险后，遇险示位信标可以通过人工或者自动由遇险时的撞击、水浸而激活（激活后持续工作不低于 48 小时），发出 121.5/406 兆赫的遇险报警信号，经卫星转发后，由遍布全球的本地用户终端（LUT）接收并计算出遇险目标的位置，随后经国际通信网络通知遇险地区的相关搜救部门进行搜救。

航海用紧急无线电示位标外部应清楚地标示出简单的操作说明、原电池的失效日期和编入发射器的识别码。卫星示位标应编入本船的水上移动业务识别码，该识别码由 9 位阿拉伯数字组成，前 3 位为国家代码（中国为 412），后 6 位为船舶识别码，电池容量应足以维持其至少 48 小时的工作，并按照使用年限进行更换。当手动操作卫星紧急无线电示位标时，应仅可通过专用遇险按钮发出遇险报警，专用遇险按钮应能够被清楚辨别并能防止误操作，遇险报警的启动应要求至少有两个独立的动作。

近年来，大量船舶开始配装中国生产的北斗应急无线电示位标（BD-EPIRB)，该产品完全满足国际海事组织/国际无线电咨询委员会（IMO/CCIR）的相关规则，是一款快速有效的全球海上遇险报警设备。当船只遇险下沉时，北斗应急无线电示位标会自动从释放装置中弹出，并浮出水面自动启动，或通过人工操作启动发射报警信号。

（2）卫星紧急无线电示位标的检查流程

①核查紧急无线电示位标编码书面证明。可查阅编码输入后的标记予以确认。

②对不同类型的设备，分别按不同的方法进行试验，检查其工作情况。带试验开关的设备，将开关转至“TEST”位置，试验指示灯应闪亮或点亮。对设备进行的试验应避免造成误报警。

③确认其安装位置及方法是否满足设备安装要求。所有示位标安放位置的上方不应存在妨碍示位标自动浮起的物体，作系绳用的浮力短索，其布置应能防止在浮离时被缠在船舶结构上。

④检查电池的有效期（一般为 4 年）和静水压力释放器的有效期（一般为 2 年)。

⑤检查贴于设备外部的简短说明、原电池的失效日期和编入发射器的识别码是否清晰可见，设备上的反光材料是否完好，是否具有制造厂、型号、编号、出厂日期铭牌及本船船用产品检验标志。

2. 雷达应答器

（1）雷达应答器的组成与功能

雷达应答器（Search Aid Radar Transponder，SART）是一种在接收雷达信号后发射出特定编码信号的导航装置，主要为船舶服务，属于船舶无线电救生设备。雷达应答器由天线、环行器（环路器)、接收机、扫频器和发射机组成。接收机实际上是一个宽带接收机，工作在 9 GHz，可以接收 3 厘米雷达（9 GHz 雷达）的脉冲波，接收机接收到雷达脉冲后，产生 100 微秒左右的方波，控制扫频器和发射机工作；发射机采用的是扫频发射机，在扫描器的锯齿脉冲和接收机方波控制下工作，发射频率范围为 9 200～9 500 兆赫的调频波，使雷达接收机很容易地接收到此信号；扫频器就是一个锯齿波产生器，用于产生锯齿波电压，控制扫描频率发射机工作；环路器的作用是把 SART 的发射机和接收机隔离，在发射时不至于把接收机损坏。

雷达应答器实际上是一个被动触发式的雷达信号产生器，该设备开启后，处于接收状态，在导航雷达上显示一连串的点，使搜救船舶和飞机非常容易就能够被发现和辨别。当船舶遇险弃船时，必须携带搜救雷达应答器下船，然后安装并启动 SART，在没有被雷达信号触发前 SART 处于接收状态，当被 3 厘米导航雷达波触发以后，会立即应答一个雷达信号，应答信号在搜救雷达荧光屏上能沿半径方向显示出一连串的亮点，最多 12 个，亮点的个数与雷达的量程和 SART 与搜救船的距离有关，其中第一个亮点到雷达荧光屏中心的距离 R 是搜救船到幸存者的距离，12 个亮点的连线与船首线的夹角 θ 就是搜救船到幸存者的相对方位。12 个亮点的大约距离是 8 海里，每两个亮点之间大约是 0.65 海里。当搜救船逐渐靠近 SART 时，亮点逐渐变为圆弧，进而变成同心圆。

图 4-15 所示为雷达 SART 和 AIS SART 实物图。

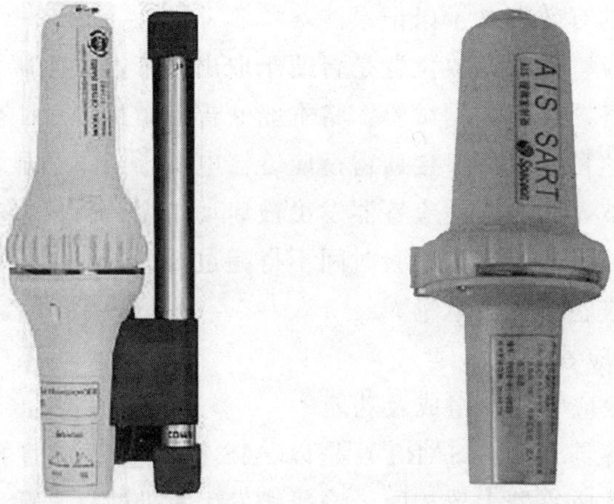

图 4-15　雷达 SART 和 AIS SART 实物图

SART 独特的信号极易被识别。由于 SART 发射的应答信号的频率范围很广，因此很容易被雷达接收到，即使在雷达失谐的状态下接收不到自己的回波信号，但却可以接收到雷达应答器的应答信号。

（2）雷达应答器的配备范围和使用要求

根据《国际海上人命安全公约》（International Convention for Safety of Life at Sea，SOLAS）1988 年修正案规定，每艘客船和 500 总吨及其以上的货船，每舷应至少配备 1 台 9 吉赫搜救雷达应答器；300～500 总吨的货船至少应配备 1 台9 吉赫搜救雷达应答器。

雷达应答器应存放在能迅速放入任何救生艇（筏）的位置处。或者，应在每一救生艇筏上存放 1 台雷达应答器。

①SART 应安装在驾驶台的两侧，由全球海上遇险与安全系统（GMDSS）

通用操作员负责维护、管理。

②船舶遇险时，由船长指定驾驶员携带该设备上艇(筏)。

③SART 的操作特性为工作可靠、操作简便、便于携带、容易发现，关键的步骤是拉出保险销，即可启动电源、等待救援。

④使用时，雷达应答器的天线高度应至少高出海平面 1 米。当天线高度为 15 米的航海雷达在相距至少 5 海里处对 SART 进行询问时，SART 应能正常响应。

⑤要保持设备的清洁、干燥，随时可用。SART 应有充足的电池容量，以便在待命状态下工作 96 小时，并在待命阶段后以 1 kHz 脉冲重复频率连续询问时提供 8 小时的应答器发射。

（3）搜救雷达应答器的检验流程

①检查外观，确认其处于良好状态。

②检查电池的有效期并予以记录。

③检查雷达应答器的存放位置是否便于取出并带上救生艇。

④对雷达应答器进行效用试验：将本船 9 吉赫雷达处于工作状态，雷达应答器置于本船雷达盲区以外，接通雷达应答器电源，当雷达显示器上出现一系列等间隔点样回波，同时雷达应答器发出被启动的视、听信号时，则立即关闭雷达应答器电源。雷达应答器试验时间不得超过 3 秒，以免干扰其他雷达工作和过分消耗雷达应答器电源电量。

3. AIS 搜救应答器

（1）AIS 搜救应答器的组成及功能

AIS 搜救应答器（AIS SART）是以 AIS 技术为基础的船用安全搜救设备，其外观与雷达应答器大致相同。当船舶发生意外时，遇险幸存者能通过该设备向过往船只发送标准 AIS 格式的求救信号，可大大提升幸存者的获救概率，是新一代船舶安全搜救设备。

AIS 搜救应答器由 GNSS（全球导航卫星系统）接收机、AIS 发射机、锂电池、控制单元等几部分组成，具有功耗小、工作时间长、定位精度高、作用距离远、无死角等优势。设备内置唯一的 MMSI，具备 GPS 定位功能和高水密性（10 米水深保持 5 分钟水密）特征，外壳防护等级为 IP67。设备触发 1 分钟内即能够迅速向周边船舶发射遇险船舶或人员的位置、状态等安全相关信息，连续工作时间长于 96 小时，其所发射的信息与现有的 AIS 兼容，并可在周边船舶的 AIS 设备上实时显示。

（2）AIS 搜救应答器的使用与测试方法

①正常工作模式操作方法：将“定位栓”向外拉伸，同时向左旋转“功能转盘”使“功能指示箭头”指向“on”时，进入“正常工作”状态，透过“指

示灯窗"可以看到有红灯亮起，每发送一包信息，伴随有一声清脆的"嘟"声响起；松手时，自动恢复到"0"位。如果要回到关电状态，同样需要将"定位栓"向外拉伸，同时向右旋转"功能转盘"使"功能指示箭头"指向"0"位。

②测试模式操作方法：向右旋转"功能转盘"使"功能指示箭头"指向"test"时，进入"测试状态"，透过"指示灯窗"可以看到有红灯亮起，每发送一包信息，伴随有一声清脆的"嘟"声响起；松手时，自动恢复到"0"位。

（3）AIS 搜救应答器的检查流程

①AIS 搜救应答器与磁罗经应当保持 1 米的安全距离。

②不定期通过测试模式检查设备是否工作正常。

③注意电池的更换年限，在标称年限内必须更换电池。

（三）船舶文字、语音、图像传输类设备

1．奈伏泰斯接收机

（1）什么是奈伏泰斯系统

奈伏泰斯（Navigation Telex，NAVTEX）系统是通过窄带直接印字电报（NBDP）技术由海岸电台播发，并由船舶自动接收航行警告、气象警告、气象预报和紧急信息等海上安全信息的系统，是国际海事组织决议规定的全世界航行警告业务和全球海上遇险和安全系统的一个组成部分。1976 年，瑞典向国际海事组织（International Maritime Organization，IMO）无线电通信委员会提出了一项建议：在全世界范围内，建立一个采用窄带直接印字电报方式发送和自动接收海上安全信息的系统，这就是后来被称为奈伏泰斯（NAVTEX）的系统。从 1999 年 2 月 1 日起，奈伏泰斯系统已是 GMDSS 中的重要组成部分，为保证船舶航行安全发挥了重要作用。该系统分为两种：一种被称为国际奈伏泰斯系统，在 518 kHz 的频率上以窄带直接印字电报方式协调播发和自动接收英语的海上安全信息业务，为航行于国际水域的船舶提供英文的海上安全信息；另一种被称为国家奈伏泰斯系统，用有关当局规定的频率和语言进行广播和自动接收海上安全信息，为航行于本国水域的船舶提供本国的各种安全信息。我国采用 486 kHz 频率发射中文信息。

全世界共划分了 16 个航行警告播发区，每区设若干个播发台，每台指配一个发信编号字母。每个航行警告区最多可设 24 个台，按序指配一个 A～X 的字母（由 IMO NAVTEX 协调委员会分配）。我国海域位于世界航行警告第 11 区。我国大陆奈伏泰斯播发台有 7 个，分别是三亚［M］、广州［N］、福州［O］、上海［Q］、大连［R］、天津［T］、湛江［Z］。

图 4-16 所示为奈伏泰斯接收机主机及天线。

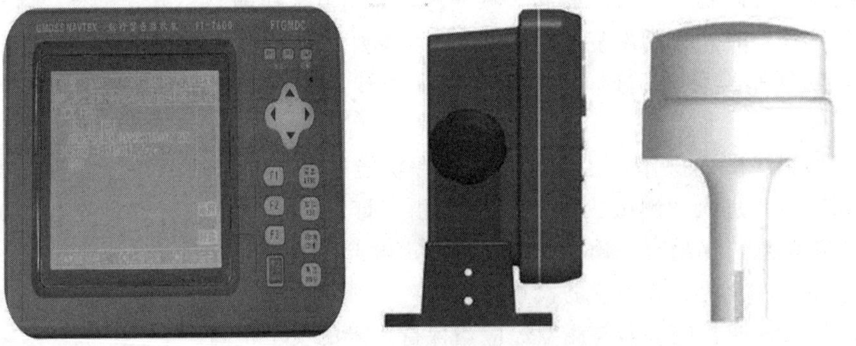

图 4-16　奈伏泰斯接收机主机及天线

（2）奈伏泰斯接收机的功能

奈伏泰斯接收机（见图 4-16）由船舶主电源供电，能自动接收、选择和存储并打印出所需海岸电台播发的有关信息，其应具有如下功能：

①能在 518 千赫频率用前向纠错方式接收窄带印字电报信号。

②能够选择覆盖各海域的播发台技术编码 B1。

③能按规定打印所需要的报文。打印设备应每行至少能打印 32 个字母，如自动移行造成单词的分离，则应在书面文本上标明；打印设备在打印完一个信息之后，应能自动进纸；如收到不清楚的字母，则应打出一个“*”符号。

④抑制不需要的非强制性通知。

⑤拒收已经正确接收的报文。

⑥电报收妥后应能存储，字母差错率小于 4%即可认为完全收妥。应至少存储 30 个报文识别标志，72 小时后报文识别标志应能自动从存储器中消除，如收到的报文识别标志数量超过存储量，应能消除最早的报文识别标志。

⑦断电 6 小时以内，B1、B2 技术编码识别标志不应消失。

⑧应设有测试接收机、信号处理机和打印设备是否运转正常的装置。

⑨收到搜救信息，应在船舶通常驾驶的位置报警，应有保证只能手动复位的措施。

（3）奈伏泰斯接收机运行状况的检验流程

以主电源供电，调出自检程序，检查其接收、信号处理和打印设备的工作状况；检查 A（航行警告）、B（气象警告）、D（搜救信息）、L（对 A 的补充）类信息是否处于不能拒收的状态。

2. 中频/高频无线电装置（MF/HF 装置）

（1）中频/高频无线电装置及其功能

中频/高频无线电装置主要用于远距离通信及报警，其发射工作频段是

1.6～29.9 999 兆赫，接收工作频段是 0.5～27.5 兆赫，属于中高频段，是完成现场通信的重要手段，也是完成船舶与船舶间、船舶与陆地岸台之间远距离通信的主要手段。

中频/高频无线电装置应能在单频道或单频和双频道上工作，应能使用语音和 DSC 进行遇险、紧急和安全通信、船舶操纵的要求、公共业务通信等种类的呼叫。

MF/HF 装置中的 DSC 设备应具有 DSC 电文的解码和编码装置、编写 DSC 电文所必需的装置、在发射前对所编电文进行校验的装置、呼叫信号已被收到的显示装置、船位信息人工或自动输入装置、定位时间人工或自动输入装置；MF/HF 装置中的 NBDP 设备应包括电文的解码和编码装置、待发电文的编写和核对装置、所收电文的记录装置。

图 4-17 所示为中频/高频无线电装置。

图 4-17 中频/高频无线电装置

(2) 中频/高频无线电装置的检验流程

①无线电话的检验

a. 分别使用主电源、应急电源（若设有时）和备用电源操作机器，应能在开机后 1 分钟内进行正常的收信、发信工作。

b. 检查天线调谐功能。将发信机同任一天线连接，在开机状态下，转换不同频率，调谐器都能将机器迅速调整至最佳调谐状态。中频部分以 2 182 千赫的频率与 150 海里以外岸台进行实效通话试验，检验收信机、发信机的实际工作情况；高频部分应同 200 海里以外岸台，通过使用其工作频率进行实效通话试验。

c. 根据实际情况决定是否测量 2 182 千赫以 H3E（单边带全载波电话）发射类型时天线峰包功率，峰包功率应不小于 60 瓦，或者用场强计在 1 000 米处测量场强，平均不小于 86 dB。

d. 检查发信机从一个频率转换到任何其他频率上工作时所用时间是否不

超过 15 秒。

e. 检查电磁兼容性。开通位于驾驶台的所有电航设备、计算机系统和其他通信系统的同时，在中频/高频收发机的所有波段上进行发射操作，观察各电气系统是否有误工现象出现。

f. 通过实效试验确认驾驶台控制的优先权。

②DSC 装置的检验

a. 用设备的自测装置，检测其各部分是否处于正常工作状态。

b. 确认 MMSI 是否置于设备之中。

c. 确认 DSC 终端与单边带（SSB）通信设备是否有效连接。

d. 编写常规呼叫报文与岸台联系，确认设备的接收、发送工作是否正常。

e. 检查专用遇险按钮是否能够被清楚辨别，防止误操作装置是否有效。

f. 船位信息、定位时间（国际航行作业船舶使用世界协调时间）若采取人工输入，应进行人工输入试验；若采用自动输入，应检查与提供该船舶位信息、定位时间的设备是否有效相互连接，并确认输入数据的准确性。

g. 检验中频/高频 DSC 值班的无线电装置工作状况，至少应检查2 187.5 千赫、8 414.5 千赫数字遇险呼叫的值守状况。

③窄带直接印字电报（NBDP）的检验

a. 执行设备相应工作程序或进行自测试验，确认设备是否已完成存储本船的自动请求重发（ARQ）电传编码和应答码初始化工作。

b. 确认 NBDP 终端与 SSB 通信设备是否有效连接。

c. 与岸台或船台进行 ARQ 电传通信，判断设备是否处于正常的工作状态。

3. 船舶用无线电话

(1) 船舶用无线电话及其主要功能

船舶用无线电话也称“超短波对讲机”，其工作频段为 27.5～39.5 兆赫，是船舶之间及船舶与陆地岸台之间日常通信和应急通信的重要手段，其陆地岸台的覆盖距离一般可达近岸 40～60 海里。其主要功能包括：

①双频道值守功能：无线电话机处于接收状态时应每隔一定时间去检测一下遇险呼救频道，以保证遇险信号的接收畅通。

②遇险求救功能：当有船舶遇险后，只要在话机面板上按一下遇险呼叫键，就可把本船的船舶识别码、遇险位置（若与 GPS 相连）报告给岸台和周围船台，在岸台上显示并打印出船舶识别码、遇险船船位和呼救的时间，同时发出声音报警，船台没有显示报警船船舶识别码和船位的功能，在接收到遇险信号的船舶电台上只发出声音报警。遇险船台在发出遇险报警后，岸台和周围

的船台收到呼救信号后均自动转到223信道，此时各方之间可直接通话。

图4-18所示为船舶用无线电话。

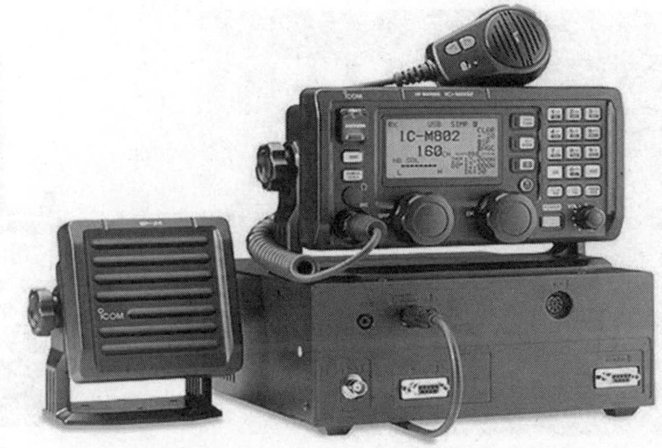

图4-18 船舶用无线电话

③接收气象与海况预报：在话机面板上设置有一个专用键，用于接收岸台在225频道上发布的气象与海况预报，此频道为只收频道。

④自动接收气象与海况紧急警报：当有灾害性气象与海况发生时，岸台发布气象与海况紧急警报，此时处于接收状态的话机就会自动收听紧急警报。

⑤渔业执法专用频道：在话机上设有渔政专用频道按键，此键对渔船用话机无效，只有在渔业执法公务用话机上才有效。

⑥选呼功能：可根据船舶呼码（船号），选择呼叫特定的船舶。

⑦群呼功能：用户可自己设定通话群组及其群呼码，并根据群呼码呼叫特定的通话群组。

⑧频道记忆及扫描功能：最多可记忆15个常用频道，并可由低到高逐个扫描通信频道和记忆频道。

⑨提供与GPS连接的接口。

（2）船舶用无线电话的检验流程

分别接通主电源、应急电源（如设有）、备用电源与岸台进行实效通信试验，以确定其工作状况。按住话柄“F”功能按键4秒，即可显示机器内部详细信息，可查验识别码是否置于设备之中。

4. 甚高频DSC无线电装置

（1）甚高频DSC无线电装置及其功能

甚高频DSC无线电装置工作在156.025～163.275兆赫频率范围，属于VHF频段，主要用于近距离通信，是GMDSS中A1海区的主要通信设备，既是现场通信的主要手段，也是驾驶台与驾驶台之间通信的主要手段。符合

GMDSS 要求的 VHF 设备，应同时具有无线电话通信功能和 DSC 通信功能。图 4-19 所示为甚高频 DSC 无线电装置和双向甚高频无线电话。

图 4-19　甚高频 DSC 无线电装置和双向甚高频无线电话

船舶甚高频 DSC 无线电装置应符合 IMO. A. 803（19）决议及修正案 ITU-R 建议案、A. 694（17）决议的技术要求，具有双频道和三频道值守和 70 频道（DSC）连续值守功能，可单键转换 16 频道和 9 频道，具备遇险呼叫、确认、转播呼叫和选呼、群呼、全呼、海呼通信功能。

（2）甚高频 DSC 无线电装置的检验流程

甚高频 DSC 无线电装置每年应进行一次检验，检查设备是否正常工作，检查内容如下：

①核实无线电话部分通信效果，同时检查各种控制装置和指示装置是否处于正常工作状态。

②用自检装置检查各部分功能是否正常。

③检查船位信息是否有效连接，并确认输入数据的准确性。

④检查专用遇险按钮是否能够被清楚辨别，防止误操作装置是否有效。

⑤检查 VHF 70 频道上保持连续 DSC 值班的无线电装置。

⑥检查设备资料是否与本船注册资料相符，MMSI 是否置于设备之中（检查方法：开机时显示屏上显示船舶资料、渔检证书号和 MMSI，显示 1 秒就进入正常工作状态）。

5. 双向甚高频无线电话

（1）双向甚高频无线电话及其功能

双向甚高频无线电话主要用于救生筏（艇）之间、救生筏（艇）和船舶之间、救生筏（艇）和搜救船舶、搜救直升机等救助者之间的现场通信，是船舶遇险救助时通信的主要手段，其工作频段是 156～174 兆赫，属于 VHF 频段，应能在 156.800 兆赫（VHF 16 频道）和至少 1 个附加频道上工作。

双向甚高频无线电话至少应包括 1 套含天线和电池在内的完整的收信、发信机，1 套包括按钮式发射开关在内的完整的控制装置和 1 套内置式送话器和扬声器，其防水、防尘要求一般不低于 IP67，可以使机器在恶劣环境中使用。双向甚高频无线电话具有双频值守和三频值守功能，应具备全部美国、国际和加拿大频道及 10 个气象频道，单键可切换 16 频道和 9 频道，设备应在开机后 5 秒之内进入工作状态。

（2）双向甚高频无线电话的检验流程

双向甚高频无线电话每年应进行一次检验，检查设备是否处于正常工作状态，检查内容如下：

①使用 16 频道进行通话试验，检查设备运行是否正常。

②对设备进行外部检查，确认其处于良好状态。

③检查红色标签胶布是否完整，如已撕掉应更换电池。

④检查电池的有效时间，电池有效期至少为 2 年。

6. 船舶地球站

（1）海事卫星通信系统及其组成

船舶地球站（Ship Earth Stations，SES）即卫星通信系统船载移动终端，主要指海事卫星通信系统（system of maritime satellite communications）的船载终端。海事卫星通信系统是使用通信卫星作为中继站的船舶无线电通信系统，由国际海事卫星组织（International Maritime Satellite Organization，INMARSAT）建设及运营。INMARSAT 成立于 1979 年 7 月 16 日，总部设在英国伦敦，原为一个政府间的合作组织，最早提供的业务仅限于为航行在世界各地的船舶提供全球通信服务，后来将通信服务范围扩大到陆地移动的车辆和空中航行的飞机。1994 年 12 月，国际海事卫星组织更名为国际移动卫星组织，但仍称为“INMARSAT”，提供全球海上、空中、陆地、救险、定位等卫星移动通信服务。

海事卫星通信系统为包括船舶在内的用户提供遇险通信和日常通信服务：遇险通信主要包括遇险报警和遇险级别通信，日常通信服务主要包括语音、船站、数据和视频等满足船岸间日常通信的手段。系统由海事通信卫星、移动终端（船舶地球站）、海岸地球站以及协调控制站构成，可分为通信卫星、岸站和船站三大部分。

①海事通信卫星。它是海事卫星通信系统的中继站，用以收、发岸站和船站的信号。海事通信卫星布设于太平洋、大西洋和印度洋三个洋区，采用静止轨道卫星，卫星可提供电话、电报、传真和共用呼叫服务。

②岸站。它是设在海岸上的海事卫星通信地球站，起通信网的控制作用，设有天线等设备，岸台可与陆上其他通信网相连通。

③船站。它是装在船上的海事卫星通信地球站，是系统的通信终端，装备有抛物面天线等设备。

（2）船舶地球站的组成及功能

船舶地球站通常由船舶主电源供电，此外，还应能通过备用电源供电来操作船舶地球站和包括天线跟踪系统在内的正常工作所需要的一切设备。从一种电源到另一种电源的转换时间或供电中断时间不超过 60 秒时，不应使该设备停止工作或对其重新启动。甲板上的设备应尽可能远地与其他通信和导航设备的天线分开。

船舶地球站应经型式认可，并符合国际海事卫星组织在能够双向通信的船舶地球站的技术要求中规定的环境条件。设备外面不应有任何控制装置能改变船舶地球站的识别码。船舶地球站应能从船舶通常驾驶的位置和专门用于遇险应答的任何其他位置上，用无线电话或直接印字电报来启动和发送遇险信号。此外，如有用于无线电通信的舱室，在该舱室内也应装有启动遇险信号的装置。若未配备接收遇险、紧急和安全广播的其他装置或遇险报警转发的装置，当认为由电话产生的声响信号的电平或电传的信号电平不足时，船舶地球站设备应配置成能启动适当的听觉和视觉报警信号，并能随时中断或启动遇险报警的发射。图 4-20 所示为各种海事卫星电话终端。

图 4-20　海事卫星电话终端

（3）船舶地球站的检验流程

1）INMARSAT B 标准船站（简称“B 站”）的检验

①利用自检装置（若设有）进行自检。

②确认 B 站识别码是否已置入设备之中。

③确认 B 站与提供航向的航行设备（通常为陀螺罗经）、与提供船位的定位设备已有效连接。

④任何 B 站在使用前都必须进行启用试验，并进行电传、电话效用试验。

⑤检查专用遇险按钮是否易于识别，防止误操作装置是否有效。

⑥检查在 60 秒内从一种电源转换到另一种电源，设备是否停止工作或是否需要重新启动。

2）INMARSAT C 标准船站（简称“C 站”）的检验

①利用自检功能检查相关部分的工作状况。

②确认 C 站识别码已置入设备之中。

③任何 C 站都必须经过入网链路试验（link test）或性能核准试验（performance verification test）才能使用。链路试验的内容包括岸台到船站电传通信、船站到岸台电传通信、遇险警报试验。

④对 C 站进行效用试验。

⑤检查专用遇险按钮是否易于识别，防止误操作装置是否有效。

⑥检查在 60 秒内从一种电源转换到另一种电源时，设备是否停止工作或是否需要重新启动。

本章小结

本章主要内容可归结为以下四点：①“闯海人”可以通过船舶上的信号设备、航行设备和通信设备，长出“千里眼”“顺风耳”和“金嗓子”，为自己的生命财产安全搭建一条沟通外界、畅通信息的生命通道。②信号设备是指船舶上可对外发出各种视听信号的所有设备的总称，是船舶的“脸庞”，可以表达船舶的状态信息，主要包括号灯、号型、号旗和音响信号设备等。③航行设备是船舶的“眼睛”，负责帮助船舶分辨方位，确定航向，主要包括方位指示类、定位导航类、预防碰撞类和测深类四类设备。④通信设备是船舶的“嘴巴”和“耳朵”，帮助船舶和外界对话交流、沟通信息，主要包括船舶身份识别与位置监测类、遇险报警及搜救应答类和文字、语音、图像传输类三类设备。

第五章　船舶消防——海上火灾防范与救助

“月有阴晴圆缺，人有旦夕祸福!”虽然我们时刻期盼平安幸福，憎恶灾害事故，但灾害却始终与人类如影随形。面对时常威胁自身生命和财产安全的各种自然灾害，人们在伤痛和无奈之余，通常会慨叹一声：“水火无情!”水与火这两种人类生命延续历程中不可或缺的重要物质，在帮助人类维持生命、改造自然的同时，又经常成为各种灾害的主犯或帮凶，给命运多舛的人类造成了沉痛的损失和无数的苦难，久而久之也就成了各类灾害事故的代名词。

火灾同样也是海洋生产和船舶安全中发生率较高的灾害事故类型之一。船舶失火的原因多为电气设备着火或油类误燃，一旦起火往往烟雾浓重，燃烧迅猛，电器着火还会伴随着人员触电的危险。此外，由于船舶上的活动空间狭小，防火避灾的逃生路径和应对措施受限，因此船舶失火的后果通常十分惨重，可谓“火患猛于虎”！为此，本章重点围绕火灾的条件和类型、船舶失火的原因和特点、防火灭火的途径和方法等内容进行详细的分析与讨论，并着重介绍船舶上各类消防设施设备的使用方法和操作常识，以期各位读者朋友能够迅速、扎实地掌握船舶火灾事故防范的基础知识，并将其熟练应用于海上生产和日常生活之中，以保障自身和他人的生命安全。

第一节　船舶消防概述

船舶是水上建筑物，空间狭小，结构复杂，各类板材、设备、人员集中，一旦发生火灾，将危及整条船舶上人员的生命安危和船上财物的安全，因此每艘船舶都必须配备消防系统和配套设备，以便在没有外援施救的情况下能够自我救援。为了能够让读者朋友们更系统、更牢固地掌握船舶消防知识，下面我们先来了解一下物质燃烧和火灾防范的一般常识。

一、燃烧及其条件

燃烧是一种发光、发热的剧烈化学反应。火灾这个恶魔固然可怕，但魔鬼的出笼也不容易，只有具备了充分的条件，物质的燃烧才能发生、发展并导致灾害。船舶火灾同样属于可燃物与氧气发生化学反应而产生光和热的过程，这一过程必须具备三个条件：可燃物、助燃物和着火源。三者缺一不可，它们也被称为物质燃烧的“三要素”。

（一）可燃物

可燃物是指能够与空气中的氧气及氧化剂发生剧烈反应的物质，是燃烧的“主力军”。可燃物分布广泛，固体、液体、气体中都有数量众多的活跃分子属于可燃物，如固体中的石蜡、沥青、木材、木炭、煤、聚乙烯塑料，液体中的酒精、甲醇、柴油、石油、润滑油、乙醚汽油，气体中的氢气、一氧化碳、甲烷、乙炔、氨气等。

（二）助燃物

助燃物是指能够帮助或加剧燃烧的物质，是燃烧的加速器，扮演着添油加醋、火上浇油的“闹事分子”角色。最常见的助燃物就是空气中的氧气，此外，氯酸钾、高锰酸钾等氧化剂也是这一团伙的重要成员。

（三）着火源

着火源是指能够引起物质燃烧的一切热能来源，是燃烧的“先头部队”或者说是始作俑者。着火源包括明火、电器火、摩擦冲击产生的高热与火花、静电感应产生的火花、雷击产生的火花、辐射热、化学反应等。

不论是哪种可燃物质，在燃烧前都有一个汽化过程，即可燃物质被加热到一定程度后，会分解、熔化蒸发或直接蒸发出可燃气体，这些气体与氧气混合，在一定温度下与氧气发生反应形成燃烧，物质在燃烧时释放出光和热，这些热量一部分使该物质没燃烧的部分继续加热，释放出更多的可燃气体与空气混合而使燃烧维持下去，另一部分则向起火源四周散发传播从而使火势蔓延开来。

二、燃烧的类型

按照形成条件和瞬间发生特点的不同，燃烧一般分为闪燃、着火、自燃和爆炸四种类型。

（一）闪燃与闪点

闪燃是指物质遇火后产生一闪即灭燃烧的现象。当可燃物蒸发出的可燃气体与氧气或空气混合后，遇到明火可发生一闪即逝的燃烧即闪燃。能够闪燃的最低温度就称为“闪点”。

闪点代表了发生火灾或爆炸可能性的大小，因此是一项衡量可燃物危险性的重要指标。显然，闪点越低，火灾危险就越大。因此，我们经常以闪点为依据来区分物质可能发生火灾的危险程度。例如，把可燃液体按闪点温度分为三级：一级的闪点在 28 ℃以下，如汽油、甲醇、苯等；二级的闪点为 28～65 ℃，如煤油、松节油等；三级的闪点在 65 ℃以上，如柴油、重油等。

（二）着火与燃点

着火是指可燃物质在空气中与火源接触，达到某一温度时开始产生有火焰的燃烧，并在火源移去后仍能继续燃烧的现象。可燃物质加热到闪点只能闪火，若再继续加温，使之产生更多的可燃气体使物质在闪燃后持续燃烧才称为着火。

燃点也称为“着火点”，指可燃物质表面的蒸气和空气的混合物与火接触而发生火焰，且能维持继续燃烧不少于 5 秒的温度。燃点是使物质能够持续燃烧的最低温度，也是衡量可燃物危险程度的指标之一。不同可燃物的燃点是不同的，如布匹的燃点为 200 ℃，煤油的燃点为 86 ℃，而且同一种物质的燃点也不是固定不变的，如对固体燃料来说，燃点的高低跟表面积的大小、组织的粗细、导热系数的大小等都有关系。

（三）自燃与自燃点

自燃是指可燃物质在没有外部火花、火焰等火源的作用下，因受热或自身发热积热不散引起的燃烧。可燃物质在缓慢的氧化作用下产生的热量不易发散，温度逐渐升高，氧化逐渐加快，当温度达到燃点的最低温度时，即使不遇明火也能自发地燃烧，此时的温度就称为“自燃点”。

能自燃的物质有很多，如煤、沾油的棉纱、豆油、柴油、黄磷等。在运输过程中，除应根据物质的不同特性考虑配载方案外，还应尽量远离热源，加强对装有易自燃物品舱室的温度和通风控制，以防止自燃引起的火灾。

（四）爆炸与爆炸极限

爆炸是指可燃物质受到高温、摩擦而急剧氧化或与其他物质接触产生剧烈的氧化反应进而产生高温高热的现象。

可燃气体或蒸气和空气的混合物能发生爆炸的浓度范围，就称为“爆炸极限”，一般用体积分数来表示。其最低浓度称为“爆炸下限”，最高浓度称为“爆炸上限”，超出此范围则不会爆炸，如煤油的爆炸极限为 1.2%～6.0%，乙炔的爆炸极限为 2.5%～80.0%。显然，爆炸极限的幅度愈大，危险性就愈大。

三、火及火灾的分类

（一）火的种类

不同的物质具有不同的物理特性，燃烧后也有各自的特点。根据 GB/T 4968—2008《火灾分类》（2008 年 11 月 4 日发布，2009 年 4 月 1 日实施），火可以分为下列六种类型，即普通火、油类火、气体火、金属火、电器火和烹饪火。

1. 普通火

普通火又称“A 类火”，指可燃固体产生的火，如木材、煤、棉、粮食等物质燃烧引起的火灾。这类火灾的特点是燃烧不仅在可燃物质的表面进行，也会深入到物质的内部，故救援时需要特别注意防止燃烧物的余烬复燃。

2. 油类火

油类火又称“B类火”，指可燃液体或可溶的固体产生的火，如石油、脂类、油漆等物质燃烧引起的火灾。这类火灾只限于在可燃物质的表面燃烧，但有爆炸的危险。

3. 气体火

气体火又称“C类火”，指由可燃气体产生的火，如煤气、乙炔等物质燃烧引起的火灾。这类火灾的特点是燃烧迅猛、蔓延迅速、面积大、温度高、破坏力强，易引发二次爆炸。

4. 金属火

金属火又称“D类火”，主要是指轻金属产生的火，如金属钾、钠、镁，铝镁合金，烷基类，液态金属类等物质燃烧引起的火灾。这类火灾的特点是燃烧温度高、热辐射强，飞扬的轻金属粉末易与空气混合发生粉尘爆炸，扑救困难，易造成人员伤亡。

5. 电器火

电器火又称“E类火”，主要是指电器及其设备产生的火，如发电机房、变压器室、配电间等燃烧及电视机、计算机、空调等电器燃烧引起的火灾。这类火灾的特点是火灾隐患的分布性、持续性和隐蔽性，由于电气系统分布广泛、电气线路通常敷设在隐蔽处（如吊顶、电缆沟内），火灾初期不易被发现，电气火灾发生后，大火能沿着电线燃烧，且蔓延速度很快（尤其是短路），燃烧比较猛烈，极易引燃可燃物，电线的绝缘层大多容易燃烧，燃烧时有的还能产生有毒气体。

6. 烹饪火

烹饪火又称“F类火”，主要是指烹饪器具内的烹饪物产生的火，如烹饪器具内的烹饪物（如动植物油脂）燃烧或烹饪物被烧干后没有及时发现而造成的火灾。这类火灾在日常生活中比较常见，其特点是温度高、火焰大、火灾蔓延快，危险性很大。

（二）火灾的分类

按照火灾事故所造成的灾害损失程度，依据《生产安全事故报告和调查处理条例》（国务院令第493号）中规定的生产安全事故等级标准，消防部门将火灾分为特别重大火灾、重大火灾、较大火灾和一般火灾四个等级。

1. 特别重大火灾

特别重大火灾指造成30人以上死亡，或者100人以上重伤，或者1亿元以上直接财产损失的火灾。

2. 重大火灾

重大火灾指造成10人以上30人以下死亡，或者50人以上100人以下重伤，或者5 000万元以上1亿元以下直接财产损失的火灾。

3. 较大火灾

较大火灾指造成3人以上10人以下死亡，或者10人以上50人以下重伤，或者1 000万元以上5 000万元以下直接财产损失的火灾。

4. 一般火灾

一般火灾指造成3人以下死亡，或者10人以下重伤，或者1 000万元以下直接财产损失的火灾。

（注：对四类火灾的表述中“以上”包括本数，“以下”不包括本数。）

四、灭火的基本方法

不同的火灾有不同的施救方法，灭火的原理就是根据不同的火灾种类，破坏其燃烧或爆炸的条件，使燃烧三要素（可燃物、助燃物、着火源）不能同时共存，从而达到灭火的目的。灭火的基本方法有四种，即隔离法、冷却法、窒息法、抑制法。

（一）隔离法

隔离法是将可燃物与燃烧物迅速分隔开来，阻断火势蔓延的一种“打不过躲得过”的灭火方法。例如，将靠近火源处的可燃物品搬走，拆除与起火源毗邻的易燃建筑物，关闭可燃气体、液体管道阀门，减少和阻止可燃物质进入燃烧区域等，使燃烧因缺少可燃物而停止。

（二）冷却法

冷却法是降低火场的温度，使之低于可燃物质燃点温度的一种“釜底抽薪”式的灭火方法。例如，将灭火剂（水、二氧化碳等）直接喷射到燃烧物上把燃烧物的温度降低到可燃点以下，使燃烧停止；或者将灭火剂喷洒在火源附近的可燃物上，使其不受火焰辐射热的威胁，避免形成新的着火点，阻止火灾蔓延。

（三）窒息法

窒息法是利用某种不助燃物质覆盖在燃烧物质的表面，阻止空气流入燃烧区域，或用不燃烧的惰性气体冲淡空气，稀释火场空气中含氧量的一种“拔掉呼吸机”式的灭火方法。如用二氧化碳、氮气、水蒸气等惰性气体灌注容器设备，用石棉毯、湿麻袋、湿棉被、黄沙等不燃物或难燃物质覆盖在燃烧物上，封闭起火的建筑或设备的门窗、孔洞等，使燃烧物得不到足够的氧气而逐渐熄灭，最终达到将火焰巨人闷死的目的。

（四）抑制法

抑制法是利用灭火剂受热后分解出的一种极为活跃的游离基夺取燃烧中的

氧和氢氧游离基，以抑制燃烧的连锁反应的一种“虎口夺食”式的灭火方法。如将有抑制作用的灭火剂喷射到燃烧区，并参加到燃烧反应过程中去，使燃烧反应过程中产生的游离基消失，形成稳定分子或低活性的游离基，从而逐步终止燃烧反应进而消灭火患。

第二节 船舶失火报警设备

对待灾害最理想的处理方式是防患于未然，提前消除各类事故隐患，避免灾害的发生，但百密难免一疏，因此一直以来灾害与事故始终与人类相伴相生。火灾防范同样如此，在无奈地接受火灾无法彻底根除的事实之后，我们只能退而求其次，力争在火灾初起的第一时间发现并示警，以便迅速采取各种有效的灭火应对措施，尽可能地减轻火灾造成的人员和财物损失后果。

在船舶火灾防范体系中，失火报警设备就承担着第一时间发现并报告火情危险的“瞭望哨”和“侦察兵”作用，构成船舶火灾防范的第一道防线。常见的船舶失火报警设备包括手动式火灾报警器、感温式自动报警器、测烟式自动报警器和空气管式自动报警器四类。

一、手动式火灾报警器

顾名思义，手动式火灾报警器就是通过手动方式来触发的，能发出特定灯光或音响信号的报警器。手动式火灾报警器是最简单的报警器，其触发的按钮一般设置于各防火区的通道或舱室外，当人工确认火灾发生后按下按钮上的有机玻璃片，可向火灾报警控制器发出信号，火灾报警控制器接收到报警信号后，显示出报警按钮的编号或位置并发出报警音响，将火情发生的地点较为快速地报告给值班人员。正常情况下，当手动火灾报警按钮报警时，火灾发生的概率比火灾探测器要大得多，几乎没有误报的可能，但其必须靠人力直接观察并手动接通报警信号电路，因此存在火情发现不准确和险情报告不及时的问题。

图 5-1 所示为手动式火灾报警按钮和感温式自动报警器。

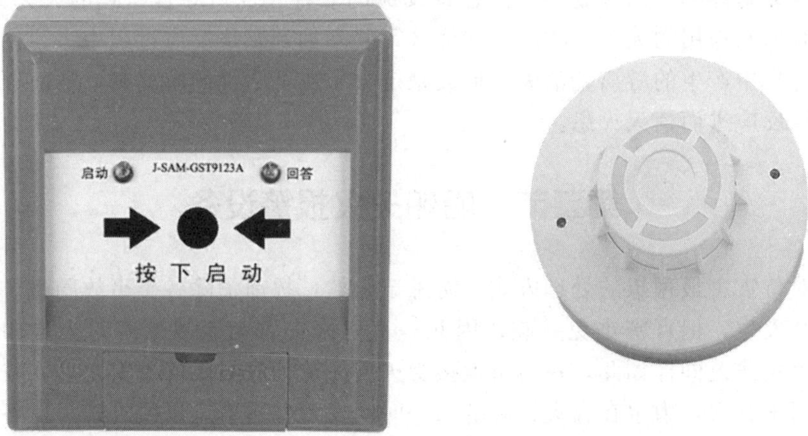

图 5-1　手动式火灾报警按钮和感温式自动报警器

二、感温式自动报警器

感温式自动报警器又称“感温探测器”，是对警戒范围中某一点或某一线路周围空气温度的异常变化进行响应的火灾探测器。火灾时物质的燃烧产生大量的热量，使其周围的空气温度发生变化，感温探测器识别到空气温度的异常变化后，将温度的变化转换为电信号以达到报警目的。根据监测温度参数的不同，感温式自动报警器分为定温式、差温式、差定温式等几种。

感温式自动报警器的主要元件是安装在舱室天花板上的感温器。感温器有两种类型：一种是舱室内因失火而温度升高使受热板的温度也随之升高，受热板将热量传送给膨胀片，使之膨胀而触头闭合，电路接通报警；另一种是由两种膨胀率不同的金属制成两个膨胀环，受热后由于膨胀率不同而弯曲使触头闭合，发出警报。感温式自动报警器的工作可靠性依赖于其对温度的敏感程度而定，若火源距离报警器比较远时，效果将显著降低。

三、测烟式自动报警器

测烟式自动报警器是通过检测失火区的烟雾浓度来作为火灾发生信号源的自动火警报警装置。

烟管式自动报警系统（见图 5-2）在各舱室布置吸烟口（11），并与烟管（10）相接，通至驾驶室的检测箱（7），中间由三通阀控制。平时由两台联锁交替的电动抽风机（1）把各舱室的空气抽出，并从排气口（2）排至大气中，一小部分空气从排气口调整阀（3）放进驾驶室。舱内若失火，吸出的空气就含有浓烟，使值班人员嗅到烟味，同时报警器也开始报警。值班人员在检测箱内有烟的玻璃管子上即可看出是哪个舱室失火。这种报警系统的烟管往往与CO_2站（9）是接通的，该烟管又可充当释放CO_2的管路，只要转变三通阀的阀位，便可关闭通向检测箱的管路而接通CO_2的管路，使CO_2进入失火舱室。

烟管式自动报警系统检测箱中的测烟方式一般有下列三种：

（一）光学式测烟方式

光学式测烟方式是利用一个光源将光束直射到光电元件上，当烟雾浓度使光的强度降低达到预定值时，立即启动报警。

当透镜（7）（见图5-3）和方形孔隔板（5）使聚光灯发出的光线成为方形光束穿过方框形光电元件（6）照射在直杆形光电元件（2）上时，可先利用调整螺丝（3），调整直杆形光电元件的倾斜度，改变它的受光面积，达到电路中的起始电流平衡，此时，报警器不报警。当舱室失火时，从烟管中抽进来的浓烟挡住了光束对直杆形光电元件的照射，使它减少受光量，同时又反射一部分光线到方框形光电元件上面，增加它的受光量，从而产生输出电流，使继电器工作，报警器立即报警。

（二）电阻电桥式测烟方式

电阻电桥式测烟方式是利用两个电阻丝网栅，一个外露，一个屏蔽，通过惠斯登电桥使两个电路保持平衡，当有烟雾作用在外露的网栅上时，其电阻值变化，破坏电桥的平衡从而触发报警。

（三）离子式测烟方式

离子式测烟方式是在一个通空气的箱子里设置一个放射源和两个电极，在放射源的作用下使空气离子化，因而在电极之间有电流通过，当烟火微粒进入检测箱后，两个电极之间的电流降低，从而引起报警。

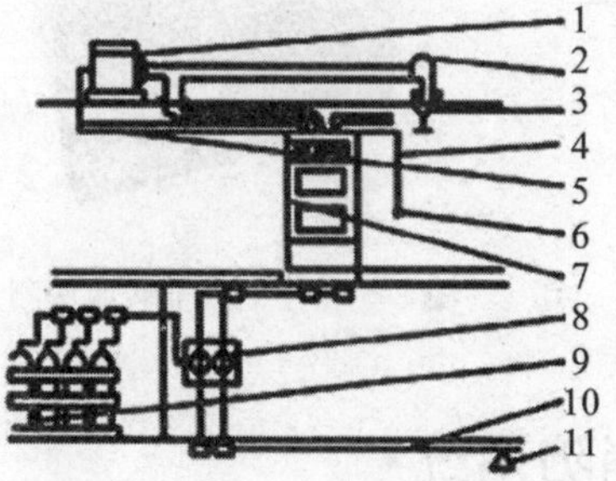

1—抽风机；2—排气口；3—排气口调整阀；4、5—电线；6—通风舱的警铃；7—检测箱；8—三通阀；9—CO_2站；10—烟管；11—吸烟口（CO_2出口）。

图5-2　烟管式自动报警系统

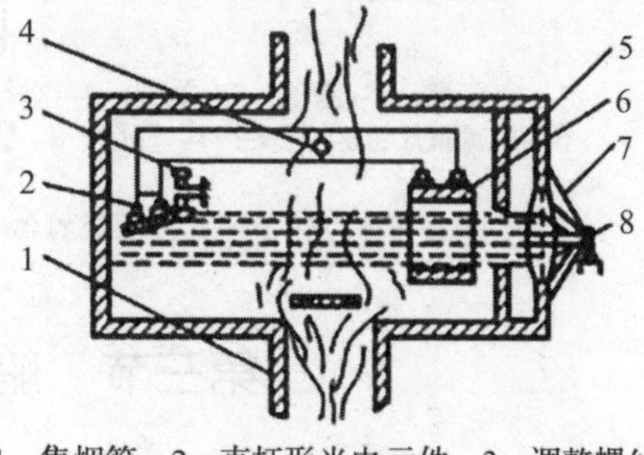

1—集烟箱；2—直杆形光电元件；3—调整螺丝；4—继电器；5—方形孔隔板；6—方框形光电元件；7—透镜；8—聚光灯。

图5-3　光学式报警器

四、空气管式自动报警器

空气管式自动报警器是通过检测空气受热膨胀的程度来作为是否触发报警判断标准的火灾自动报警装置。

当某个舱室发生火情后，被抽到空气管（1）（见图 5-4）内的空气受热膨胀，使金属膜片（5）的触头与罩壳（3）上的触头（6）接触，接通电路从而触发警铃(8)。

此外，还有利用红外线或紫外线探测器来探测失火时所产生的红外线或紫外线，以此作为报警触发条件，改变线路中的电压或电流来报告火灾险情的。

近年来，新型的空气采样感烟探测器（又名“极早期火灾探测器”）迅速得到推广，如图 5-5 所示。这种探测器由抽气泵、过滤器、激光腔、控制电路等组成，采用主动吸气方式，使用吸气泵/风扇通过预先布置好的采样孔和采样管道抽取保护区内的空气，并将空气样本送入激光腔，在激光腔内利用激光照射空气样本，其中烟雾粒子所造成的散射光被阵列式接收器接收，接收器将光信号转换成电信号后送到控制器的控制电路，信号经处理后转换为烟雾浓度以及设定的报警阈值，产生一个适宜的输出信号，并在符合条件的时候发出报警信号，相对于传统的火灾报警技术具有明显优势。

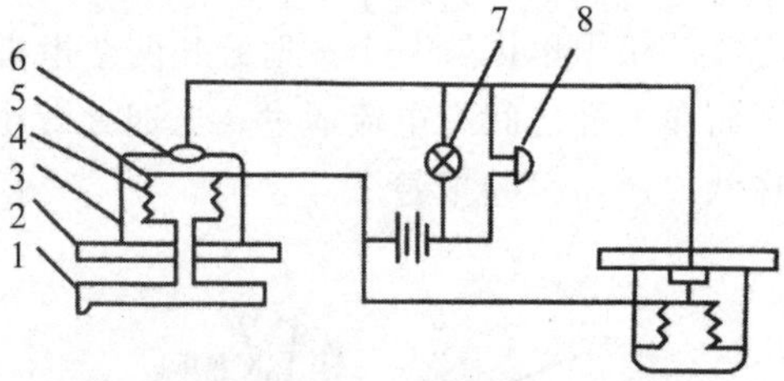

1—空气管；2—舱顶；3—罩壳；4—空气管；
5—金属膜片；6—触头；7—警灯；8—警铃。

图 5-4 空气管式自动报警器

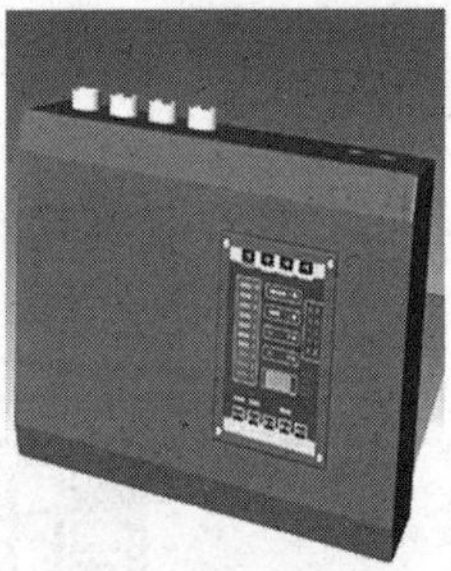

图 5-5 空气采样感烟探测器

第三节 船舶消防系统

船舶火灾的危害是十分严重的，为了有效地防范和扑灭各类火灾，不同类型的船舶都必须按照规范配备不同的消防设备。船舶的消防设备可分为固定消防系统和消防用品两大类。

船舶消防系统是为了提高船舶安全、预防船舶火灾而设计安装的保护设施，是船舶的重要组成部分。根据使用的灭火介质的不同，船舶消防系统可以分为水灭火系统、惰性气体灭火系统、泡沫灭火系统等。

一、水灭火系统

对于互相对立、不能相容的两个人或者两个团体，我们经常用“势同水火”来形容。水与火在自然属性上确实是天然的对头，水也是天然的灭火“良药”。水具有较大的热容量和较小的导热性，水灭火的基本原理是利用水将燃烧物的温度降低到燃点以下，同时也能起窒息灭火作用。

船舶水灭火系统就是以舷外水或自来水为工质的消防系统，主要由消防泵、消防水管、消防支管、消火栓、消防水带和消防水枪、喷嘴等组成。消防泵将水从舷外打入，通过管路分别送到消火栓，再经过接在消火栓上的消防水带和喷嘴喷出灭火。水灭火系统结构简单，水源获取容易，因此几乎每艘船舶都有安装。

（一）消防泵

消防泵（见图 5-6）又称“救火泵”，是安装在船舶、海上工作平台等水上工作环境，由独立机械驱动，用作输送水或泡沫溶液等液体灭火剂的无动力专用泵。消防泵一般设在机舱，消防管路从机舱向上引至各层甲板，如果舱底泵、压载泵等其他船用泵满足消防的有关要求，也可代替消防泵。

消防泵的排量和压头应当满足各类规范的要求，对于船长大于等于 50 米的客船及船长大于等于 70 米的货船、油船，或功率大于 736 千瓦的拖船，除应配备两台消防泵外，还应配备一台活动手摇泵或者便携型机动泵以备应急消防使用。

图 5-6　消防泵

（二）消防水管

消防水管一般采用镀锌的无缝钢管，总管的内径应满足两台消防泵同时工作时输出最大水量的要求，连接消火栓上各支管的直径应该和消火栓的直径一致。

消防水管总管一般按直线形或环形管路布置，因为沿船舶一舷延长的直线管路不易迅速灭火，因此直线形消防水管多用于船宽不大的船舶，而排水量和船宽较大的船舶则多采用环形布置的消防水管。在上层建筑较大或船宽大于19米的大型船舶上应将消防总管布置成环形管路。水灭火管路的敷设应尽量避免通过货舱、居住舱室及潮湿处，既可以布置在甲板的上面，也可以布置在甲板的下方，一般多沿内外走道及舷边布置，以便进行操作和检修。

（三）消火栓

消火栓又称“消防龙头”，是消防水管与消防水带的连接件，由截止阀、快速内扣式接头和保护盖组成。内扣式接头及截止阀多以铜合金或其他耐燃、耐腐蚀的材料制成。

消火栓的数目和布置应符合下列规定：

(1) 船上任何处所失火时，应保证至少有两股有效的水柱可以进行施救，且其中一股仅用一根消防水带即可到达。

(2) 在机舱出口附近，每舷至少各设一个消火栓。

(3) 消火栓的位置应易于连接消防水带，在可能装运甲板货的船上，应注意消火栓不要被货物碰损。

（四）消防水带

消防水带俗称“救火皮龙”，是用棉或纤维织成的紧密管状织物，内壁有的涂有橡胶，以承受较高的水压，是消防系统的输水软管。

消防水带的直径有50毫米和65毫米两种，每节长度应不大于20米，两端有由铜或其他耐燃、耐腐蚀材料制成的内扣式接头，根据需要可以多节连接。船舶还需要配备通岸的消防接头，以便有可能利用岸上的消火栓供水。按照国际统一规定，凡1 000总吨以上的海船，至少应配备一只国际通岸消防接头，能在任何一舷连接甲板消防水管。接头的一端为平面法兰，可与不同直径的消火栓或消防水带连接，接头的另一端为固定接头，可与本船的消火栓或消防水带相接。

图5-7所示为消火栓和消防水带。

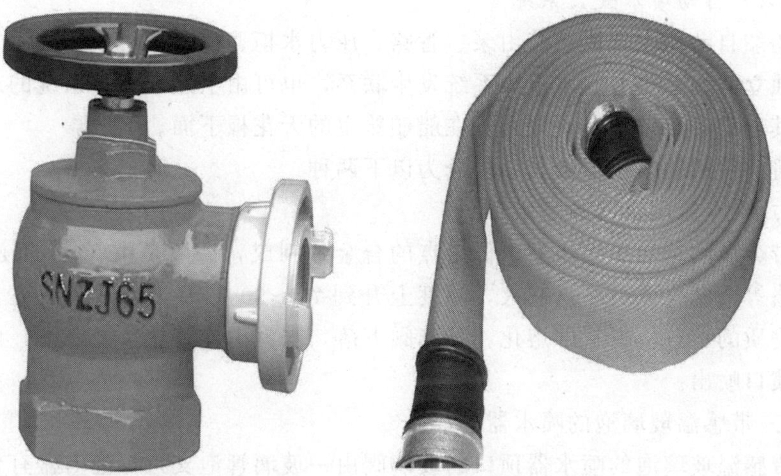

图 5-7 消火栓和消防水带

（五）消防水枪

消防水枪是灭火的射水工具，接在消防水带出水口端，能将高压水流转变为密集充实的高速水流。根据射流形式和特征的不同，消防水枪可分为下列四种：

1. 直流水枪

直流水枪喷射的水流为柱状，射程远、流量大、冲击力强，用于扑救一般固体可燃物质发生的火灾，以及灭火时的辅助冷却等。直流水枪的喷口直径为13～19毫米，水柱射程应不小于12米，可在不能走进火源的情况下使用，用以扑打火焰、分割火场。

2. 喷雾水枪

喷雾水枪即喷射雾状水流的水枪，多用于可燃液体燃烧引起的火灾，或用以掩护消防人员进入火灾区域施救及火势不大但燃烧面积较大的火区。其缺点是作用距离短，在大风环境中不便使用；优点是能使大面积火场迅速降温，还可扑救带电设备火灾、可燃粉尘火灾及部分油品火灾等。

3. 多用水枪

多用水枪既可以喷射直流射流，又可以喷射雾状射流，有的还可以喷射水幕，并且几种水流模式可以互相转换，组合使用，机动性能好，对火场适应性好。

4. 旋转水枪

旋转水枪可向四周喷射出水柱，对于用来扑灭火源尚不明确的船舶舱室起火较为有效。

（六）自动喷水灭火系统

船舶自动喷水灭火系统由泵、管路、压力水柜、喷嘴等组成，其主管路可以是独立的，不与上述水灭火系统发生联系，也可由上述水灭火系统的总管供水，其分支管路较多，一般布置在船舶舱室的天花板下面。

目前使用的喷水器依其结构分为以下两种：

1. 带金属闭锁器的喷水器

带金属闭锁器的喷水器由低熔点的合金片制成，一般是由50%的铋和锡、铅、铬等金属合成，一旦起火，温度上升到70～90 ℃时，即达到上述合金或化学物质的熔点，焊料即熔化，玻璃阀下落，水就由支管接头处流下，由喷水器的喷口喷出。

2. 带感温玻璃泡的喷水器

带感温玻璃泡的喷水器顶口的玻璃阀由一玻璃管泡支持，泡内盛有化学液体，当温度超过该液体的允许限度时，由于液体的膨胀而使玻璃泡炸裂，阀盘落下，使水从喷盘中喷出。

喷水器在使用过后需更换，压力水柜也应重新充气和装水。

二、CO_2灭火系统

CO_2在0 ℃时加压至3.6兆帕，或在19 ℃时加压至5兆帕就能液化，储存在无缝钢管瓶内可长期保存而不变质失效，而且在寒冷气候下也不会冻结。液化CO_2喷出后会迅速汽化，其体积比原来膨胀450倍成为CO_2气体，其密度大于空气，因而能下沉覆盖于燃烧物的表面，使燃烧物与空气隔绝。此外，当液体CO_2汽化时会吸收大量的热，使火场温度降低，并因为它冲淡了舱室中的氧气含量，从而破坏了燃烧的条件，因此是一种理想的灭火工质。

CO_2灭火系统就是利用CO_2不助燃、不导电、比空气重、对物体无腐蚀作用等特性来破坏燃烧条件的消防系统。CO_2灭火适用于多类火灾的扑灭，特别是电气类火灾，但不适宜金属钾、钠、镁、铝等物质燃烧引起的火灾。但由于CO_2无色、无味，在使空气中的含氧量降低时不易被察觉，当空气中的含氧量低至10%时，就会使人窒息甚至致死，因此应注意在居住舱室不能使用CO_2灭火系统。如果在机舱、炉舱及其他可能有人的舱室设置CO_2灭火系统，必须装设报警器，并在火灾被扑灭后，将舱内残存的CO_2用通风机排除。

CO_2灭火系统由CO_2瓶、CO_2站、CO_2管路、CO_2瓶头阀和释放报警器等组成。

（一）CO_2瓶

CO_2瓶是储存CO_2的无缝钢管瓶，每瓶容积约40升，其工作压强为150

兆帕，装充率不应大于 0.68 千克/升。瓶头阀多采用闸刀阀，由闸刀和保险膜片组成，该膜片能在压强为（19±1）兆帕时自行破裂。发生火警时，通过手动开阀装置拉动闸刀，切破保险膜片，导出 CO_2。CO_2瓶中还有一根直径为 10～12 毫米的金属管伸至容器近底处，使用时液体 CO_2通过该管冲出管外汽化，以保证安全。

（二）CO_2站

CO_2储气瓶分组置放在 CO_2站内，用人力或压缩空气启动。CO_2站在上层建筑的阴凉处设置，便于集中管理和控制，室内温度不得超过 45 ℃或低于 0 ℃，以免储气瓶爆炸或因含水而冻结，影响释放。CO_2站与相邻居住舱室应气密分隔，站室的壁或门上应设置观察窗。

（三）CO_2管路

CO_2的管路，除舱内的支管可用焊接管以外，其他总管或支管均应采用无缝钢管。CO_2管路的内径较小，在管路敷设时，应沿着货油舱的空气管或水蒸气灭火管路布置，借以蔽护，必要时应装配罩壳。所有管路不得通过起居处所和生活空间，当无法避免时，该处的管路上不得有拐弯的接头，以确保安全。

CO_2的管路布置应有一定的斜度（3∶100），防止液体聚凝或冻结。管子的喷口应装在舱室甲板的下面，尽可能靠近舱室的顶板，喷口应沿水平方向，机炉舱等处的喷口可向下方布置。CO_2的储存量，应根据其气体能足够地充满被保护舱室中需要量最大的舱室的容积来确定。

三、泡沫灭火系统

泡沫灭火系统是指利用泡沫作为工质，通过窒息和冷却方式破坏可燃物质的燃烧条件达到消灭火灾目的的一种灭火措施。

泡沫是利用化学方法或空气—机械方法制成的，密度为 0.12～0.15 g/cm^3，泡沫内有黏附剂，能够保持较长时间的稳定性，可以附着在可燃物质的表面，使着火物与空气隔绝而窒息，而且泡沫内有水分，对着火物表面也能起到冷却作用。因此泡沫灭火不仅适用于油类火灾，而且适用于固体火灾，但因泡沫中含有的水分能导电，故不能用于扑灭电器火灾，对酒精、乙醚、丙酮等火灾也不适用，因为这些物质挥发性强，能破坏泡沫，使其失去隔离窒息的作用。

按照泡沫发泡的倍数分类，泡沫灭火系统可以分为低倍数泡沫灭火系统；中倍数泡沫灭火系统和高倍数泡沫灭火系统；按照设备安装使用方式的不同，泡沫灭火系统则可以分为固定式泡沫灭火系统、半固定式泡沫灭火系统和移动式泡沫灭火系统。

1. 固定式泡沫灭火系统

固定式泡沫灭火系统由固定的泡沫液消防泵、泡沫液储罐、比例混合器、泡沫混合液的输送管道及泡沫产生装置等组成，并与给水系统连成一体。当发生火灾时，先启动消防泵、打开相关阀门，系统即可实施灭火，泡沫喷射可采用液上喷射和液下喷射两种方式。

2. 半固定式泡沫灭火系统

半固定式泡沫灭火系统有一部分设备为固定式，可及时启动，另一部分是不固定的，发生火灾时，进入现场与固定设备组成一套灭火系统灭火。根据固定安装设备的不同，半固定式泡沫灭火系统分为两种形式：一种为设有固定的泡沫产生装置、泡沫混合液管道和阀门，当发生火灾时，泡沫混合液由泡沫消防车或机动泵通过水带从预留的接口进入；另一种为设有固定的泡沫消防泵站和相应的管道，灭火时，通过水带将移动的泡沫产生装置（如泡沫枪）与固定的管道相连，组成灭火系统。

半固定式泡沫灭火系统适用于具有较强的机动消防设施的甲、乙、丙类液体的储罐区或单罐容量较大的场所及石油化工生产装置区内易发生火灾的局部场所。

3. 移动式泡沫灭火系统

移动式泡沫灭火系统一般由水源（室外消火栓、消防水池或天然水源）、泡沫消防车或机动消防泵、移动式泡沫产生装置、水带、泡沫枪、比例混合器等组成。当发生火灾时，所有移动设施进入现场通过管道、水带连接组成灭火系统。

移动式泡沫灭火系统具有使用灵活，不受初期燃烧爆炸影响的优势，但由于是在发生火灾后应用，因此扑救不如固定式泡沫灭火系统及时，同时由于灭火设备受风力等外界因素影响较大，会造成一定比例的泡沫损失，需要供给的泡沫量及强度都比较大。

船上除设有固定的泡沫灭火系统外，还应有机动的泡沫灭火机，常用的有以下两种：手提式泡沫灭火机是一个金属圆筒，内置碳酸氢钠和泡沫剂的水溶液，筒内的环形瓶架上有一个小口玻璃瓶，瓶内装有硫酸铝溶液，瓶口由弹簧压住的弹簧盖将其盖紧，使两种液体不致混合。使用时，将筒倒转，两种溶液混合后产生 CO_2 泡沫喷出，其标准射程为 12 米。这种灭火机不可放在高温处，且其溶液在寒冷天气还会冻结，故应注意保温，喷嘴应经常疏通。大型泡沫灭火机是附有车轮装置的大容量泡沫灭火机，常用的有 65 升和 100 升两种，有效射程为 17～18 米，其构成与泡沫灭火机相似，容量较前者大。使用时，将灭火机推至火场，取下绕在卷筒上的胶管，利用螺旋式手轮开启玻璃胆盖，然后将机架翻转触地，倒转机身，混合剂液形成泡沫喷出。

第四节　船舶消防设备

前已述及，物质发生燃烧、自燃或爆炸必须同时具备三个条件，即可燃物、助燃物和着火源（燃烧温度），只有当这三个要素同时具备并相互结合、相互作用时才会导致燃烧乃至火灾的发生。因此，船舶火灾的控制必须要紧扣这三个要素，利用各类灭火剂或其他消防手段破坏燃烧产生的基本条件。

灭火剂是阻燃能力很强的不燃物质，灭火剂释放于燃烧物上及燃烧区域后，能覆盖燃烧表面以隔绝空气，通过吸热使燃烧物冷却，稀释火区空气以降低氧气浓度或中断燃烧的连锁反应等破坏燃烧的必要条件，最终达到中断燃烧反应、灭火的目的。灭火剂平时存贮于各类消防器材中，船舶常用的消防器材有手提式灭火器、大型灭火器、消防员装备及其他消防工具等。

一、手提式灭火器

手提式灭火器所含的灭火介质可分为四类，即水（酸碱）、泡沫、干粉、CO_2等，主要适用于扑救初期的小范围火灾，其特点是小巧轻便，操作简单，应急迅速，灭火效率高。按照国际标准规定，手提式干粉或二氧化碳灭火器的容量应不少于 5 千克，而手提式泡沫灭火器的容量至少应为 9 升。

在船舶起居处所、机器处所、厨房和每一个易燃物料间都应配备足够数量的手提式灭火器。此外，还应当安放在船上人员按脱险路线撤离时容易看到的地方，如舱室出口处、走廊内和梯道旁等。每具灭火器都应当具有永久性的操作文字说明和灭火药剂的名称、灌充量、适用的火灾类型等文字说明。

（一）手提式 CO_2 灭火器

手提式 CO_2 灭火器由钢瓶、开关装置和喷射装置等组成，主要存放于船舶上的厨房、机器处所和锅炉处所。钢瓶内装有液化的 CO_2 3～6 千克，喷射时间为 20～45 秒，射程一般为 2～3 米。CO_2 灭火器的开关装置多采用鸭嘴式，使用时，压下压把压杆就会下移，打开阀门，CO_2 就会通过虹吸管被释放出来。

手提式 CO_2 灭火器适用于扑救液体、气体及带电设备火灾，主要用于扑救贵重设备、档案资料、精密仪器仪表、600 伏以下的电器及油脂等火灾，不适用于扑救轻金属火灾。

1. 手提式 CO_2 灭火器的使用方法

（1）站在火场上风处，竖直提着手柄，拉出保险插销。

（2）喷筒对准火焰上火，喷口距火焰保持 1.5～2 米。

（3）将压把压下，CO_2就会经虹吸管和喷射连接管从喷嘴喷出，由近而远、左右摆动扫射，直到火被扑灭。

（4）停用时，将手放松，阀门自行关闭，停止喷射。

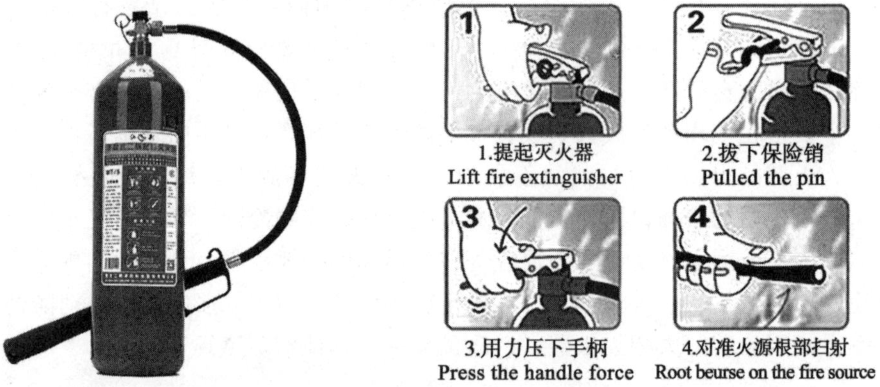

图 5-8　手提式CO_2灭火器及使用方法

2. 手提式CO_2灭火器使用注意事项

（1）CO_2灭火器喷射过程中应保持直立状态，切勿平放或颠倒使用。

（2）CO_2灭火器在室外使用时，应选择站在上风口。

（3）当没戴防护手套时，不可用手直接握喷筒或金属管，以免冻伤。

（4）在狭小的室内空间使用时，灭火后应迅速撤离，以防窒息。

（5）当扑救容器内的火灾时，注意不要使CO_2直接冲击到液面上，以免将可燃液体冲出容器而扩大火灾面积。

（二）手提式干粉灭火器

干粉灭火剂是用于灭火的干燥且易于流动的微细粉末，由具有灭火效能的无机盐和少量的添加剂经干燥、粉碎、混合而成微细固体粉末组成。干粉火火器就是依靠压缩气体（氮气、二氧化碳）驱动干粉喷射来灭火的，对于扑救 B 类和 C 类两类火灾效果较好，也可以用于电气设备火灾；对于 A 类火能起到控制火灾的作用，但应当辅以喷水才能取得良好效果。

手提式干粉灭火器包括储干粉钢瓶、储气瓶（氮气、二氧化碳）、喷射系统以及开启机构等部件，主要存放在船舶上的起居处所、厨房、无线电室以及电气设备处所。

1. 手提式干粉灭火器的使用方法

（1）取下干粉灭火器，提到火场，站在火场上风口。

（2）一手紧握喷嘴胶管，另一手压下释放手柄，打开驱气瓶瓶头阀。

（3）手握喷嘴对着火焰根部快速而平稳地推移前进，直至将火扑灭。

2. 手提式干粉灭火器使用注意事项

(1) 站在上风口，离火场1～2米，对准火焰根部来回扫射，手始终压下压把，防止中断喷射。

(2) 扑救液体火灾时，不要把喷嘴直接对准液面喷射，防止火灾蔓延。

(3) 不适用于扑救轻金属火灾。

(4) 扑救固体火灾效果不好，灭火后应注意防止复燃。

3. 手提式干粉灭火器的检查和保养

(1) 应放置在通风、阴凉、干燥处，防止干粉结块失效。

(2) 定期检查称重，当质量减少超过1/10时，应及时补充。

(三) 手提式泡沫灭火器

泡沫灭火器的外壳是铁皮制成的，内装碳酸氢钠与发泡剂的混合溶液，另有一玻璃瓶内胆，装有硫酸铝水溶液，使用时将筒身颠倒过来，碳酸氢钠和硫酸铝两溶液混合后发生化学作用，产生二氧化碳气体泡沫，体积膨胀7～10倍，一般能喷射10米左右。泡沫的密度一般为0.1～0.2克/立方厘米，汽油的密度是0.78克/立方厘米，水的密度是1.0克/立方厘米。由于泡沫的密度小，所以能覆盖在易燃液体的表面上，一方面降低了液面的温度（吸热）使液体蒸发速度降低，另一方面形成一个隔绝层，隔断氧气与液面接触，火就被扑灭。由此可知，泡沫灭火器对于扑灭包括油类在内的液体火灾效果最好。

船舶上常见的是空气泡沫灭火器，主要存放在厨房、机器处所及锅炉处所。泡沫灭火器包括钢瓶、储气瓶（氮气、二氧化碳）、喷射系统以及开启机构等部件，依靠压缩气体（氮气、二氧化碳）驱动并搅动空气泡沫灭火剂灭火。

1. 手提式泡沫灭火器的使用方法

(1) 距燃烧物6米左右，拔出保险销。

(2) 一手握住开启压把，另一手紧握喷枪。

(3) 用力捏紧开启压把，打开密封或刺穿储气瓶密封片，空气泡沫即可从喷枪口喷出。

2. 手提式泡沫灭火器使用注意事项

(1) 站在上风口，离火场1～2米，喷管对准火焰附近的垂直表面。

(2) 使灭火器始终保持直立状态，切勿颠倒或横卧使用，否则会中断喷射。

(3) 用于扑救一般固体火灾时，喷嘴应对准燃烧最猛烈处喷射。

(4) 不能用来扑救带电设备、气体以及金属火灾。

(5) 不要和水同时使用，防止冲破泡沫，降低灭火效果。

3. 手提式泡沫灭火器的检查和保养

（1）检查存放地点的环境温度是否为−8～45 ℃。

（2）定期检查驱动气体压力，如低于1/10，应及时补充。

（四）手提式清水灭火器

清水灭火器的筒体中充装的是清洁的水，所以称为清水灭火器。为了提高灭火性能，在清水中会加入适量的添加剂，如抗冻剂、润湿剂、增黏剂等，主要用于扑救固体物质火灾，如木材、棉麻、纺织品等的初期火灾。

手提式清水灭火器包括筒体、筒盖、二氧化碳储气瓶、喷射系统和开启机构等部件。筒体是存放灭火剂的容器，由筒身、连接螺圈和底圈组成；筒盖也称“器头”，是使筒体密封的盖子，通过连接螺圈与筒体相连接；二氧化碳储气瓶是用来储存液化二氧化碳的容器，是清水灭火器的动力源；喷射系统是灭火剂从筒体向外喷射的通道，由虹吸管和喷嘴组成，喷嘴一般制成圆柱状或圆锥形，喷出柱状水流，俗称“直流喷嘴”，也可制成喷雾喷嘴或开花喷嘴；开启机构由穿刺钢针、限位弹簧、开启杆、保险帽等零件组成。

1. 手提式清水灭火器的使用方法

（1）离火场3～4米处提灭火器站在上风口。

（2）将灭火器竖直放稳，拉出保险销，压下开启机构压把。

（3）这时CO_2储气瓶的密封膜片被刺破，二氧化碳气体进入筒体内，驱动清水经喷管从喷嘴喷出。

2. 手提式清水灭火器使用注意事项

（1）喷管应对准燃烧最猛烈处喷射。

（2）随着灭火器喷射距离的缩短，操作者应逐渐靠近燃烧物，使水流始终能喷射在燃烧处，直到将火扑灭。

（3）不能用于扑救带电设备火灾和金属火灾。

（4）灭火过程中应始终保持与地面大致呈垂直状态，切勿颠倒或横卧，否则会使加压气体泄出而灭火剂不能喷射灭火。

3. 手提式清水灭火器的检查与保养

（1）检查灭火器存放地点的温度是否在0 ℃以上，以防气温过低而冻结。

（2）灭火器应放置在通风、干燥、清洁的地点，以防喷嘴堵塞以及因受潮或受化学腐蚀药品的影响而发生锈蚀。

（3）经常进行外观检查，检查灭火器的喷嘴是否畅通、压力表指针是否在绿色区域、灭火器有无锈蚀或损坏。

（4）灭火器一经开启使用，必须按规定要求进行再充装，以备下次使用。

（5）每半年拆卸器盖进行一次全面检查，检查储气瓶的防腐层有无脱落和腐蚀、灭火器内水的质量是否符合要求、器盖密封部分是否完好。

图 5-9 所示为手提式干粉灭火器、泡沫灭火器和清水灭火器。

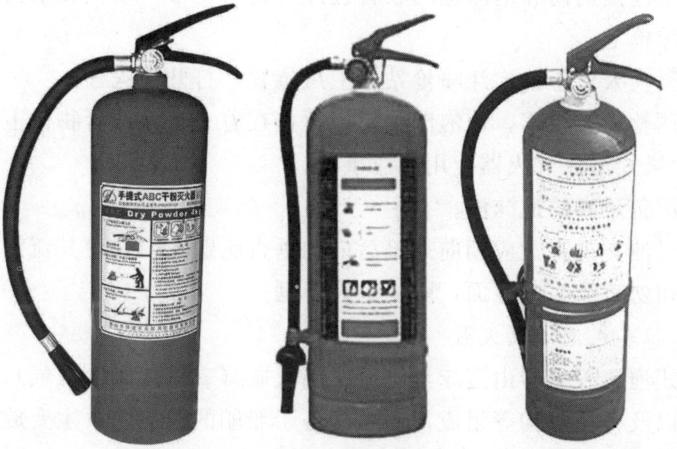

图 5-9　手提式干粉灭火器、泡沫灭火器和清水灭火器

二、大型灭火器

除了手提式灭火器外，船舶特别是船长在 30 米以上的中大型船舶通常还要配备剂量较大的移动式灭火器，通常包括便携式泡沫灭火器、推车式泡沫灭火器、推车式干粉灭火器以及推车式二氧化碳灭火器，如图 5-10 所示。

图 5-10　便携式泡沫灭火器和推车式干粉灭火器、泡沫灭火器

（一）便携式泡沫灭火器

便携式泡沫灭火器主要由吸入式空气泡沫枪、盛装 20 升泡沫液的可携式容器及备用容器组成，其容量比手提式泡沫灭火器大，放置在 A 类机器处所

及特种处所的甲板水带箱内，主要适用于扑救机器处所发生的较大油品火灾。

1. 便携式泡沫灭火器的使用方法

（1）将连接药筒和泡沫枪的软管接好，将水龙带一端接在消火栓上，另一端接在泡沫枪上。

（2）灭火人员手持泡沫喷枪站在上风位置，打开消火栓。

（3）调整灭火距离，使泡沫平稳地覆盖在着火油面或者物体上。

2. 便携式泡沫灭火器使用注意事项

（1）配备足够的泡沫液。

（2）对油类火灾，应朝向火焰后面的垂直舱壁喷射，使其流淌覆盖液面。

（3）切勿直接喷向液面，防止火灾蔓延。

（二）推车式泡沫灭火器

推车式泡沫灭火器由泡沫液钢瓶、储气瓶（二氧化碳、氮气）、喷射系统、开启机构以及行驶机构等组成，通常配备于船舶的机舱内，主要放置在主机以及锅炉附近。

推车式泡沫灭火器有 45 升和 130 升两种规格，使用方法如下：

（1）推车式泡沫灭火器一般由两个人操作，使用时，先将灭火器移动到火场附近。

（2）离火点约 6 米处停下，一个人迅速打开瓶头阀，另一个人则迅速展开喷射软管。

（3）双手握紧喷枪，对准失火地点，打开阀门喷射泡沫灭火。

（三）推车式干粉灭火器

推车式干粉灭火器由筒体、筒、驱动气瓶、喷射系统、开启机构以及行驶机构等组成，主要放置在主机和锅炉附近。

推车式干粉灭火器的装粉量为 35～70 升，喷射距离为 10～13 米，喷射时间为 20～50 秒，其使用方法如下：

（1）推车式干粉灭火器一般由两个人操作，使用时将灭火器迅速推或拉到火场。

（2）在离起火点约 10 米处停下，一个人将灭火器放稳，然后拔出开启机构上的保险销，迅速打开驱动气瓶，另一个人则取下喷枪，展开喷射软管。

（3）前方操作人员一手握住喷枪，另一只手打开阀门，将喷枪对准火焰根部，喷粉灭火。

（四）推车式二氧化碳灭火器

推车式二氧化碳灭火器的结构与手提式灭火器基本相同，主要不同点在于多了一个固定和运送灭火器的推车，开启机构采用手轮式，其剂量也比手提式要大，一般有 16 千克和 23 千克两种规格。

推车式二氧化碳灭火器的使用方法如下：

（1）使用推车式二氧化碳灭火器时，一般由两个人操作。要先把灭火器推或拉到火场附近。

（2）离火场约 10 米处停下，一个人迅速卸下安全帽，全部开启瓶头阀，另一个人迅速取下喇叭喷筒，展开喷射软管。

（3）前方的操作者双手握紧喷筒根部的手柄，把喇叭喷筒对准火焰，从火焰上方往下喷射。

三、其他消防工具

消防工具是在船舶灭火过程中常用的消防专用设备，平时放置在规定地点，并有明显标记（一般为红色），不允许随意动用。船舶上常用的消防工具有消防斧、消防钩、消防桶、灭火毯、消防沙箱等。

（一）消防斧

消防斧又称“太平斧”，是一种清理着火或易燃材料，切断火势蔓延的工具，还可用以劈开被烧变形的门窗、砍断缆绳、破拆障碍物、解救被困的人等，因其主要形状类似于斧子，所以叫“消防斧”。

（二）消防钩

消防钩主要用于在火场中翻动着火物品，从火场中取拿物品等。

（三）消防桶

消防桶又称“太平桶”，一般是手提式的，用镀锌铁皮做成，外壳涂红漆，并用白漆标出编号，存放在驾驶台附近或露天甲板的木座上，它的作用是浇灭初期火灾。

（四）灭火毯

灭火毯又称“消防被”“灭火被”，是用耐火材料（如石棉、玻璃纤维及纺织品等）制成或经防燃浸渍处理的专用毯，能起到隔离热源及火焰的作用，可用于扑灭油锅火或者披覆在身上逃生。使用时，只要将灭火毯展开覆盖于初始燃烧物上，就能达到灭火的目的。

（五）消防沙箱

消防沙箱是存储黄沙的玻璃钢或金属箱，沙箱的外壳涂红色，黄沙必须是干燥的，使用时将其覆盖在燃烧物表面，隔绝氧气并吸收部分热量，使火熄灭。

图 5-11 所示为常用消防工具。

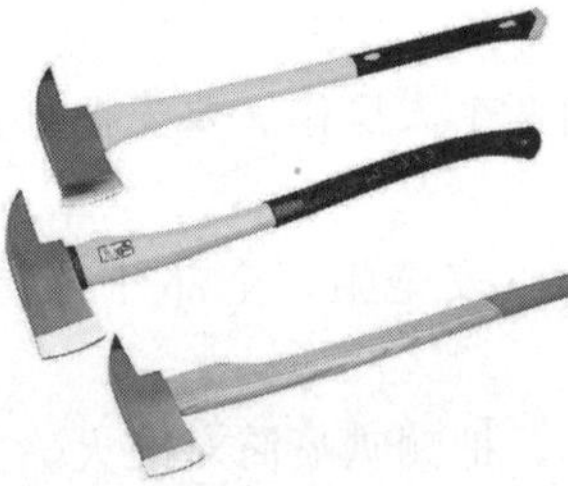

消防斧

消防钩

消防桶

灭火毯

消防沙箱

图 5-11　常用消防工具

四、消防人员装备

消防人员装备是消防员的专用设备，它的作用是确保消防人员安全地进入火场探明火情、执行灭火任务或救助火场中的受困人员等。消防人员装备包括防火服、长筒靴和手套、头盔、安全灯、消防斧、安全带、防火绳及呼吸器等（见图 5-12）。

图 5-12　消防人员常用装备

（一）防火服

防火服采用纤维织物与镀铝薄膜复合材料制作而成，其外表面能防火和防水。防火服的主要用途是保护消防人员的皮肤不受火焰和燃烧的热辐射、灼伤及蒸汽烫伤。

（二）长筒靴和手套

长筒靴和手套由橡胶或其他电绝缘材料制成，可避免消防人员进入带电火场后触电的危险。

（三）头盔

头盔的主要作用是预防和减轻消防人员在火场中遭受撞击的风险，其材质应坚固结实。

（四）安全灯和安全带

安全灯的照明时间至少要保证连续工作 3 小时；安全带上的钢制圆环可以和防火绳的卡钩连接，并应具有固定消防斧的装置。

（五）防火绳

防火绳的长度应不小于 30 米，用来显示来时的路径以及应急时作为搜救或简单联系的工具。

（六）呼吸器

储压式空气呼吸器由高压空气瓶、呼吸面罩及调节阀、余压报警器等组成，其主要作用是供给新鲜空气，防止进入火场的人员窒息或吸入毒气中毒。呼吸器在火场中至少要保证持续供气 30 分钟。

本章小结

本章主要内容可归结为以下四点：①船舶火灾固然可怕，但火魔的降生也需要条件，只有可燃物、助燃物和着火源这三个“恐怖分子”聚成团伙，燃烧才能发生、发展并最终导致火灾，而隔离法、冷却法、窒息法、抑制法等灭火方法的原理，就是根据不同的火灾种类，破坏其燃烧或爆炸的条件，使燃烧三要素不能同时共存。②对待火灾最理想的处理方式是防患于未然，力争在火灾初起时第一时间发现并示警。在船舶火灾防范体系中，失火报警设备就承担着第一时间发现并报告火情危险的“瞭望哨”和“侦察兵”作用。常见的船舶失火报警设备包括手动式火灾报警器、感温式自动报警器、测烟式自动报警器和空气管式自动报警器四类。③船舶消防系统是为了提高船舶安全、预防船舶火灾而设计安装的保护设施，是船舶的重要组成部分，根据使用的灭火介质的不同，船舶消防系统可以分为惰性气体灭火系统、泡沫灭火系统、水灭火系统等。④除了固定式灭火系统以外，船舶上常用的消防器材还有手提式灭火器、大型灭火器、消防员装备及其他消防工具等。手提式灭火器和大型灭火器分为水（酸碱）、泡沫、干粉、CO_2灭火器等不同种类，小巧轻便，操作简单，应急迅速，灭火效率高，主要适用于扑救初期的小范围火灾。熟悉并掌握消防工具和消防人员装备的使用方法，对于船舶火灾自救和互救同样十分重要。

第六章 海上救生——“闯海人”的自救之路

在认识海洋，了解船舶，基本掌握了船舶上各类航行、信号、通信和消防设施设备的构造、功能和操作常识之后，你就初步告别了“海洋小白”的菜鸟身份。接下来，我们将真正进入海上救生的角斗场，开始与风灾、浪损、碰撞、火灾等各类海洋灾害的贴身肉搏！

“闭门家中坐，祸从天上来！”我们每个人都想平安一生，无灾无祸，但风险与灾害却又无时不有，无处不在。对于常年奔波劳作于大海之上讨生活的“闯海人”来说，防范和化解各类风险是必须学会的生存技能和必须经历的职业考验！1912 年，英国巨型邮轮——“泰坦尼克号”遇难，当时该船救生艇定员只有全船总人数的 1/3，因此在撞击冰山沉船时，大部分乘客仅靠救生衣漂浮在海中，酿成 1 486 人死亡的惨剧！这一事件引起了欧美各国的极大震惊，迫使英国政府采取措施，于 1913 年在伦敦召集各航运国家开会，共同商讨如何保障海上航行的人身安全，于 1914 年 1 月 20 日通过了决议，这就是《国际海上人命安全公约》(简称《SOLAS 公约》)。

各类海上事故的不断出现，促使人们不断寻找保障海上安全的救生方法和救生装备，以挽救生命于危难，抢救财产于急险。本章我们就来集中探讨一下一旦在海上遭遇险情，应当如何发出警报、启动自救互救程序，如何传递险情、对外发出求救信号，如何释放救生设施、使用救生设备，为船舶之上的生命财产安全构筑起一条通向希望的路径。

第一节 船舶报警设备

船舶在海上遭遇突发险情、发生重大故障或者面临其他紧急情况时，应在第一时间启动预警系统，向船舶上的全体人员发出预警信号，以便将险情迅速传达至全船并集合全船力量根据不同风险状况采取及时、有效的应急处置措施。因此，船舶自身的预警信息传递系统就是启动船舶海上救生程序的“核按钮”，一旦按下这个按钮，就是向全船发出了实施自救行动的发令枪，吹响了海上救生的冲锋号。

一、船内报警系统

船舶内部的报警系统可以分为两类：一类是船舶通用紧急报警系统，另一类是其他船内报警系统。现分别介绍如下：

（一）船舶通用紧急报警系统

为保证遇险之后及时将险情告知全船，船舶应设置单向发信的通用紧急报警系统，使全船所有起居处所、通常船员工作的处所以及开敞甲板都能听到该系统的报警。通用紧急报警系统应能在驾驶台、消防控制站控制，其报警器在被触发后应能一直保持报警状态，直至人工将其关闭或由于广播系统工作而暂时中止。

当主电源供电失效时，船舶通用紧急报警系统应能自动转换到应急电源供电。通用紧急报警系统的分电箱应设在舱壁甲板以上的适当处所，由分电箱引出的每一分路绝缘极上均应设有熔断器保护。

在所有的门和通道都关闭的情况下，在居住舱室内距睡眠位置和距离声源1米处，音响报警信号的声压级至少应达到75分贝（A），并至少要比船舶在较好天气状况下航行时的正常设备操作的环境噪声级高出10分贝（A）。声压级应在基频附近的1/3倍频带之内，在任何情况下，某一处所内的音响报警信号声压级都不得超过120分贝（A）。

除电铃外，报警音响信号的频率应为200～2 500赫兹。

（二）其他船内报警系统

1. 厨房报警设备

船舶厨房内应设有听觉和视觉报警器，以保证工作人员偶然被闭锁在食品冷藏库内时能够及时发出求救信号，但冷藏库的门若能从内部开启时则可免予设置。

2. 驾驶台报警设备

船舶驾驶台内应设有当船员被偶然关闭在鱼舱、速冻间时能够发出求救信号的声光报警装置或者其他有效的报警措施。

3. 灭火报警系统

船舶应设置消防系统启动预警等相关报警设备，船舶灭火剂释放预告信号以及其他听觉和视觉报警装置应符合关于消防的有关要求，自动喷水系统中的探火和失火报警系统、固定式探火和失火报警系统应符合关于消防的有关要求。

4. 动力系统报警设备

船舶应设置动力系统运行状况监测及报警设备，船舶主机及辅柴油机报警装置应符合轮机及渔捞机械设备对报警的要求，制冷系统的报警装置应符合有关冷藏及速冻装置的要求。

船舶应设置能由机器控制室或操纵台（如适用时）操作的轮机员报警装置，并能在轮机员居住舱室内清晰地听到报警声音。

船舶上的各种自动声光警报器应设有能切断声响信号而不切断发光信号的装置，同时，各种自动报警和指示信号系统均应设置能够检查其自身工作状态是否正常的试验装置。

二、船内通信系统

船内通信系统负责船舶驾驶台与各舱室、机器处所等主要部位之间的通信联络。

（一）传令钟

船舶应设置把驾驶台的命令发送至船舶主推进机械装置所在的机器处所的主机传令钟（见图 6-1），主机传令钟应具备复示装置。

船舶驾驶台内应设置主机传令钟的失电听觉和视觉报警器，该报警器一般应由蓄电池供电，如果采用船电，则不应与传令钟接入同一电源线路上。

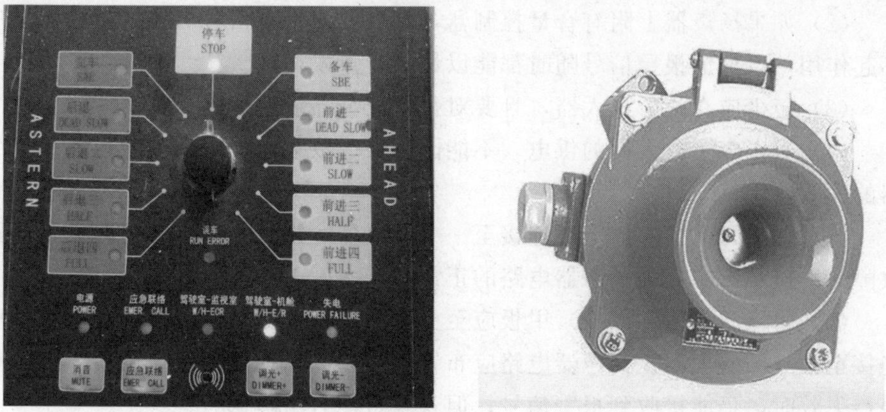

图 6-1 船舶主机传令钟和船舶电铃

（二）指挥电话和其他通信设备

下列处所之间若以电话为主要通信工具时，则应为声力电话或用蓄电池供电的指挥电话：

（1）驾驶台—机器处所。

（2）驾驶台—应急操舵站及舵机。

（3）驾驶台—火警信号站及消防设备集中控制站、船首、船尾（若船首、船尾与驾驶台之间已有其他的通信工具，则船首、船尾的电话可免予设置）。

(4) 驾驶台—无线电室（若驾驶台与无线电室相邻，且能进行有效的通信联系，可免除驾驶台与无线电室间电话通信的要求）。

驾驶台与机器处所之间、驾驶台与应急操舵站和舵机之间应为直通电话。指挥电话应保证在船舶各种工况下均能通话清晰，若电话周边噪声过大影响通话时，则应装设在隔音室或隔音罩内。同时，船舶应设有固定式、可携式或两者兼备型式的应急通信设备，以供船上应急控制站、救生艇集合及登乘地点与驾驶台和消防控制站等要害部门之间进行双向通信。

（三）有线广播系统

船长不小于 24 米的船舶，应设有能将指令有效地发送到居住处所、控制站以及开敞甲板的有线广播系统，而且在主电源供电失效时，有线广播系统应当能够自动转换至应急电源供电。

如果有线广播系统能符合下列要求以及对通用紧急报警系统的要求，则可兼作通用紧急报警系统和发送火灾报警信号。

(1) 随时都能发送清晰而不失真的音响报警信号，在发送报警信号时其他发送信号应能自动停止。

(2) 如果扬声器上附有音量控制器，则在发送报警信号时该音量控制器应不起作用，以保证报警信号随时都能以最大音量发送。

(3) 至少应有两个放大器，且要对每个放大器进行短路保护。

(4) 对于多个放大器的供电，不能因为一个放大器的失效而导致其他放大器的失效。

(5) 如果几个扬声器电路连接至一个放大器，则每个扬声器电路发生短路故障时，应不影响其他扬声器电路的正常工作。

(6) 每一防火区和（或）甲板应至少有两个连续的扬声器电路，且它们应连接至独立的放大器。扬声器电路应布置适当，以保证即使在一个放大器或扬声器失效时，仍能接收到报警信号，但音量可能有所降低。

(7) 应使用多个电子声响信号发生装置。

(8) 该系统的布置应能防止反馈或其他干扰。

第二节　船舶救生载具

船舶救生载具是船舶救生设备中的“主力军”，扮演着“诺亚方舟”的角色，承担着船舶遇险后承载和运输船舶上的人员安全脱离险境的重要职能。船舶救生载具主要包括救生艇、救助艇、救生筏及救生浮具等救生用具。

一、救生艇

救生艇是船舶的主要救生载具，是在船上遇险人员撤离船舶后能够继续维持撤离遇险人员在海上生命安全的小艇。救生艇的内部座位下装有自然浮力材料，当全部灌满水时就能够漂浮在水中不会沉没。全封闭型救生艇还具有倾覆后自动扶正至正浮状态的功能。救生艇内储备有一定数量的食物（通常为压缩饼干）、饮用水、桨等保障遇险人员在海上短期生活和救生的必需物品。救生艇具有良好的浮性、稳性和航海性能，与其他的救生工具相比承载人数多、安全性能强，但它的质量和体积都比较大，需占用一定的船舶甲板面积和空间。

（一）救生艇的分类

常见的救生艇分类方式有以下几种：

1. 按艇体使用的材质分类

按照艇体使用材质的不同，救生艇可分为木质救生艇、金属（钢或铝）救生艇和玻璃钢救生艇。木质救生艇使用时间最长，修理方便，浮力较大，不易沉没，但水密性差，易着火和破损，而且耗用木材，制造工艺复杂，目前已不使用；钢质救生艇耐火性能好，但易锈蚀，目前也很少采用；玻璃钢救生艇质量轻，强度高，耐腐蚀，表面光滑，制造与维修工艺较简单，保养方便，经久耐用，目前被国内外广泛采用。

2. 按推进的方式分类

救生艇按推进方式的不同可分为机动救生艇和非机动救生艇（一般也称为“划桨救生艇”）。机动救生艇以柴油机为动力，既可以满载乘员较快地撤离险船，又可以拖带非机动救生艇和救生筏；非机动救生艇主要依靠划桨，或设有手摇、脚踏等人力推进装置，或利用风帆推进。

根据《SOLAS公约》对新造船舶的要求，目前非机动救生艇只能用于国内航行的海船和内河船舶。国际航行船舶及国内航行的客船和油船所配备的机动救生艇，当载足全部乘员和属具，并且由发动机驱动的辅助装置均在运转时，在静水中的航速应不小于 6 节，当拖带 1 只载足全部乘员和属具的 25 人救生筏时，航速应不小于 2 节。国内航行的除客船和油船以外的其他船舶配备的机动救生艇，在静水中的航速应不小于 4 节。

3. 按结构形式分类

按照结构形式的不同，救生艇可以分为开敞式救生艇（乘员定额在 60 人以上的应为机动救生艇）、半封闭救生艇和全封闭救生艇三类，所有救生艇的乘员定额均不得超过 150 人。

按设备和功能的不同，全封闭救生艇又可分为普通型全封闭救生艇、耐火救生艇、具有空气维持系统的救生艇及自由降落救生艇四种。

4. 按乘员进入艇内的位置分类

全封闭救生艇按乘员进入艇内的位置可分为侧开门、尾开门及侧尾开门三种形式，自由降落救生艇全是尾开门形式。

侧开门形式的救生艇，门布置在艇的两侧或一侧（船舶右舷救生艇的门在艇的左侧，船舶左舷救生艇的门在舷的右侧），这种艇的艏艉部线型均为尖形。尾开门形式的救生艇为方尾形，门布置在艇的尾部。侧尾开门形式的救生艇，一般是在尾开门救生艇的基础上，再增加一个侧开门。上述各种全封闭救生艇（自由降落救生艇除外），如果同时满足《国际救生设备规则（LSA）》规定的救助艇的要求，可以兼作救助艇，称为全封闭救生艇兼救助艇。同样，半封闭救生艇或开敞式救生艇如果满足规定的救助艇的要求，也可以兼作救助艇。

（二）各种形式救生艇的特点

1. 全封闭救生艇

全封闭救生艇为机动艇，设置有完全罩住救生艇的刚性水密封闭盖，可保护乘员不受恶劣环境条件的伤害，并具有倾覆后自行扶正的能力，是一种较理想的救生设备。

2. 具有空气维持系统的救生艇

具有空气维持系统的救生艇（或称“自供空气救生艇”）也是一种全封闭救生艇，它与普通型封闭救生艇的区别是多了一套压缩空气与供气系统装置，主要用于运载散发有毒气体货物的化学品液货船和气体运输船。

3. 耐火救生艇

耐火救生艇也是全封闭救生艇，它除备有空气维持系统外，还装有喷水防火系统。耐火救生艇与具有空气维持系统的救生艇的区别是增加了喷水防火系统装置，主要用于油船、化学品液货船和气体运输船。

4. 自由降落救生艇

自由降落救生艇也是全封闭救生艇，平时存放在船舶尾部倾斜的滑架上，使用时，人员进入救生艇后安全装置将人员牢固地缚在座位上，然后操纵释放机构，救生艇依靠重力在倾斜架上滑行后自由降落至水中，再漂浮出水面。这种救生艇用于货船、油船等，但不允许用于客船。

自由降落救生艇具有释放迅速的优点，解决了船舶在航速为 5 节左右放艇的难题，不足之处是艇存放高度较高，占用了过大的尾部空间，不能兼作救助艇。

5. 半封闭救生艇

半封闭救生艇是机动艇，艇的艏艉端各有一段固定装设的刚性顶盖，刚性顶盖之间设有固定附连的可拆式顶篷，在人进入救生艇后顶篷可方便撑起，从而形成一个能挡风雨的遮蔽，以保护救生艇乘员免受风吹雨打和烈日暴晒。半封闭救生艇的两端和每一侧均有进口，以便在救生艇翻覆时乘员可逃出。

半封闭救生艇仅用于国际航行客船，它与全封闭救生艇相比易于登乘，但稳性较差，低温保护性能也比较差。

6. 开敞式救生艇

开敞式救生艇分为机动与非机动两种，主要包括划桨救生艇、一级机动救生艇（航速不低于 6 节）及二级机动救生艇（航速不低于 4 节），乘员定额在 60 人以上的则应为机动艇。开敞式救生艇在海上倾覆时，可利用艇底扶手及扶正索将艇扶正。

开敞式救生艇结构简单，登乘方便，但因低温保护性能差，乘客易受海浪、大风袭击或烈日暴晒，故不宜在国际航行船舶或远洋渔船上使用。

（三）救生艇的保养与释放

1. 救生艇保养的注意事项

（1）定期检查救生艇设备，确保吊艇钢丝、限位开关、吊钩、其他构件等装置处于良好的工作状态，对超耗及锈蚀不符合要求的钢丝绳要及时进行更换。按规定，救生艇钢丝磨损断丝超过 10%或钢丝绳使用超过 5 年的要换新。

（2）每次救生艇释放、回收前应对救生艇构件、艇架、属具、吊钩、释放器、钢丝绳、艇机、绞艇机及限位保护装置等进行全面检查，必须确保完全处于良好状态或调整到正常工作位置方能进行救生艇的释放、回收。

（3）救生艇释放、回收工作必须统一指挥，各负其责，确保通信畅通，操作人员统一行动，执行现场指挥指令。

（4）每次救生艇释放、回收前，应组织学习讲解救生艇释放和回收的程序、风险及应对措施。

2. 救生艇释放的注意事项

（1）放艇前，检查吊钩复位指示是否在锁定位置，释放手柄是否处于“OFF”位置。

（2）放艇时，要确认艇底塞是否被塞妥。

（3）救生艇回收以及进行制动试验后应重复检查核实，确保救生艇释放装置完好。

（4）救生艇脱钩前必须检查救生艇前后释放器和钩头闭合状态，保证钩头完全复位，避免出现吊钩突然脱落引起救生艇坠落。

（5）救生艇钩头在负载的情况下，禁止维护和调整释放器。

（6）脱钩操作钩头不能释放时，检查每只钩头的情况并确认救生艇是否入水。

(7) 放艇时必须服从艇长指挥，执行负载情况下的救生艇脱钩操作。

(8) 随艇人员应集中注意力，调整姿势并降低人体重心，听从指挥，协调操作。

(9) 使用手摇柄回收救生艇时，必须确认绞艇机电源关闭。

(10) 在使用重力释放或电动收绞救生艇时，必须确认手动操作手摇柄取下收妥方能进行。

3. 救生艇释放的一般步骤

(1) 解开所有的绑扎绳和救生艇罩。

(2) 旋紧艇底塞，启动艇机。

(3) 系上艇首缆和尾缆。

(4) 拔出救生艇架下的保险插销。

(5) 抬起手闸杆，使艇下滑至登艇甲板。

(6) 随艇人员登上救生艇（至少两人）。

(7) 解开定位索，调整首尾缆。

(8) 抬起手闸杆，使艇放至水面，松开救生艇吊钩。

(9) 剩下的艇员通过救生软梯登上救生艇。

(10) 合上螺旋桨，解掉首尾缆，迅速将救生艇驶离。

4. 自由降落救生艇释放方法及注意事项

(1) 艇下人员进入救生艇后，脱下救生衣、安全帽进入规定座位，正确系好保险带（驾驶员最后一个进入自己的座位系妥安全带并逐个检查艇员的装备是否穿戴正确）。

(2) 检查并确认艇尾水密门及艇前顶部水密天窗关闭并水密，艇底塞旋妥。

(3) 检查并确认没有任何物体与救生艇连接。

(4) 确认艇机在熄火状态。

(5) 检查并确认舵轮已置于正舵位置。

(6) 确认艇钩速放阀的液压旁通管在关闭位置（驾驶座上方，平时处于开启位置）。

(7) 确认艇内没有松散物品。

(8) 在救生艇抛投降落下水前，确认母船的推进器已不再转动。

(9) 艇内一切准备工作就绪，必须向指挥员（船长）报告，指挥员接到报告后，确认水面无障碍，才可下令放艇。

(10) 装上释放杆，然后拔下释放器安全保险插销，检查并确认艇钩速放阀的液压旁通管已关闭（驾驶座上方，平时开启）。

（11）当接到放艇命令后，随艇人员要做好心理准备，并保持重心后移，双手握紧前排位置座椅靠背上的把手，双脚撑蹬。然后上下扳动操纵杆至救生艇脱钩为止（一般拉 3～4 下，艇即自动脱钩）。救生艇迅速自由降落入水。

（12）小艇入水后，立即启动艇机操纵救生艇，同时艇上人员可以解开保险带，穿上救生衣，戴上安全帽。

图 6-2 所示为自由降落救生艇和舷外挂机型救助艇。

图 6-2　自由降落救生艇和舷外挂机型救助艇

二、救助艇

救助艇通常为开敞式方尾机动艇，设有拖带装置以及桨等必要的属具，主要用于救助遇险人员及集结救生艇（筏）。

（一）救助艇的类型

救助艇通常有以下五种分类标准：

1. 按功能分类

根据主要功能的不同，救助艇可以分为专用救助艇和兼有救生艇功能的救助艇。专用救助艇一般为开敞式，额定乘员为 6～8 人，艇长不得超过 8.5 米；兼有救生艇功能的救助艇一般为全封闭救生艇兼作救助艇。

2. 按结构形式分类

按照结构形式和艇体使用材料的不同，救助艇可以分为刚性救助艇、充气救助艇和混合结构救助艇三种。刚性救助艇的艇体材料一般为玻璃钢，也有铝质材料；充气救助艇的艇体材料一般为橡胶，通常保持充气备用状态；混合结构救助艇的艇体一般由玻璃钢和橡胶两种材料混合构成。

3. 按航速分类

按照航速快慢的不同，救助艇可以分为一般救助艇及快速救助艇。根据《SOLAS公约》的规定，一般救助艇（简称“救助艇”）的航速应不小于6节；快速救助艇的满载航速要求不小于8节，在有3个艇员的轻载状态下，航速应不小于20节，并能够保持此航速航行至少4节。快速救助艇是客滚船上必须配置的救助艇。

4. 按艇的发动机类型分类

根据发动机类型的不同，救助艇可以分为座机型救助艇和舷外挂机型救助艇。座机型救助艇的发动机设置在艇体内，舷外挂机型救助艇的发动机连带螺旋桨设置在艇体尾部外。高速救助艇多配备喷水推进装置。

5. 按吊钩设置的形式分类

根据吊钩设置形式的不同，救助艇可以分为双吊钩式救助艇和单吊钩式救助艇。双吊钩式救助艇为艇首、艇尾各设置一个吊钩（与一般救助艇相同）；单吊钩式救助艇为艇体上设3或4个吊点，用钢索连接成一个吊点，用单臂式吊艇架吊放。

（二）救助艇的释放

救助艇的释放和回收可分为三种方法：电动、气动和手动。救助艇的电动释放步骤如下：

（1）解开救助艇绑扎钢丝，打开电源和启动泵站按钮，打开控制箱拿出遥控装置，按下起升按钮，直到救助艇离开其艇架不会有任何障碍物阻碍其转动。

（2）旋转转向旋钮（向右或向左）使救助艇转至舷外。

（3）操作者抬起绞车的重锤使艇下降至艇甲板，乘员快速且有序地进入救助艇。

（4）当完成登艇后，操作者拉动遥控索使救助艇依靠其自重而下降。

（5）当下降到离水面有一定高度时暂停，驾驶员启动救助艇发动机并脱钩，拔出红色安全销，向下扳动释放手柄至吊钩释放。

（6）驾驶员合上离合器并操纵救助艇驶离母船。

救助艇的气动和手动释放步骤与电动释放步骤大体相同，只不过在第二步操纵救助艇转至舷外时不是通过旋转转向旋钮，而是通过操纵转向阀门实现的。

三、救生筏

救生筏是在船上人员撤离船舶后能够继续维持撤离遇险人员在海上生命安

全的筏。在某些突发情况下，如船舶突然沉没时，救生筏能快速自动充气、浮起，因此救生筏在遇难船舶救生方面起着重要作用，其重要性仅次于救生艇。此外，救生筏还具有质量轻、储存体积小、维修保养简便、经济性好等优点。

救生筏按照结构形式可以分为气胀式救生筏与刚性救生筏，按照下水方式可以分为抛投式救生筏与吊架降落式（即可吊式）救生筏。除上述分类外，气胀式救生筏按航区要求可分为A型（甲型）救生筏与B型（乙型）救生筏，按用途又可分为高速船使用的开敞式两面可用气胀式救生筏、渔船用气胀式救生筏、客滚船用的自行扶正救生筏和带顶篷的可逆转救生筏等。

（一）气胀式救生筏

气胀式救生筏由橡胶尼龙布制成，平时筏体不充气，折叠后存放在玻璃钢筒内，玻璃钢筒存放在甲板舷边筏架上。气胀式救生筏在筏首、筏尾处一般各有一个进出口，筏首处设有登筏软梯和拖曳设备，筏尾处设有登筏平台（B型救生筏无登筏平台只设有软梯），登筏平台和软梯供落水者登用。筏体外围及内侧设有环状的扶手索，供落水人员攀附。

渔船受船舶尺度及甲板面积影响，配备救生艇有一定困难。《国际海上人命安全公约》及《渔业船舶法定检验规则（2019）》仅对在国外渔场作业船长大于等于45米的渔船有配备救生（助）艇的要求。此外，气胀式救生筏是目前我国渔船上应用得最广泛，也是最主要的救生设备。渔船上应用的主要是抛投式气胀救生筏，其筏体由尼龙橡胶布制成，平时折叠包装在筏存放筒内，放置于露天甲板的专用救生筏架上，使用时通过拉索开启CO_2气瓶，向筏内充气而成型，其特点是质量轻（总质量≤185千克）、体积小、投放迅速、使用简便。

渔船上常用的抛投式气胀救生筏有A型、Y型、YJ型三种，乘员定额有6人、10人、15人、20人、25人等。A型救生筏满足《国际海上人命安全公约》的要求，适用于在国外渔场作业的渔船。Y型、YJ型筏是从我国国情出发而研制的，满足《渔业船舶法定检验规则（2019）》的要求：Y型救生筏通常配备在国内Ⅰ类航区作业的渔船上；YJ型救生筏的技术标准较低，通常配备在国内Ⅱ、Ⅲ类航区作业的小型渔船上。

1. 抛投式气胀救生筏

抛投式气胀救生筏平时收放在玻璃钢筒形状的容器内，并安装在救生筏专用座架（通常为设置在甲板舷边的倾斜滑架）上，使用时只要拉动抛投开启装置，救生筏即能利用重力自由降落下水。下水后利用充气绳开启筏体内的CO_2气瓶，在60秒内即可使救生筏自动充气膨胀成型，然后撤离人员沿船舷边的登乘软梯或其他设施（如撤离滑梯）登入救生筏内。撤离人员登筏后，应立即取出安全小刀割断救生筏与即将沉没的船舶连接的绳索，取出划桨并迅速划离遇难船舶，以免遇难船舶下沉时将救生筏拖入水中。

救生筏内配备有维持撤离人员短期内在海上生活和救生的各种属具与用品，如食品、饮用水、保温用具、划桨、哨笛、火箭降落伞、火焰信号、雷达反射器或雷达应答器等。在船舶沉没入水并离水面不超过 4 米时，救生筏架上的静水压力释放器可使救生筏自动脱离存放座架而浮出水面，在水面上自动充气膨胀成型。

2. 可吊式气胀救生筏

可吊式气胀救生筏配置专用的降落装置，并使用钢索将救生筏吊降入水。使用时，先用设置在船舷边的降落装置将救生筏转出舷外，再拉动筏的充气绳使其在舷边充气膨胀成型。当撤离人员从甲板边缘登上救生筏后将筏吊至水面。如果一部降落装置需吊装多只救生筏（客船上最多可吊 5 只），那么在吊最后一只救生筏时，操作降落装置的船员也将登入筏内，使用遥控放艇装置操作救生筏，使其吊放至水面。

可吊式气胀救生筏的构造与抛投式气胀救生筏基本相同，只是增加了一个吊点。可吊式气胀救生筏同时具备抛投式气胀救生筏的全部技术与使用性能。在应急情况下或降落装置失灵时，也可用抛投方法将筏抛入水面，或在船舶沉没时，利用静水压力释放器使救生筏自动脱离并自动充胀成型。由于可吊式气胀救生筏为乘员“干脚登筏”（乘员不接触海水），因此适用于客舱，特别适用于妇女、儿童、老人等不适宜用软梯进入救生筏的人员。

图 6-3 所示为可吊式气胀救生筏和抛投式气胀救生筏。

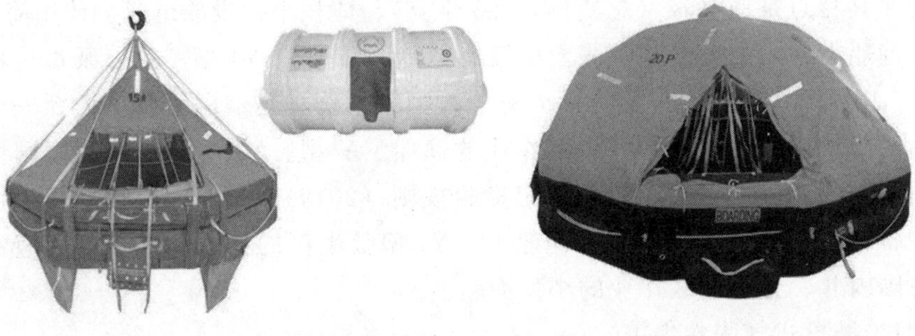

图 6-3　可吊式气胀救生筏和抛投式气胀救生筏

3. 开敞式气胀救生筏

开敞式气胀救生筏采用尼龙胶布制成，正反（即上、下）面均可登乘使用。平时折叠包装在存放筒内，并存放在救生筏架上。使用方法与抛投式气胀救生筏相同，也可通过静水压力释放器自动释放。救生筏抛下水后，任何一面向上均可供应急救生登乘使用。开敞式气胀救生筏根据《2000 年国际高速船安全规则》（简称《HSC规则》）的要求设计，适用于鉴于航区的遮蔽特性以及营运区域的气候条件经主管机关认可的国际间航线的高速船舶。

图6-4所示为救生筏架和开敞式双面可用气胀救生筏。

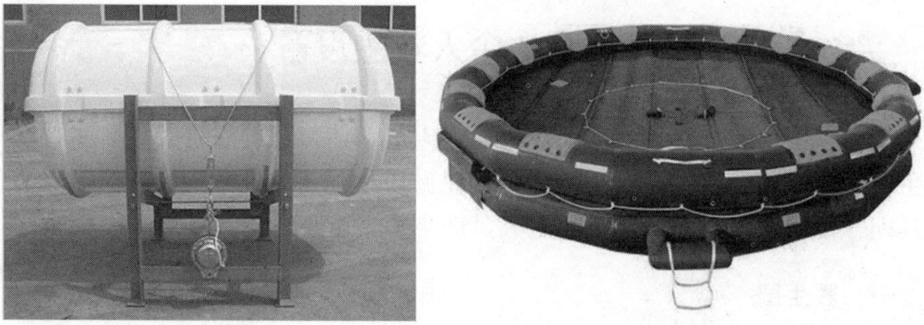

图6-4　救生筏架和开敞式双面可用气胀救生筏

4. 渔船用气胀式救生筏

渔船用气胀式救生筏是B型抛投式救生筏的一种，适用于在近海海域作业的渔船。渔船用气胀式救生筏的抛投方法、膨胀结构形式等与A型抛投式气胀救生筏相同。目前国内有适用于10人与12人的小型救生筏。

（二）自行扶正救生筏和顶篷可逆转救生筏

根据《SOLAS公约》的规定，客滚船应当配备自行扶正救生筏或顶篷可逆转救生筏，二者可任选其一。这两种救生筏漂浮在海上时，不论哪面朝上都能安全操作。自行扶正救生筏与海上撤离系统（如气胀式撤离斜滑梯）配套使用，带顶篷的可逆转救生筏与可吊式救生筏降落装置配套使用。

（三）刚性救生筏

刚性救生筏由刚性浮体及筏底组成，结构对称，无论上下哪一面均可使用。刚性救生筏也分为抛投式和吊架降落式两类，由于刚性救生筏存放体积较大，使用效果不理想，目前已经很少采用。

（四）救生筏的存放与布置

救生筏的存放、集合、登乘布置、降落与回收装置除应满足对救生艇的基本要求外，还应满足下述要求：

救生筏的存放应能做到，当筏从系固装置上解脱时，能用人工方式释放。每只救生筏（除货船船首或船尾的附加救生筏外）或救生筏组的存放，应当设有一个符合要求的自由漂浮装置，以使每只救生筏能够自由漂浮。如果是气胀式救生筏，在船舶下沉时应当能够自动充气。为此，救生筏存放处的上方不应有甲板遮蔽，以免沉船时影响救生筏的自由漂浮。

对于抛出船舷外降落的救生筏的存放位置，应当能使救生筏容易地转移到船舶的任何一舷降落，否则应按规定增加每舷可供使用的总容量。对于吊架降落式救生筏的放置，除非配备有某些转移设施，否则应当存放在吊筏钩可到达的范围内，且其布置应当保障全部乘员能够迅速登上救生筏。

第三节　个人救生设备

个人救生设备是指船舶遇险时供撤离人员个体使用的救生装备，主要包括救生圈、救生衣、救生服、抗暴露服及保温用具等。个人救生设备与船舶救生载具配合使用，为船舶遇险时船上人员的生命安全提供保障。

一、救生圈

救生圈是水上个人救生设备的一种主要器具，通常由软木、泡沫塑料或其他密度较小的轻型材料制成，外面多包有帆布、塑料等。

（一）救生圈的类型

按照形式的不同，救生圈可以分为有包布救生圈（A 型）和不包布救生圈（B 型）。船舶上配置的救生圈，除了带有属具的救生圈以外，还应配备带有自亮浮灯的救生圈。带自发烟雾救生圈的质量通常不小于 4 千克，其他救生圈的质量通常不小于 2.5 千克。

（二）救生圈架

救生圈架是存放救生圈的转应座架，有三脚式与整体式，材料为钢质或铝质，常用钢质。三脚式救生圈架固定在船舶围壁或舷墙上，整体式救生圈架固定在船舶栏杆上。钢质救生圈架采用电焊固定，铝质救生圈架采用铆钉固定。

图 6-5 所示为救生圈和救生圈架。

图 6-5　救生圈和救生圈架

（三）救生圈的存放

救生圈应存放在船舶两舷容易拿到之处，并在可行范围内，存放在所有延伸到船舷的露天甲板上，至少有一个应放在船尾附近。

国际航行的海船其不小于总数一半的救生圈应设有自亮浮灯（不应同时装有救生索）。这些设有自亮浮灯的救生圈中至少有两个应配备有自发烟雾信号，并能自驾驶台迅速抛投。设有自亮浮灯及自发烟雾信号的救生圈，应等量地分布在船舶两舷。

船舶每舷应至少有一个救生圈装有可浮救生索，其长度应不小于其存放处在最轻载航行水线以上高度的两倍或者 30 米，两者取较大者。

二、救生衣

救生衣又称“救生背心”，是一种在水中能提供浮力以承托人体的特制背心，面料采用尼龙或氯丁橡胶（Neoprene），内装浮力材料或可充气的材料，外饰反光材料，是船舶上重要的个人救生设备之一。救生衣穿在身上应具有足够的浮力，能将落水者背部托出水面且不低于 120 毫米，身体向后倾斜与垂向夹角不小于 20°以待援救，一般使用年限为 5～7 年。

（一）救生衣的类型

根据使用人员的不同，救生衣可以分为成人救生衣（简称“救生衣”）和儿童救生衣，儿童救生衣是根据儿童的身材特制的救生衣。

按照提供浮力方式的不同，救生衣可以分为气胀式救生衣和非气胀式救生衣。气胀式救生衣使用橡胶布制成气胎充气室，穿着时使充气室充气膨胀产生浮力，其充气方法应包括三种，分别为手拉气瓶充气、用口吹充气和水中自动充气；非气胀式救生衣常用的浮力材料为闭孔型泡沫塑料或木棉，外面包以帆布。

按照用途的不同，救生衣则可分为船用救生衣、船用工作救生衣和休闲救生衣。船用救生衣适合海洋及内河各类人员救生使用，救生衣浮力大于 113 牛顿，在水中浸泡 24 小时后浮力损失应小于 5%；船用工作救生衣适合沿海及内河各类人员工作使用，救生衣浮力大于 75 牛顿，在水中浸泡 24 小时后浮力损失应小于 5%；休闲救生衣也称为“水上运动救生衣”，面料多为氯丁橡胶复合材料，多种颜色搭配，时尚美观，主要适用于水上游玩、学习游泳、漂流、垂钓等，穿着起救生防护作用。渔业船舶上使用的船用救生衣应符合《渔业船舶法定检验规则（2019）》的要求。不符合要求的救生衣，如供船员工作时穿着的工作救生衣，不能取代船用救生衣，也不能计入救生设备的定额。

救生衣的属具主要包括救生衣灯和哨笛。每件救生衣均应配备用细索系牢的哨笛。进行国际航行的海船，每件救生衣还应配备一盏救生衣灯。近年来，随着现代信息技术在海上安全救助领域的广泛应用，部分救生衣还配备了在人员落水后可向外发送实时位置的 AIS 定位设备或北斗卫星定位设备，为海上遇险人员的及时发现和高效救助提供了新手段。

图 6-6 所示为工作救生衣、气胀式救生衣和休闲救生衣。

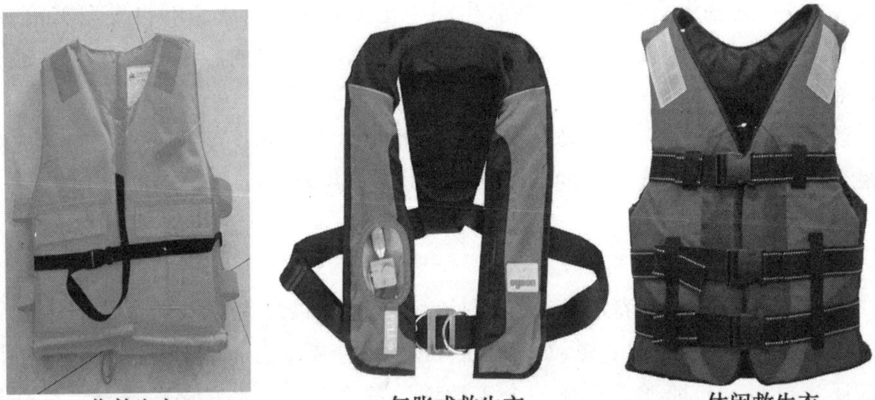

工作救生衣　　气胀式救生衣　　休闲救生衣

图 6-6　工作救生衣、气胀式救生衣和休闲救生衣

（二）救生衣的存放和布置

救生衣通常存放在船员或乘客居住和休息的处所，也可相对集中存放在容易到达的处所。值班人员使用的救生衣应存放在驾驶台、机舱、控制室及其他有人值班的处所，存放位置应有明显的标志。

在客船上，如果乘客的救生衣存放在远离公共处所、集合地点或者公共处所与集合地点之间直接脱险通道的特等舱内，则按规定，这些乘客的附加救生衣应存放在公共处所、集合地点或公共处所与集合地点之间的脱险通道上。这些救生衣的存放应使其分布和穿着不妨碍乘客有秩序地向集合地点和救生艇（筏）登乘站移动。

三、救生服

救生服是一种能减少落水人员在水中体热损失的保护性个人救生器具，由于具有保温作用，所以也称为“保温救生服”，国外一般称之为“抗浸服”或“抗暴露服”。保温救生服具有良好的保温性能，可以使穿着者在低温水中较长时间等待救援，增加落水人员的获救机会，所以 1986 年 7 月 1 日生效的《1974 年国际海上人命安全公约 1983 年修正案》确定强制推行这种新型保温用具。

（一）救生服与水上安全

根据国际上大量沉船遇难事故的调查统计，落水死亡人员中有 2/3 是冻死的。因为人体在水中会造成体热散失，当体热散失使体温降至 35 ℃以下时会导致低温昏迷；如果降到 31 ℃以下，人就会失去知觉；在 20～23 ℃以下的水中，水所吸收的人体热量大于人体产生的热量，当人的体温下降到 24 ℃时，就会失去生命。因此人员落水后在水中生存的时间除与本身体质相关外，主要取决于水的温度（见表 6-1）以及人与水隔绝的保护措施的有效程度。由于普通的救生衣不保温，不能满足人在低温水中长期浸泡的情况下仍能维持生命的要求，故而早在 20 世纪 60 年代，许多国家便开始研究保温救生服，从而产生了救生服、抗暴露服和保温用具。

表 6-1　水温与人存活时间的对应关系

水温/℃	0	2.5	5	10	25
人存活时间/小时	1/4	1/2	1	3	24

（二）救生服的分类与要求

救生服是“连身式”的防水连衣裤。用自然保温材料制成的救生服能提供足够的热保护，使穿着者在水温为 0～2 ℃的平静流通水中历时 6 小时后体温降低不超过 2 ℃；用非自然保温材料制成的救生服应连同保暖衣服一起穿着，也能提供相当的热保护，使穿着者在水温为 5 ℃的平静流通水中历时 1 小时后体温降低不超过 1 ℃。

救生服通常为救生艇员和海上撤离系统的工作人员使用，以便在水面扶正气胀式救生筏和协助遇险人员登乘。此外，在寒冷海域航行的船舶也应按规定配置救生服。根据使用者裸露情况的不同，救生服可以分为开式和闭式两种：开式为穿着者的身体和四肢（包括手和足）被包裹，仅脸部裸露在外；闭式则是穿着者除了身体、四肢被包裹外，脸部还设有面罩。

救生服一般采用发泡氯丁橡胶制成，上衣与裤子连在一起，由颈上部分、袖管与手套部分、躯干和下肢部分等组成。颈上部分的穿入和脱卸口配有水密拉链，便于穿着者封闭衣口和必要时解开弃衣。

（三）救生服的使用与保养

1. 救生服的使用方法

国内生产的救生服有大号和小号两种规格（以身高 1.75 米为界），使用者应根据自己的身高选择合适的救生服。同时，必须认真检查救生服是否完好，拉链是否损坏，符合要求的才能使用。

（1）穿着前先打开水密拉链，松开腰带，放松腿部限流拉链。

（2）先穿入两脚，再穿双手，然后戴上帽子，使面部密封圈与脸部接触完整，再缚紧腰带，拉上水密拉链。

（3）收紧腿部限流拉链，拉紧袖口松紧带，再拉上挡浪片，最后抽紧脑后的带子，使面部密封圈绷紧。

脱险后，可以按与上述相反的顺序卸装。

2. 救生服保养的注意事项

（1）避免接触酸碱或其他有害物质。

（2）拉链部位用蜡或无酸碱性油脂涂抹，保持拉链拉舌移动时轻便灵活。

（3）穿着使用后用淡水冲洗干净，挂于阴凉、干燥的地方，避免高温或紫外线辐射。干后应叠好放回原处。

（4）如织物表面破损，应取来备用布，用聚氨酯胶液粘上。

四、抗暴露服

抗暴露服系专供救助艇员和海上撤离人员使用的保护罩服，其用途与救生服相似，但是对绝热性能的要求低于救生服。抗暴露服采用防水材料制成，具有一定的浮力和稳性、允许穿着人员的脸部和双手裸露，并配有救生衣灯和哨笛。

抗暴露服若是采用非自然保温材料制成，穿着者在使用时，必须连同保暖衣服一起穿着。抗暴露服连同必须采用的保暖衣服穿好后，应在穿着者跳入水中且全部浸入水中后提供足够的热保护，保证在温度为 5 ℃的平静流通水中，穿着者的体温在第一个 0.5 小时之内体温降温率不大于 1.5 ℃/小时。

五、保温用具

保温用具是采用低导热率的防水材料制成的袋子或衣服，使穿着者保持体温，延长生存时间，以增加获救机会。保温用具有良好的热反射性能，如在炎热的夏季与热带航区遇险，可作为防晒的遮蔽物。同时，保温用具还对雷达波具有较好的反射能力，利于海上应急搜救。

保温用具是救生艇、救生筏和救助艇内必须配备的属具之一。此外，在寒冷海域航行的船舶也应当按照规定配备保温用具。保温用具按形状可以分为保温袋和保温衣。保温袋是尺寸为 200 毫米×960 毫米的袋状体。拉链式袋口保温袋的优点是袋内形成一个封闭体，头部可以露在外面，也可以缩进袋内仅露出口鼻使头部保温，不仅可以提高保温效果，穿着与抛弃也十分方便。

六、救生浮具

救生浮具（见图 6-7）是一种形式比较简单、质量较轻、不占用甲板面积或占用面积较小、成本较低的救生设备，乘员定额有 8 人、12 人、16 人等。作为一种大型救生工具，它与救生艇（筏）的区别在于不能有效地隔热御寒。遇险人员靠救生浮具救援时，身体浸泡在海水中，由于不具备航行能力，人员只能漂浮待救。从这个意义上讲，救生浮具相当于一只大型救生圈。《国际海上人命安全公约》已取消了有关救生浮具的提法和要求。

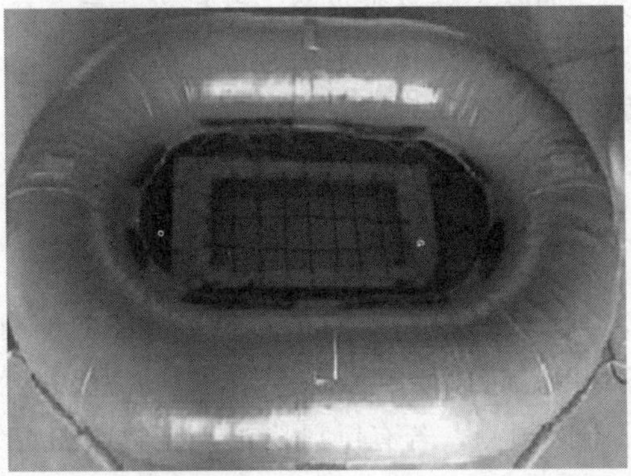

图 6-7　救生浮具

救生浮具的材料，早期多用软木外包帆布或者用金属制成空气箱，外涂油漆，近年来多用聚苯乙烯泡沫塑料整体发泡制成浮具芯材，外包玻璃钢材料，其特点是质量轻、浮力大、吸水少。救生浮具配备有首缆、划桨、自亮浮灯等属具，其形状有方形、椭圆形等，目前渔船上使用较多的为椭圆形救生浮具。

七、求救烟火信号

求救烟火信号一般由化学混合物制成，使用时利用摩擦、冲击等方法，引燃导火线，导致化学药品发生化学反应，出现声响、光亮、烟雾等现象，以期达到求救、联络等目的。图 6-8（a）所示为漂浮烟雾信号。

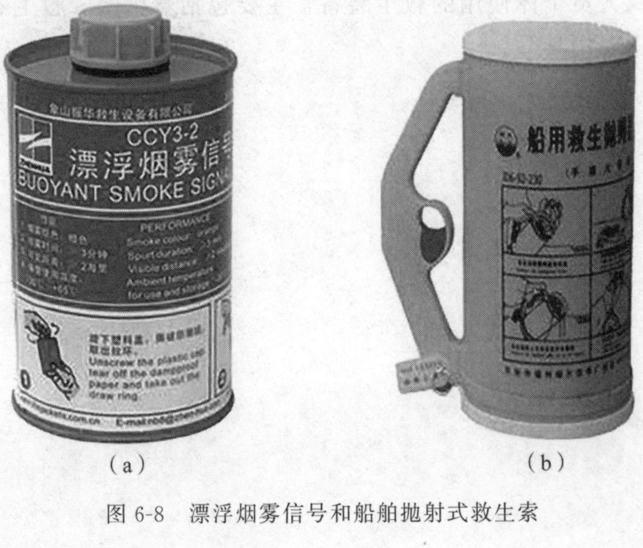

（a）　　　　　　　　　（b）

图 6-8　漂浮烟雾信号和船舶抛射式救生索

求救烟火信号主要有以下几类：

（1）音响类，如音响火箭、榴弹等。

（2）高空发光类，如红光降落伞火箭、红星火箭等。

（3）手持发光类，如手持红光火焰信号等。

（4）烟雾类，如橙色烟雾信号等。

（5）其他信号，如染色信号等。

八、抛绳设备

船在海上航行时，如果遇到意外的、人力不可挽回的事故，如主机故障、船舶搁浅、舵系统损坏等，可以使用各种通信联系的方法，要求援助船舶进行救援。由于出事时海况难以预测，若有巨风巨浪，施救船舶将无法接近求助的船舶，这就需要有一种远距离的抛绳器，抛出引缆，然后引送大缆，从而达到拖航的目的。目前，航行于国际航线的船舶上均配有这种抛绳器，见图 6-8（b）。

本章小结

本章主要内容可归结为以下三点：①船舶报警设备是启动船舶海上救生程序的“核按钮”，主要包括船舶通用紧急报警系统、驾驶台报警设备、灭火报警系统等船内报警系统和传令钟、指挥电话、有线广播系统等船内通信系统两类设备。②船舶救生载具是船舶救生设备中的“诺亚方舟”，主要包括救生艇、救助艇、救生筏及救生浮具，熟练掌握救生载具的使用方法能够极大地提高海上救生的成功率，是海上救生必须要掌握的技能之一。③个人救生设备是船舶遇险时供撤离人员个体使用的救生装备，主要包括救生圈、救生衣、救生服、抗暴露服及保温用具等。

第七章　海上急救——“闯海人”的终极防线

急救就是紧急救治的意思，广义上是指因突发意外事故或疾病紧急发作导致人员出现身体损伤或严重不适时，施救者在专业医护人员到达现场前或将伤病员送至专门医疗机构前，按照医学护理的原则，利用事故现场能够使用的有限医疗物资，快速、适当地为伤病员进行伤口简单处理和初步救援、护理的过程。海上作业人员身处风浪激荡的大海之上，远离陆地的正规医疗机构，一旦在作业过程中出现身体损伤或突发紧急疾病，就需要现场有关人员及时给予恰当和有效的紧急救治，以缓解伤痛，控制病情，为伤病员身体康复赢得宝贵时间，创造有利条件。因此，海上急救是海上安全救生的关键一环，是保障海上人员生命安全的重要防线。

要做好海上急救工作，施救者首先要掌握一定的紧急救治技术。所谓紧急救治技术是指没有经过专业医学训练的人员能够使用的、不需要或很少需要专门医疗设备的急救措施，其中很大一部分为医学常识，需要在海上作业、游玩的每一个人都掌握。例如，脑出血者应减少搬运；为防止呕吐者误将呕吐物吸入气管，应使其头部保持侧向；断肢需要及时冷藏以备再植；等等。紧急救治技术可以分为创伤的急救和非创伤性疾病的急救两大类：前者以处理伤口、固定骨位，防止伤势恶化为目标；后者以恢复呼吸、复苏心肺，维持机体基本功能为主要目的。总的原则是最大限度地减少伤病员的疾苦，降低致残率，减少死亡率，为医院抢救打好基础。

第一节　急救基础知识概述

急救是一项技术性、专业性较强的工作。急救面对的是紧急意外伤害和疾病紧急发作等突发、高危状况，要求行动速度快、救治效率高，急救之“急”不是单纯追求速度的盲目急躁，而是特别注重救治质量的及时高效。因此，急救实施人员必须要掌握相应的急救知识和一定的急救技术才能真正承担起急救任务，才能有效挽救伤患者的生命安全。

一、急救的目的和原则

（一）急救的目的

急救的目的很明确，就是采取及时有效的救治措施和技术，最大限度地减轻伤患者的身体痛苦，降低伤残率和死亡率，为伤患者恢复身体健康和正常工作状态打好基础。急救目的具体可分解为以下三点：

（1）抢救和维持患者生命。

（2）改善病情，减轻患者的痛苦。

（3）防止病情恶化，预防并发症和后遗症。

（二）急救的原则

根据急救的目的和急救面临的不同状况，急救的一般原则是：

（1）首先判断病情，初步确定伤患者的轻重缓急程度。

（2）恢复和保证伤患者心跳、呼吸的正常状态。

（3）对于出血性伤患者，及时止血，防止伤患者休克。

（4）对于外伤性骨折者，先止血，后包扎，再固定。

（5）对于伤患者原因不明的身体疼痛，禁用镇痛药。

（6）对于意识不清或怀疑有内伤的伤患者，要禁食、禁饮。

（7）对于中毒伤患者，要及时控制毒源，排除中毒物质，阻止出现进一步损害。

二、急救的顺序

急救面对的是突发、危急状况，必须应对迅速、措施果断，但同时也要分清缓急、有序实施，遵守一定的优先顺序，这样才能最大限度地救死扶伤、减少损失。综合考量急救面临的各种情形，急救应当按照下列顺序有序开展：

（一）先排除险情，后实施救治

实施急救时经常要面对各类突发异常状况，特别是自然灾害和事故灾难等导致的伤患者周边环境发生的重大变化，此时，应当首先进行险情排查，评估灾害影响是否会进一步加剧并导致伤患者周边环境继续恶化，在确认伤患者外周环境安全的前提下，再实施救治行动。

（二）先挽救生命，后救助伤患

实施急救时，应先检查确认伤患者的意识、呼吸、脉搏、是否出血等伤病状况，遇有多名伤患者需要急救的情形时，应当按照“先救命、后救伤”的原则，先救治生命受到严重威胁的伤患者，后救治伤病情相对较轻者。对同一伤患者有多种伤患时，应当按照“先重后轻”的原则，先解决主要问题，如有呼吸、心跳停止的，应立即采取人工呼吸、心脏复苏等措施，恢复伤患者的呼吸功能和循环功能，维持其生命体征，然后处理其他伤患。

（三）先止血固定，后消毒包扎

对于外伤性出血的伤患者，应当首先采取有效的止血措施，避免伤员失血过多，然后对伤口进行消毒处理，最后再进行包扎；对于出血并伴有骨折的伤员，在止血后，应当先进行骨折固定，然后进行消毒和包扎，最后再进行搬运。

（四）先实施自救，后寻求外援

面对突发险情，特别是出现危重伤患者的状况，应当首先在事发现场展开紧急救治，防止伤病情进一步恶化并影响人员生命安全，同时采取各种措施寻求外部援助，如呼叫周围的人员前来协助、拨打急救电话求助等。海上急救受到船舶或其他海上工作平台医疗条件有限的制约，遇有伤患者病情危重时，在现场急救的同时，应及时寻求无线电远程医疗指导等外来医疗援助，必要时，应当向主管部门请求直升机救援。

三、急救箱及其使用

急救箱轻便小巧、携带方便、抢救设备和药品较为齐全，在急救中发挥着重要作用。按照适用场所的不同，急救箱可以分为家庭、户外、汽车、防灾、医院、劳保等几大类，我们重点来介绍一下船用（海上）急救箱及其使用常识。

（一）船用（海上）急救箱的主要配置

根据海上生产和海洋地理环境的特点，船用（海上）急救箱的主要配置内容与其他类型急救箱的配置内容略有区别，可以划分为两大类：一类为常用医疗机械和耗材，如体温计、血压计、听诊器、医用剪刀、氧气袋、卡扣式止血带、速冷冰袋、弹性绷带、一次性注射器、铝制夹板等；另一类为常用药品，如速效救心丸、硝酸甘油片、吗啡注射液、安定注射液、阿奇霉素片、霍香正气液等。具体内容后述。

图 7-1 所示为急救箱及常备医疗器具。

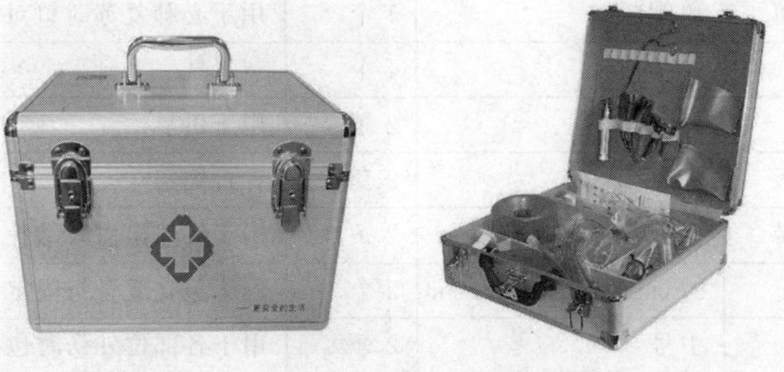

图 7-1 急救箱及常备医疗器具

（二）急救箱使用的注意事项

船用（海上）急救箱是海上急救的重要物资保障和支撑，必须加强保管、定时检查，确保其随时处于可用状态。

（1）急救箱应当安排专人保管，并放置在船舶上通风干燥的固定位置，避免高温，远离水、火和电器。

（2）急救箱内的医疗器材和常用药品应当列明清单，排列整齐，确保急救时取用方便。

（3）急救箱应当定期检查，有变质、发霉、过期的器械和药品应禁止使用，有缺失的物品应当及时补充。

（4）急救箱内的医疗器械在使用前应当进行消毒、灭菌，确保使用安全。

（5）在使用急救箱内的药品前应当详细阅读药品说明书，了解所用药品的适应证、规格、剂量、使用方法、不良反应、注意事项及禁忌证等。特殊药品或作用性强的药品需经过无线电医嘱咨询指导。

（三）船用（海上）急救箱常用医疗器材

除体温计、血压计、一次性注射器等常用医疗器材外，船用（海上）急救箱配备的医疗器材主要以防备生产作业事故和突发意外伤害造成的流血、骨折等外伤急救类器材为主，其清单及主要功能可参照表 7-1。

表 7-1　船用（海上）急救箱常用医疗器材

物品名称	规格	数量	使用范围
体温计	单支装	2 支	测量体温
血压计		1 台	测量血压
听诊器		1 个	听心率
手电筒		1 个	用于照明
医用剪刀	圆头	1 把	用于剪开衣物、绷带等
开口器		1 把	打开口腔
口对口呼吸罩	单阀门式	1 个	用于心肺复苏时口对口呼吸
氧气袋		1 个	装氧气
氧气管		2 条	用于供氧
骨折固定夹板	大号	2 套	骨折固定
卡扣式止血带	中号	2 条	用于肢体出血时结扎止血
医用三角巾	90 cm×90 cm×130 cm	2 个	用于包扎或骨折固定
弹性网套	中号	2 个	用于各部位外伤时包扎
弹性绷带	7.5 cm×450 cm	1 卷	用于包扎伤口或固定骨折夹板

续表

物品名称	规格	数量	使用范围
弹性绷带	10 cm×500 cm	1卷	用于包扎伤口或固定骨折夹板
医用手套	大号	2双	避名直接接触人体伤口，防止交叉感染
一次性注射器	2 mL、5 mL、20 mL	各5支	药物注射
一次性输液管		2条	用于静脉输液
无菌棉签	10 cm×50支	2袋	用于清洁伤口和皮肤
无菌敷料贴	5.5 cm×8 cm	5片	清除伤口渗出液、促进伤口愈合
无菌纱布	7 cm×6 cm×5块	1包	用于伤口隔离及止血包扎
创口贴	70 mm×18 mm×5片	1包	用于小创面或伤口包扎
一次性速冷冰袋	160 g	2袋	用于物理退热、冷敷理疗
医用胶布	1 cm×10 m	1卷	用于敷料、绷带固定
医用砂轮片	25 mm	2个	切割玻璃瓶
安全别针	3.5 cm	3个	用于固定三角巾、衣物
救生哨子		1个	需要救援时鸣哨

(四) 船用(海上)急救箱常用药品介绍

船用(海上)急救箱常用药品可以分为内服类和外用类两类。

1. 船用(海上)急救箱常用内服药品

船用(海上)急救箱常用内服药品以防治突发功能性急病为主，其清单及适用范围可参照表7-2。

表7-2 船用(海上)急救箱常用内服药品

药名	剂量	用法	适应证	不良反应及注意事项
硝酸甘油片	0.25～0.5 mg	舌下含服	冠心病心绞痛	头痛、心动过速、面部潮红等
速效救心丸	10～15粒	舌下含服		头痛、眩晕等
心痛定(硝苯地平)	5～10 mg	口服/舌下含服	降血压	面色潮红、心悸等
盐酸肾上腺素注射液	0.5～1 mg	皮下/肌肉注射	心博骤停，抗休克	心悸、血压升高等
可拉明(尼可刹米)注射液	0.25～5 g	皮下/肌肉注射	急慢性呼吸衰竭	面部潮红、烦躁等
地高辛片	0.125～0.25 mg	口服	急慢性心功能不全	心律失常、恶心、呕吐等

续表

药名	剂量	用法	适应证	不良反应及注意事项
平痛新片	20～60 mg	口服	镇痛	口干、头痛等
吗啡注射液	5～10 mg	皮下注射		成瘾、嗜睡、眩晕等
安定注射液	5～10 mg	肌肉注射	镇静、抗癫痫、抗惊厥	嗜睡、疲乏、依赖等
阿托品注射液	0.5 mg	肌肉注射	解痉	口干、面红、视物模糊等
山莨菪碱片	5～10 mg	口服		口干、面红等
速尿注射液	20 mg	肌肉注射	利尿	水和电解质紊乱等
甘露醇注射液	250 mL	静脉注射	降低颅内压、利尿	水和电解质紊乱等
氨茶碱片	0.1～0.2 g	口服	平喘	恶心、胃部不适、呕吐等
舒喘宁（沙丁胺醇）喷雾	0.1～0.2 mg	气雾吸入		恶心、头晕、心悸等
布洛芬片	100 mg	口服	抗炎镇痛	胃痛、恶心等
阿司匹林片	0.3～0.6 g	口服	解热镇痛	恶心、上腹部不适、疼痛等
复方氨基比林注射液	2 mL	肌肉注射		偶见皮疹或剥脱性皮炎等
开瑞坦片	10 mg	口服	抗过敏	口干、头痛、嗜睡等
吗丁林片	10 mg	口服	胃胀气、消化不良	头晕、头痛、嗜睡等
奥美拉唑	20 mg	口服/静滴	抗酸	恶心、胀气、腹泻等
安络血（水扬酸卡巴洛克）片	2.5～5 mg	口服	止血	
阿奇霉素片	0.5 g	口服	抗菌	恶心、腹痛、腹泻等
氟哌酸（诺氟沙星）胶囊	0.5 g	口服	抗菌（肠道感染）	恶心、食欲减退
抗病毒口服液	10 mL	口服	抗病毒	
和爽溶液	1 000～2 000 mL	口服	导泻	可导致脱水等
思密达（十六角蒙脱石）	3 g	口服	止泻	可导致便秘等
藿香正气液	10 mL	口服	防暑	

2. 船用（海上）急救箱常用外用药品

船用（海上）急救箱常用外用药品以清洗、止血、杀菌、消毒类药品为主，其清单及适用范围可参照表 7-3。

表 7-3　船用（海上）急救箱常用外用药品

药名	规格	数量	适用范围
0.9%生理盐水	250 mL	1瓶	创面清洗
3%双氧水	100 mL	1瓶	创面清洗、消毒
0.5%碘伏	100 mL	1瓶	皮肤、黏膜、创面消毒
75%酒精	100 mL	1瓶	皮肤、器械、物体表面消毒
云南白药		1瓶	止血、抑菌、化瘀
清凉油		1瓶	解暑、晕船、外感风寒

第二节　海上急救常用的消毒灭菌法

消毒灭菌是海上急救的基础技术，在处理各类外伤、避免伤口恶化，清洁器械物品、保证使用安全，净化周边环境、防治病菌感染等方面都发挥着重要保障作用。本节重点介绍海上急救的常用消毒灭菌方法和常用消毒剂的使用知识。

一、常用的消毒灭菌法及其使用的基本原则

（一）常用的消毒灭菌法

按照作用机理的不同，海上急救常用的消毒灭菌法可以分为物理方法和化学方法两大类：

1. 常用的物理消毒灭菌法

所谓物理消毒灭菌法，是指用物理的方法进行消毒灭菌，主要包括燃烧法、煮沸法、日光暴晒法、紫外线灯管消毒法、高压蒸汽灭菌法等。

2. 常用的化学消毒灭菌法

所谓化学消毒灭菌法，是指用喷洒化学药剂的方法进行消毒灭菌，主要包括浸泡法、喷雾法、擦拭法和熏蒸法。

（二）消毒灭菌的基本原则

消毒是杀灭病原微生物的方法，用于消毒的药物称为“消毒剂”。一般消毒剂在常用浓度下，只对细菌繁殖体有效，对于芽孢则需要提高消毒剂的浓度和延长其作用时间。

灭菌是指杀灭物体上所有的微生物（包括病原体和非病原体的繁殖体和芽孢）的方法。因此，灭菌比消毒的要求高，但在日常生活中，消毒和灭菌这两个术语往往通用。

消毒灭菌应遵循以下操作原则：

（1）进入人体组织或无菌器官的医疗用品必须灭菌，接触皮肤黏膜的器械和用品必须消毒。

（2）根据物品的性能可使用物理或化学方法消毒灭菌，首选物理方法。灭菌可采用压力蒸汽、干热、环氧乙烷气体，浸泡灭菌应选择对金属基本无腐蚀性的灭菌剂；消毒可用煮沸、流通的蒸汽，化学消毒根据不同情况可选高效、中效、低效消毒剂。

（3）污染的医疗器材和物品，均应先消毒，后清洗，再消毒或灭菌。

（4）气性坏疽及突发不明原因的传染病病原体污染的诊疗器械、器具和物品，应选用一次性使用的诊疗器械、器具和物品，使用后应进行双层密闭封装焚烧处理。

（5）操作人员在消毒灭菌前要了解各种消毒剂的性能、作用以及使用方法，并定期检测消毒效果。配制时应注意其有效浓度、作用时间及影响因素。

（6）对已消毒灭菌的医疗器具应妥善包装保存，防止再污染。

（7）环境与物体表面，一般情况下先清洁，再消毒；当受到患者的血液、体液等污染时，先去除污染物，再清洁与消毒。

（8）使用的消毒产品应经卫生行政部门批准或符合相应标准、技术规范，并应遵循批准使用的范围、方法和注意事项。

二、无菌技术及其操作原则

无菌技术是指在执行海上急救及后续医疗护理操作的过程中，防止一切微生物侵入伤病员机体或传播给他人和保持无菌物品（经过物理或化学方法灭菌后未被污染的物品）及无菌区域（经过灭菌处理而未被污染的区域）不被污染的操作技术和管理方法。无菌技术操作应遵守以下原则：

1. 环境清洁

进行无菌技术操作前半小时，须停止清扫地面等工作，避免不必要的人群流动，减少人员走动，以降低室内空气中的尘埃，防止尘埃飞扬。治疗室每日用紫外线照射 20～30 分钟进行消毒。

2. 物品管理

无菌物品与非无菌物品应分别放置，无菌物品不可暴露在空气中，必须存放于无菌包或无菌容器内，无菌包外须标明物品名称、灭菌日期，并按失效期先后顺序排放，以便取用。无菌物品一经使用后，必须再经无菌处理后方可使用；从无菌容器中取出的物品，即使未使用，也不可再放回无菌容器内。

3. 无菌操作

操作人员的衣帽穿戴要整洁，帽子要把全部头发遮盖，口罩须遮住口鼻，并修剪指甲，洗手。必要时穿好无菌衣，戴好无菌手套。无菌物品使用前须检查容器或包装是否完整，有破损者不得使用。如怀疑器械、物品等被污染或已被污染，即不可使用，应更换或重新灭菌。一物一人，一套无菌物品，只能供一个病员使用，以免发生交叉感染。使用过的器材、物品，应立即放入相应容器中，统一处理。

4. 取无菌物品

操作人员应面向无菌区，身体距无菌区 20 厘米，手臂应保持在腰部或操作台台面以上，不可跨越无菌区，避免面对无菌区谈笑、咳嗽、打喷嚏。取无菌物品时须用无菌持物钳（镊），不可触及无菌物品或跨越无菌区域。无菌物品取出后，不可过久暴露，若未使用，也不可再放回无菌包或无菌容器内。若怀疑无菌物品被污染，不得继续使用。未经消毒的物品不可触及无菌物品或跨越无菌区。

三、常用的化学消毒剂

海上急救中常用的化学消毒剂见表 7-4。

表 7-4　海上急救中常用的化学消毒剂

消毒剂名称	消毒效力	浓度	适用范围
医用双氧水	高效消毒剂	3%	用于除臭、收敛，清洗、消毒创面
医用碘酊		2%	用于注射及手术部位皮肤的消毒
漂白粉（含氯）		1%～3%	用于物品、物体表面、分泌物、排泄物的消毒
戊二醛		2%	用于器械、器具、物品的浸泡消毒
医用碘伏	中效消毒剂	0.5%	用于手、皮肤、黏膜、创面的消毒
医用酒精		75%	用于手、皮肤、物体表面及诊疗器具的消毒
新洁尔灭（苯扎氯铵）	低效消毒剂	0.1%	用于皮肤、黏膜的消毒
洗必泰（氯已定）		2%	用于房间、家具的消毒

第三节　常用急救技术介绍

急救技术及其效果直接影响到伤病患者的生命安全，直接决定了海上急救工作的成败，因此，海上急救实施者必须熟练掌握一定的急救技术，特别是对于常用的急救技术，应当做到应知尽知、学懂弄通、深刻掌握、熟练操作。本节重点介绍一下海上急救常用的几种急救技术。

一、心肺复苏术

心肺复苏术（CPR）是对心脏骤停者所采取的旨在迅速恢复其自主心跳和呼吸的生命抢救技术。通过心肺复苏术可恢复和促进心脏骤停者的血液循环，使其血液携带充足氧气输送到身体各重要脏器，保障其发挥基本功能，维持患者生命。

心肺复苏术具体操作步骤如下：

（一）判断环境安全

迅速观察患者周围的环境，确保施救过程不受突然干扰。

（二）判断患者意识

轻拍患者的双肩（禁止摇晃患者头部或拍打面部，防止损伤颈椎），同时在双耳旁呼唤其姓名或称谓，并掐压患者的人中或眼眶。

（三）迅速发出呼救

如判断患者没有反应后，应立即高声呼叫周围的人并拨打急救电话。

（四）摆正患者体位

使患者仰卧于地面上或坚硬的平面板上。

（五）判断心跳及呼吸

判断心跳及呼吸应同时进行，时间应小于 10 秒。安静状态下，正常成年人的脉搏为 60～100 次/分，呼吸为 16～20 次/分。

施救者一手食指与中指并拢，置于患者气管正中（喉结）旁 2～3 厘米的软组织深处，触摸颈动脉，同时用脸颊及耳部贴近患者的口鼻部，观察患者胸廓是否有起伏、是否有呼吸，感觉患者是否有气息（见图 7-2）。

（六）松解患者衣物

迅速松解开患者的衣物、领带、腰带等可能影响患者呼吸的物品。

（七）胸外心脏按压

施救者位于患者一侧，将一只手掌根部放在患者胸骨中下段（双乳头与前正中线交界处），另一只手放在前一手背上平行重叠，五指交叉紧扣并翘起，两臂伸直，以上身的体重垂直下压，使胸骨下陷 5 厘米。每一次按压后要让胸廓充分回弹，但手掌始终不离开按压部位，按压与放松的时间应相等（见图 7-3）。成人按压频率至少应为 100 次/分，按压与人工呼吸次数的比例应为 30∶2，如此反复与人工呼吸交替。按压 5 次（5 个 30∶2）后，进行复苏效果判断，判断要迅速，时间为 5～10 秒。

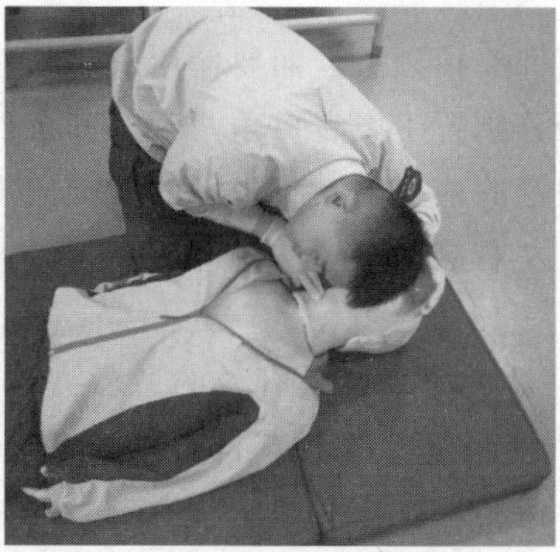

图 7-2 触摸颈动脉判断患者状态

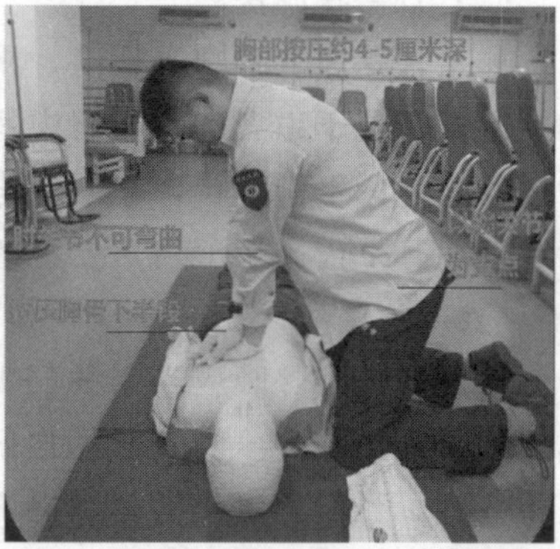

图 7-3 胸外心脏按压姿势

(八) 清理并畅通呼吸道

1. 清理口腔、鼻腔异物

检查并清理患者口腔、鼻腔内的异物，将患者的头部偏向一侧（怀疑颈椎骨折者禁用），一只手拉下患者的下颌（读音为 hé，指构成口腔上部和下部的骨头与肌肉等组织）并打开口腔，另一只手用食指将其口腔内的异物掏出，如图 7-4 所示。

2. 畅通气道

(1) 仰头抬颏法

这是畅通气道最常用的方法，适用于无明显头、颈部受伤的患者。施救者一只手以小鱼际置于患者前额，手掌用力向后压并使患者头部向后翘，另一只手的手指放在靠近颊部的下颏骨下方（手指不要深压颏下软组织，以防气道阻塞），将颏部（颏的读音为 kē，指脸的最下部分，在两腮和嘴的下面）上抬至下颌角与耳垂的连线与地面垂直的位置，如图 7-5 所示。

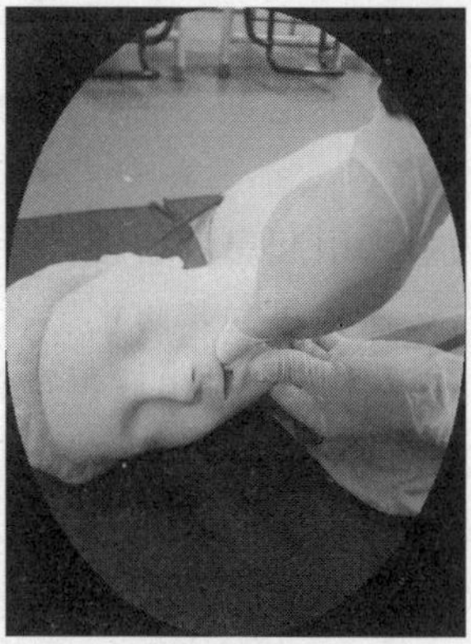

图 7-4 清除口腔异物

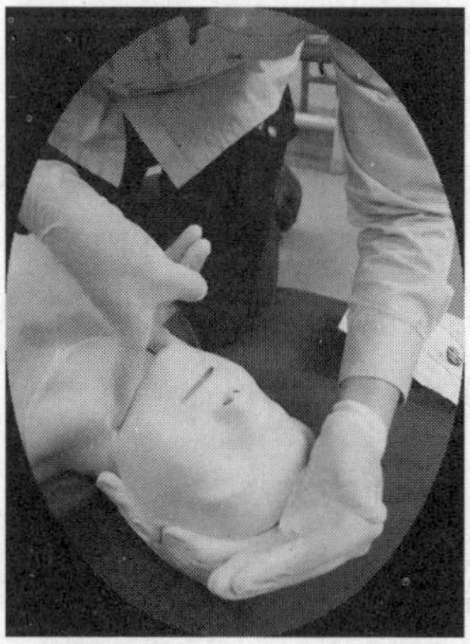

图 7-5 仰头抬颏法

(2) 双手托颌法

如果怀疑患者颈部受伤时，则不能再采用仰头抬颏法，而要使用双手托颌法。施救者位于患者的头与肩中间，双手拇指分别置于患者口角两旁，其余四指托住患者的下颌部位，在保证头部和颌部固定的前提下，将患者的下颌向上抬起，使其下齿高于上齿。要注意避免搬动及左右摇动患者的颈部。

(九) 人工呼吸

口对口人工呼吸应当是我们最为熟悉，也是最简单、最有效的急救方法，其原理是利用肺内压与大气压之间的压力差，使呼吸骤停者获得被动式呼吸，获得氧气，排出二氧化碳，维持最基础的生命运转。操作时，施救者一手托住患者的下颌使其头后仰，张开下唇，同时用放在患者额部上的手捏住患者的鼻孔，吸气后嘴唇包住患者口部，平稳地吹气，每次吹气时间为1～1.5秒，确保呼吸时病人胸廓起伏，然后松开捏患者鼻孔的手，让患者凭其胸肺弹性自动回缩呼出气体。如此反复进行，成人8～10次/分。每隔5分钟检查一次心肺复苏效果，每次检查时心肺复苏术不得中断5秒以上。

(十) 患者复苏后的有效指征及体位

1. 患者复苏后的有效指征

患者复苏后，其大动脉会出现搏动，瞳孔缩小（正常瞳孔大小为2.5～4毫米），皮肤转红润，自主呼吸恢复，昏迷程度变浅并出现各种反射，肢体会出现无意识挣扎动作、呻吟等。

2. 患者复苏后的体位

患者复苏后，应将其一只手置于肩上，另一只手放置在胸前，同侧下肢放置在另一侧下肢上。施救者一只手固定患者的颈部，另一只手固定其腰部，同时将其向对侧翻。此操作禁止用于可能颈椎骨折的患者。

(十一) 心肺复苏术的注意事项

实施心肺复苏术应注意以下事项：

(1) 成年患者心脏按压与人工呼吸同时进行时，不论单人或双人抢救，比例都为30∶2，即心脏按压30次，口对口吹气2次。

(2) 心脏按压操作时用力要适当，避免用力过大引起患者肋骨骨折。

(3) 人工呼吸时每次吹气量为600毫升左右，避免过大，防止患者胃部胀气，开始的两次吹气，每次要持续1～2秒钟，让气体完全排出后再重新吹气。

二、止血方法

正常情况下，成人血液占其体重的7%～8%，即一个体重为60千克的人，其体内约有4 500毫升的血液。当患者因内外部创伤导致失血量达到其身体总血量的20％以上时，患者就可表现出休克症状；当失血量达到其身体总血量的40％以上时，体内各组织器官就会发生供血不足和缺氧，如不能及时补充血容量，这些组织器官就会发生不可逆转的损害，进而导致患者的死亡。因此，对创伤类患者进行现场急救时，及时而有效地控制出血，是抢救成功的重要环节之一。

止血的方法很多，应当根据患者的出血部位及救助现场的具体条件选择最佳方法，做到既能有效止血，又能防止并发症的发生。下面介绍几种海上急救常用的止血方法：

（一）加压包扎止血法

绝大多数的出血可用加压包扎止血法止住。操作时先用消毒纱布垫或干净的毛巾、布块、帽子等折叠成比伤口略大的垫子，放在伤口上，然后用三角巾或绷带或能找到的替代品加压包扎（见图 7-6）。包扎的压力应适宜，以既能止血又不影响远端血运为宜（远端能摸到动脉搏动且颜色正常）。加压止血法适用于小动脉、静脉及毛细血管出血，伤口内有碎骨存在时不能用此法。包扎时严禁将效果不明确的所谓止血中草药、泥土或其他粉末撒在伤口上，以免加重伤口污染，为以后的清创处理造成困难。

图 7-7 所示为肘关节加压止血。

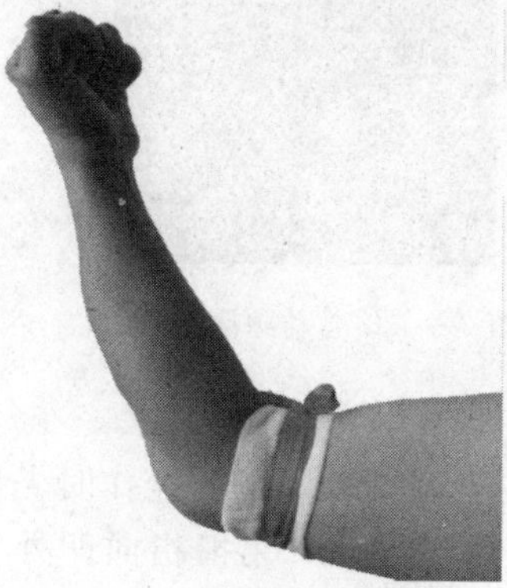

图 7-6　加压包扎止血法

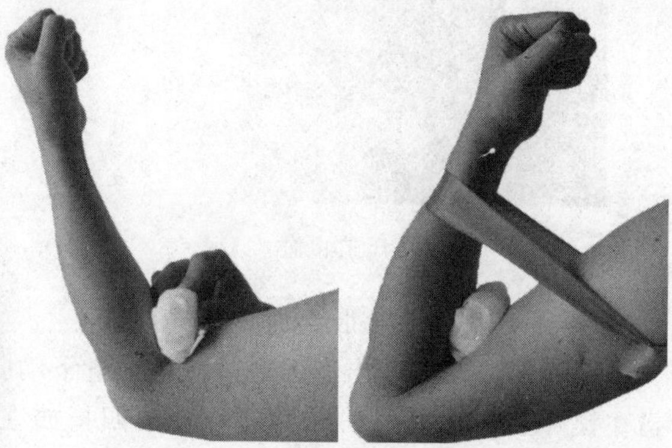

图 7-7　肘关节加压止血

（二）指压止血法

指压止血法适用于急救现场较急剧的动脉出血而手头又一时缺乏包扎材料或止血带的情形。操作时用手指放在患者伤口上方的动脉压迫点上，然后用力将动脉血管压在骨骼上，通过中断血流而达到止血的目的。该方法迅速有效，其缺点为不宜持久，在止住出血后，需立即换用其他止血方法。急救中常用的一些止血点如下：

1. 脸下部及口腔一侧出血

脸下部及口腔一侧出血可通过按压颞（读音为 niè，指头颅两侧靠近耳朵的部分）动脉或颌外动脉而达到止血目的。按压颞动脉时可将拇指与食指在耳屏（耳屏是指外耳门前面的突起，由软骨和皮肤构成，能遮住外耳门）前稍上方对下颌关节处用力压迫（见图 7-8）；按压颌外动脉时用拇指或食指在下颌角前约半寸（1 寸＝3.33 厘米）处，将颌外动脉压在下颌骨上。

2. 大范围的头部、颈部和口咽部出血

大范围的头部、颈部和口咽部出血可通过按压颈总动脉达到止血目的。把拇指或其余四指放在伤侧的气管外侧与胸锁乳突肌前缘之间的沟内，摸到颈总动脉搏动后将其向颈后压迫止血（见图 7-9）。注意此法仅用于紧急止血，且不可两侧同时按压，以免引起心搏骤停。

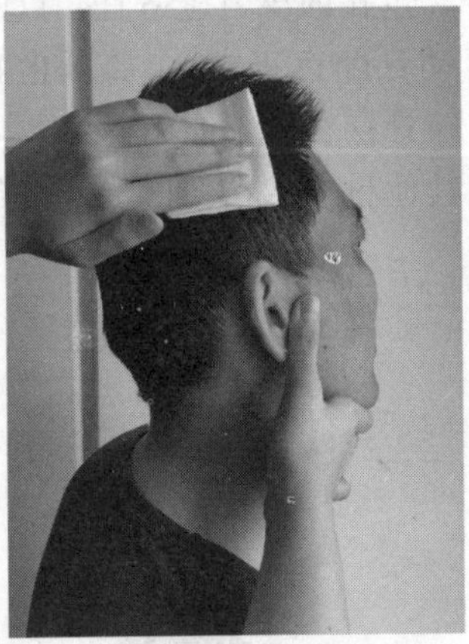

图 7-8 颞动脉压迫止血

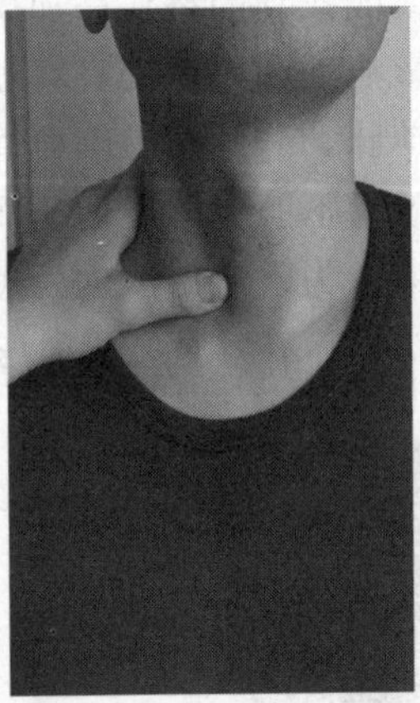

图 7-9 颈总动脉压迫止血

3. 肩部、腋部及上肢出血

肩部、腋部及上肢出血可通过按压锁骨下动脉达到止血目的。操作时先用拇指在锁骨上凹处摸到动脉搏动，其余四指放在伤员颈后，用拇指向凹处下压，将动脉血管压向第一肋骨止血。

4. 上臂下端、前臂和手部出血

上臂下端、前臂和手部出血，可压肱动脉止血。在肱二头肌触到动脉搏动后，将此动脉用力压在肱骨干上。

5. 下肢出血

下肢出血可在腹股沟中点稍下方，摸到动脉搏动后用力将其压向股骨。

人体常用止血点可参照表 7-5。

表 7-5 人体常用止血点

止血点	适用范围	位置
颞浅动脉	前额、颞部、头顶动脉出血	双侧耳屏前上方的凹陷、搏动处
面动脉	颌面部动脉出血	下颌角前上方 1.5 cm 动脉搏动处
颈总动脉	颈动脉出血	胸锁乳突肌前缘搏动处
锁骨下动脉	肩部、腋部及上肢动脉出血	锁骨上窝中点动脉搏动处
肱动脉	手部、前臂动脉出血	上臂肱二头肌内侧缘搏动处
尺、桡动脉	手部动脉出血	腕部横纹上方两侧搏动处
指动脉	手指动脉出血	手指根部两侧搏动处
股动脉	下肢动脉出血	腹股沟韧带中点稍下方搏动处
腘动脉	小腿、足部动脉出血	腘部横纹中点搏动处
足背动脉	足背动脉出血	足内、外踝连线中点
胫后动脉	足部动脉出血	足内踝后侧搏动处

（三）止血带止血法

对于较大的上下肢动脉出血，用其他止血方法无效时可采用止血带止血法。止血带有橡皮制和布制两种，急救时可就地取材，用宽皮条、三角巾或毛巾等代替。

1. 适应证

因使用止血带止血易造成患者身体残疾，故必须严格掌握适应证。必须要用止血带时，压力一定要合适，上肢不应超过 300 mmHg，下肢不能超过 600 mmHg，如为简易止血带不能测量压力时，以用上止血带后伤口不出血，远端肢体动脉搏动刚刚摸不到为宜。

2. 卡扣式止血带止血操作步骤

（1）在止血部位的皮肤上垫上衬垫。

（2）轻压脉带锁止阀上的按钮，后置于伤口近心端（上端）。

（3）将卡扣插回锁止阀，拉紧松紧带。

（4）注明扎上止血带的时间，观察患肢末端血液循环情况。

3. 橡皮止血带止血操作步骤

用橡皮止血带时，用左手拇指、食指和中指持住止血带的一端，右手拉紧止血带缠绕肢体两周，然后将止血带末端放入左手食指与中指间，用食指和中指将止血带夹住，并拉出固定；用布条或其他布质代用品时，先将布条松松缠绕肢体一周打结，然后在结下穿一根短木棍，拉紧木棍，沿一个方向旋转，使布条绕紧肢体，至伤口不再流血为止。

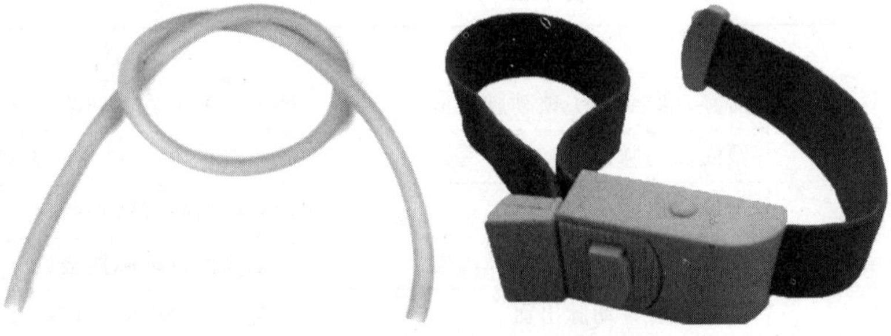

图 7-10　橡皮式止血带和卡扣式止血带

4. 止血带止血法注意事项

（1）止血带不能直接缠在皮肤上，必须用毛巾、三角巾等做成平整的垫子垫上。

（2）止血带要扎在伤口的近心端靠近伤口处。

（3）为避免用止血带伤及神经，上肢应扎在上 1/3 处，下肢应扎在大腿中部。

（4）为防止远端肢体缺血坏死，在一般情况下，上止血带的时间不应超过 2～3 小时，每隔 40～50 分钟放松一次，以暂时恢复肢体远端的血运。

（5）上好止血带后应做好标记，注明时间。

（6）注意严禁用铁丝、电线、绳索等代替止血带。

（四）填塞止血法

填塞止血法适用于大腿根、腋窝、肩部、口、鼻、宫腔等部位出血的情形。止血时先将急救包、棉垫或消毒的纱布等无菌敷料填塞在伤口内压紧，再用加压包扎法进行包扎。

（五）绞紧止血法

紧急情况下，可采用绞紧法用布带代替卡式止血带。

1. 绞紧止血法操作步骤

（1）在止血部位加衬垫，再将 3～4 厘米的宽布带绕伤肢（伤口近心端）一圈，两端向前拉紧打活结。

（2）以绞棒（如小木棒、笔杆、筷子等）插在带圈内，提起绞棒沿顺时针方向绞紧。

（3）将绞棒一端插入活结环内，拉紧活结固定绞棒。

（4）注明扎上止血带的时间，观察患肢末端血液循环情况。

2. 绞紧止血法注意事项

（1）严禁使用铁丝、电线、绳索等做止血带。

（2）上止血带前应加衬垫，防止勒伤皮肤，松紧要适宜，以观察伤口不出血为度。

（3）做出明显标记，并注明止血时间，定时放松，首次 1 小时放松一次，以后应每 30 分钟放松一次，放松时间为 1～3 分钟，放松时应用手指按压近侧的主动脉主干，以减少出血。

（4）止血带只能用于捆扎四肢，禁止捆扎头部、颈部或躯干部。

（5）上肢扎止血带时切忌扎在中部，以免损伤桡神经；下肢扎止血带时切忌扎在上部，以免损伤股神经。

三、肌肉注射法

肌肉注射法是指将药液通过注射器注入患者肌肉组织内的方法。在海上急救过程中，经常会碰到伤患者需要速效治疗但却因客观情况不宜或不能服用口服药品也不适于皮下注射、静脉注射的情形，这就需要进行肌肉注射。同时，注射刺激性较强或药量较大的药物时，一般也会采用肌肉注射法。

（一）肌肉注射法的操作原则

（1）严格遵守无菌操作，预防注射部位感染和发生并发症。

（2）严格执行核查制度，防止发生错用药品等差错。

（3）选择合适的注射器和针头。

（4）选择合适的注射部位，避免在有疤痕、硬结、感染伤口等处进针。

（5）注射所用的药物要现配现用。

（6）尽量运用无痛注射技术，让伤患者选取合适体位，使注射部位的肌肉处于松弛状态，同时分散患者注意力。

（7）遵循两快一慢原则，进针和拔针快，推药慢。

（二）肌肉注射法的部位选择

肌肉注射法很重要的一个环节是对伤患者注射部位的精确定位，其中最常用的注射部位为臀大肌，其次为臀中肌、臀小肌、股外侧肌及三角肌。

1. 臀大肌注射

（1）十字法

从臀裂顶点向左或右划一水平线，从髂嵴最高点向下作一垂直平分线，将臀部分为四个象限，其中外上象限避开内角为注射区。

（2）连线法

从髂前上棘到尾骨连线的外 1/3 处为注射部位。

2. 臀中肌、臀小肌注射

该处血管、神经分布较少，且脂肪组织较薄，目前使用日趋广泛，定位方法有两种：

（1）以食指尖和中指尖分别置于髂前上棘和髂嵴下缘处，在髂嵴、食指、中指之间构成一个三角形区域。注射部位在食指和中指构成的角内。

（2）髂前上棘外侧三横指处。

3．股外侧肌注射

注射位置为大腿中段外侧，一般成人可取髋关节下 10 厘米至膝上 10 厘米的一段范围，该处大血管、神经干很少通过，且部位较广，可供多次注射。

4．上臂三角肌注射

注射位置为上臂外侧，肩峰下 2～3 横指处。此处肌肉较臀部肌肉薄，只能做小剂量注射。

（三）肌肉注射法的操作步骤

（1）针对伤患情况，选取适宜的注射器和药品。

（2）检查药液有无变质、沉淀，安瓿有无裂痕，注射器是否在有效期内，包装有无破损。

（3）消毒并折断安瓿或去除安瓿铝盖。

（4）抽吸药液、排空气，并再次查对。

（5）调整伤患者体位，可采取侧卧位或坐位，采取侧卧位时，如患者置于左侧卧位，则左下肢弯曲，右下肢伸直。

（6）选取并消毒注射部位，用 0.5％碘伏或 75％酒精消毒，擦拭面积直径大于 5 厘米。

（7）左手食指与拇指绷紧皮肤，右手持注射器，拇指、食指固定针筒，中指固定针栓，与皮肤成 90°角，迅速进入针头的 2/3，固定针栓。

（8）松开左手，抽无回血，推注药液。

（9）注射完毕，用棉签轻压注射处，快速拔针。

四、包扎法

在海上急救中，包扎法是对外伤进行现场应急处理的重要措施之一。及时正确的包扎，可以达到压迫止血、减少感染、保护伤口、减少疼痛以及固定敷料和夹板等目的；相反，错误的包扎则可能导致患者出血增加、加重感染、造成新的伤害、遗留后遗症等不良后果。

包扎伤口应在了解患者有无内在损伤的基础上进行，在外伤急救现场，不能只顾包扎表面看得到的伤口而忽略其他内在的损伤，特别要注意是否存在比较隐蔽的内脏损伤。在有出血的情况下，外伤包扎的实施必须以止血为前提，如不及时给予止血，则可能造成患者严重失血、休克，甚至危及生命。

包扎器材主要包括三角巾急救包、绷带、四头带、炸伤急救包等，紧急条件下，也可用干净的毛巾、头巾、手帕、衣服等作为临时的包扎材料。

下面介绍几种常用的包扎法：

（一）绷带包扎常用的方法

绷带是包扎伤口处或患处的纱布带，是常见的医疗用品，有许多种类和包扎方法，需要根据受伤的部位来选择合适的种类和包扎方法。绷带中最常用的是卷轴绷带，包扎卷轴绷带前，要先处理好患部，并放置敷料。包扎时，展开绷带的外侧头，背对患部，一边展开，一边缠绕，无论何种包扎形式，均应环形起，环形止，松紧适当，平整无褶，最后将绷带末端剪成两半，打方结固定，结应打在患部的对侧，不应压在患部之上。夹板绷带和石膏绷带为制动绷带，主要用于四肢骨折、重度关节扭伤、肌腱断裂等的急救与治疗。

1. 绷带环形法

环形法是绷带包扎法中最基本、最常用的方法，一般小伤口清洁后的包扎都采用此法，它还适用于颈部、头部、腿部以及胸腹等处。其方法是：将绷带作环形重叠缠绕，第一圈环绕稍作斜状，第二圈、第三圈作环形，并将第一圈斜出的一角压于环形圈内，这样固定更牢靠，最后环绕数周用胶布或粘膏将带尾固定，或将带尾剪开成两头打结。

2. 绷带螺旋法

绷带螺旋法多用在肢体粗细差不多的地方以及关节部位（如肩、肘、髋、膝等部位），其方法是：先按环形法缠绕数圈固定，然后呈螺旋形往上缠，每圈盖住前圈的 1/3 或 2/3。

3. 绷带蛇形法

绷带蛇形法多适用于夹板的固定，其方法是：先将绷带按环形法缠绕数圈固定，然后按绷带的宽度作间隔地斜着上缠或下缠即成。图 7-11 所示为绷带及其常用缠法。

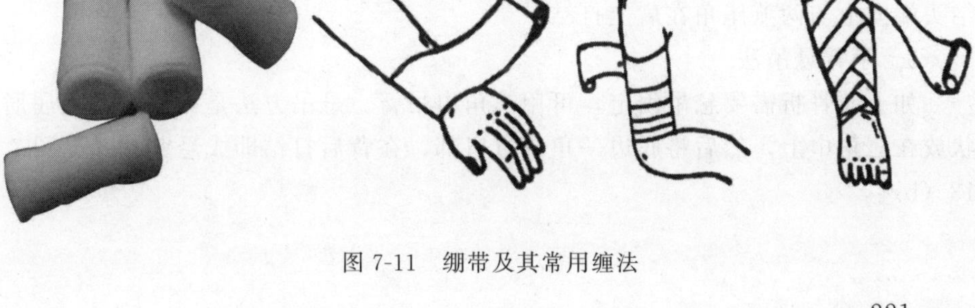

图 7-11　绷带及其常用缠法

（二）三角巾包扎常用的方法

对创面较大、固定夹板、手臂悬吊等情形，需应用三角巾包扎，其常用方法有：

1. 三角巾头部包扎法

将三角巾底边反折 2～3 厘米，正中点放在伤员前额眉弓上部，经耳上将两底角与顶角拉到枕后，压住顶角后交叉，与顶角一起再经耳上到额部拉紧，打结固定。

2. 三角巾风帽式包扎法

将三角巾顶角和底边各打一结，即呈风帽状。在包扎头面部时，将顶角结放于前额，底边结放在后脑勺下方，包住头部，两角往面部拉紧，向外反折包绕下颌，然后拉到枕后打结即成。

图 7-12 所示为医用三角巾及其头部包扎法。

图 7-12　医用三角巾及其头部包扎法

3. 单肩包扎法

三角巾顶角越过伤侧肩颈部，系带从后经腋下沿三角肌下缘处环绕上臂两周固定，将外侧底角折回肩部过后背与另一底角在对侧腋下打结［见图 7-13 (a)］。

4. 双胸包扎法

将三角巾折成燕尾状，并在底部反折两指，横放于胸部，底边置于剑突下两横指处，燕尾角对准胸骨上窝，将长的燕尾底边围到对侧腋下打结，再将打结头端向上与两燕尾角在肩上打结。

5. 手臂悬吊法

如上肢骨折需要悬吊固定，可用三角巾吊臂。悬吊方法是：将患肢呈屈肘状放在三角巾上，然后将底边一角绕过肩部，在背后打结即成悬臂状［见图 7-13 (b)］。

6. 背部包扎法

与胸部包扎的方法一样，唯位置相反，结打在胸部。

7. 手（足）部包扎法

将受伤的手（足）放在三角巾中间，中指（趾）对着顶角，将顶角上翻盖住手（足）背，然后两角在手（足）背交叉压住顶角，绕腕（踝）关节打结固定［见图 7-13（c)］。

(a)　(b)　(c)

图 7-13　三角巾单肩包扎法、手臂悬吊法、手部包扎法

五、骨折固定术

骨折一般分为闭合性骨折和开放性骨折两种类型。骨折处没有皮肤或黏膜破裂，骨折断端与外界不相通的称为“闭合性骨折”；骨折处有皮肤或黏膜破裂，与外界相通的称为“开放性骨折”。根据骨头断裂的程度，骨折又可分为完全骨折和不完全骨折：骨质完全断裂的称为“完全骨折”，骨质未完全断裂的称为“不完全骨折”。

骨折会导致患者疼痛剧烈，并刺伤周围神经、血管、软组织及骨髓腔内出血，造成局部血肿，如不及时救治，可能会造成患者受伤部位的形状改变，如肢体短缩、移位等，使原有的运动功能受到严重影响甚至完全丧失。骨折固定术就是骨折后现场急救的重要措施之一，其直接目的是固定患处、防止移位，避免骨折断端刺伤皮肤、血管和神经造成继续损伤，减轻患者疼痛，便于后续运送治疗。

（一）骨折固定术操作注意事项

（1）本着先救命后治伤的原则，呼吸、心跳停止者应立即进行心肺复苏，有大出血时，应先止血，再包扎，最后再固定骨折部位。

（2）对于大腿、小腿和脊柱骨折，应就地固定，不要随便移动伤员。

（3）骨折固定的目的，只是限制肢体活动，不要试图整复。如患肢过度畸形不便固定时，可依伤肢长轴方向稍加牵引和矫正，然后进行固定。

（4）对四肢骨折断端固定时，先固定骨折上端，后固定骨折下端，若固定顺序颠倒，可能会导致断端再度错位。

(5) 固定材料不能与皮肤直接接触，要用棉花等柔软物品垫好，尤其骨突出部位和夹板两头更要垫好。

(6) 夹板要扶托整个伤肢，将骨干的上、下两个关节固定住。绷带和三角巾不要直接绑在骨折处。

(7) 固定四肢时应露出指（趾），随时观察血循环，如有苍白青紫、发冷、麻木等情况，立即松开重新固定。

(8) 肢体固定时，上肢屈肘，下肢伸直。

(9) 开放性骨折禁用水冲，不涂药物，保持伤口清洁。外露的断骨严禁送回伤口内，避免增加污染和刺伤血管、神经。

(10) 疼痛严重者，可服用止痛剂和镇静剂，固定后迅速送往医院。

(二) 常用骨折固定方法

骨折固定常用的材料主要包括夹板和敷料。制式木夹板有各种宽度和长度，适用于各类伤肢固定，现场没有定型夹板时，也可利用伤员胸部、健肢或木棒、树枝、竹竿等代替夹板。敷料有两种：一种是作衬垫用的，如棉花、衣服、布；另一种是用来绑夹板的，如三角巾、绷带、腰带等，绝对禁止使用铁丝之类的东西替代。

1. 锁骨骨折固定法

(1) 无夹板固定法

先在两腋下各垫上一块棉垫，将三角巾折叠成四横指宽条带，以横“8”字形缠绕两肩，使两肩尽量往后张，胸往前挺，在背部交叉处打结固定。两肘关节屈曲，两腕在胸前交叉，再用一条三角巾，从上臂肱骨下端处绕过胸廓，两端相遇时打结［见图 7-14 (a)］。

(2) “T”形夹板固定法

预先做好“T”形夹板（直板长 50 厘米，横板长 55 厘米）。用“T”形夹板贴于患者背后，在两腋下与肩胛部位垫上棉垫，再将腰部扎牢，然后固定两肩部［见图 7-14 (b)］。

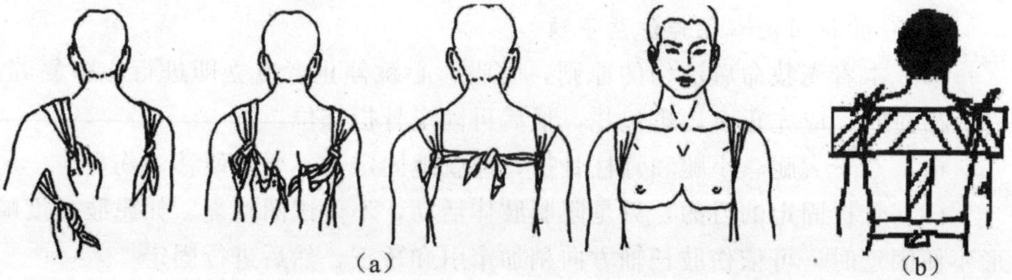

(a) (b)

图 7-14 锁骨骨折无夹板固定和“T”形夹板固定法

2. 前臂骨折固定法

前臂骨折固定时，必须做到肘关节屈曲成直角，腕关节稍向背屈，掌心朝向胸部。

(1) 夹板固定法

取两块长短适当的木板（由肘至手心），垫以柔软衬物，将两块夹板分别放在前臂掌侧与背侧（只有一块夹板时放在前臂背侧），并在手心放棉花等柔软物，让伤员握住，使腕关节稍向背屈，然后，上下两端扎牢固定，再屈肘90°，用大悬臂带吊起。

(2) 衣襟、躯干固定法

利用患者身穿的上衣固定。将伤臂屈曲贴于胸前，把手放在第三、四纽扣间的前衣襟内，再将伤侧衣襟向外翻，反折上提，托起前臂衣襟角系带，拉到健肢肩上，绕到伤肢肩前与上衣的衣襟打结。无带时可在衣襟角剪一小孔，挂在第一、二纽扣上，再用腰带或三角巾经肘关节上方绕胸部一周打结固定。

3. 肱骨骨折固定法

肱骨骨折固定时，要达到肘关节屈成直角，肩关节不能移动。

(1) 夹板固定法

将两块木夹板分别置于上臂内、外侧（只有一块夹板时，则放在上臂外侧），用绷带或三角巾将上下两端扎牢固定，肘关节屈曲90°，前臂用小悬臂带吊起。

(2) 躯干固定法

现场无夹板时，可用三角巾躯干固定。三角巾折成10～15厘米宽（将三角巾叠成三折的宽带，其中央要正对骨折处）的带子，将上臂固定在躯干上，屈肘90°，再用小悬臂带将前臂悬吊胸前。

图7-15所示为前臂骨折固定和肱骨骨折固定。

图7-15　前臂骨折固定法、肱骨骨折固定法

4. 股骨（大腿）骨折固定法

（1）夹板固定法

让患者仰卧，伤肢伸直。将两块夹板分别放置于伤肢大腿内、外侧，外侧由腋窝到足跟，内侧由腹股沟到足跟（只有一块夹板则放到外侧），将健肢靠向伤肢，使两下肢并列，两脚对齐。关节及空隙部位加垫，用5～7条三角巾或布带将骨折上下两端先固定，然后分别在腋下、腰部及膝、踝关节等处扎牢固定。此外，固定时必须使脚掌与小腿垂直，用“8”字形包扎固定。同时，应脱去伤肢的鞋袜，以便随时观察血液循环情况。

（2）健肢固定法

无夹板时，可用三角巾、腰带、布带等把两下肢固定在一起，两膝和两踝之间要垫上软性物品。

5. 小腿骨折固定法

（1）夹板固定法

用两块由大腿中段到脚跟长的木板加垫后，分别放置在伤肢小腿的内侧和外侧（只有一块木板时，则放在外侧），关节处垫置软物后，用5条三角巾或布带分段扎牢固定。首先固定小腿骨折的上下两端，然后，依次固定大腿中部、膝关节、踝关节并使小腿与脚掌垂直，用“8”字形固定。

（2）健肢固定法

小腿骨折健肢固定方法与股骨（大腿）骨折固定法相同。

6. 肋骨骨折固定法

因肋骨长而细，很容易折断，可采用宽带固定法或多头带固定法进行固定。先在胸部骨折处垫些棉花，在受伤者呼气状态下用宽绷带围绕胸部紧紧地包扎起来，固定胸壁。用大悬臂带扶托伤侧上肢。

7. 脊柱骨折固定法

脊柱骨折后，不能轻易移动伤员，应依照其伤后的姿势作固定。俯卧时，以“工”字方式将竖板紧贴脊柱，将两横板压住竖板分别横放于两肩上和腰骶部，在脊柱的凹凸部加上软物品，先固定两肩并将三角巾的末端在胸前打结，然后再固定腰骶部。

伤员仰卧时，如不需搬动，可在腰下、膝下、足踝下及身旁放置软垫固定身体位置。

图7-16所示为小腿骨折夹板固定和脊柱骨折固定。

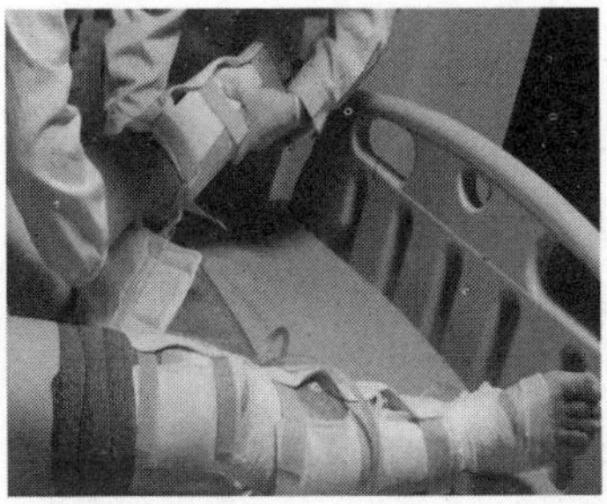 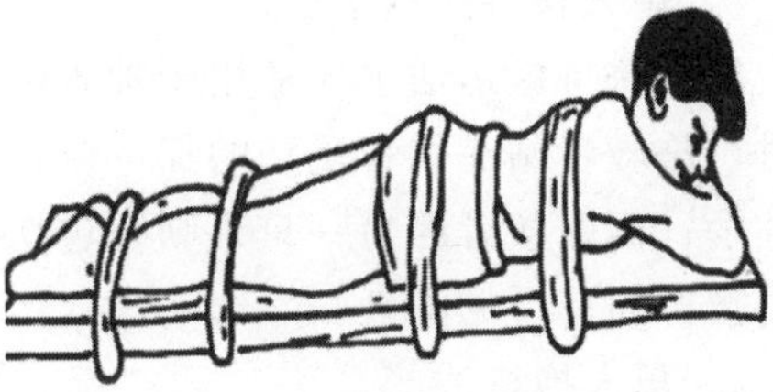

图 7-16　小腿骨折固定法、脊柱骨折固定法

六、搬运法

在海上急救中，伤病员在现场进行初步急救处理后，需要及时转送至舱室静养做进一步治疗或准备转运送往医院救治，这一过程必须要经过搬运这一重要环节。纵观整个急救过程，搬运是急救医疗不可分割的重要组成部分，而正确的搬运法对伤病员的抢救、治疗和预后都至关重要。

急救搬运的直接目的是让患者迅速脱离危险现场，防止再次受到损伤，必要时便于急送医院做进一步治疗。根据搬运过程是否利用辅助器具，急救搬运大致可划分为器械搬运和徒手搬运两大类，急救中应当根据现场状况、患者的伤病情和搬运路线选择适宜的搬运方法。

（一）器械搬运法

1. 担架搬运法

担架搬运法就是利用担架来搬运伤者，适用于搬运躯干、下肢骨折的伤者，对于危急重症患者和需要较远路程转运的患者也须用此方法。搬运时，小心地将伤者移至担架后，两人各抬担架两端即可。基于安全考量，在一般平地时让伤者脚朝前方；在上楼梯、上坡或抬上救护车时，则应让伤者头部向前端较佳。

2. 椅子搬运法

椅子搬运法适用于伤病情较轻，伤患者可勉强坐立的情形。搬运时，让伤患者坐稳于椅子之上，两人各抬椅子之一侧，步伐一致地缓慢移动。

3. 毛毯搬运法

先将毛毯平铺于地上，将伤者移置中间，两侧多余的毛毯向内卷曲，然后抬两侧。此法最好有四人操作，这样比较平稳。

此外，在找不到上述辅助器材的情况下，也可以采用门板、衣服、大衣、绳子、竹竿、梯子等制作简易担架搬运。

（二）徒手搬运法

徒手搬运法即不借助其他辅助器械，单纯靠人力进行搬运的方法，适用于病情轻、路程短的情况，可用单人、双人、多人搬运。

1．单人扶持搬运法

单人扶持搬运法主要适用于神志清醒且可在外力协助下行走的伤患者。搬运时，施救者站在伤者受伤的那一侧，让伤者的一只手绕过施救者的颈部并抓住其手；而施救者的另一只手则绕过伤者后腰部，抓紧其皮带或腰侧衣物或扶持其腰部而行［见图 7-17（a)］。

2．单人抱持法

操作时，施救者站于伤患者一侧，一手托起其背部，一手托其大腿，将其抱起，如伤患者意识清醒，可让其双手或单手抱着施救者颈部［见图 7-17（b)］。

3．单人背负法

单人背负法通常用于小孩子或体重较轻、神志清醒的伤患者，胸部损伤患者禁用。操作时，施救者站在患者前面，面向同一方向，先将伤者上身扶正，微屈膝弯背，将患者背起后扶持两手而行［见图 7-17（c)］。

4．单人肩负法

单人肩负法主要适用于神志清醒或不清，体重较轻的伤患者。搬运时，施救者与伤者面对面站着，让伤者头部置于肩部一侧，双手绕过伤者腋窝，扶持伤者采跪姿，接着再站立；施救者左手抓伤者右腕，头前倾在伤者伸直的右臂下，以肩膀顶着伤者下腹部，右臂绕过伤者双膝，站好后即可肩负着伤患者［见图 7-17（d)］。

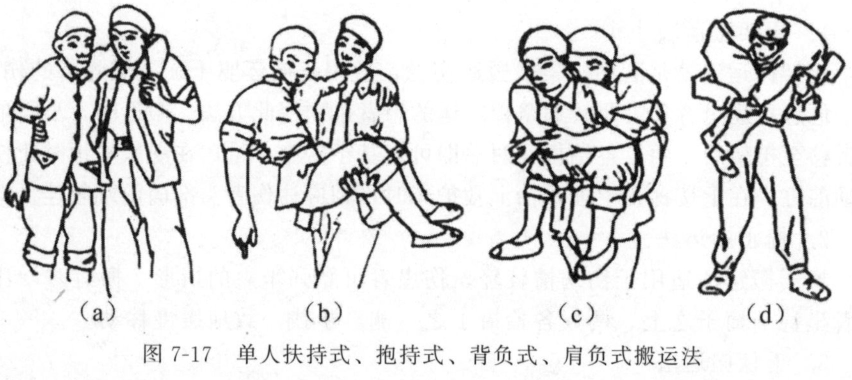

(a) (b) (c) (d)

图 7-17 单人扶持式、抱持式、背负式、肩负式搬运法

5．单人拖拽法

单人拖拽法适用于伤患者无法站立或太重，无法用背负法、肩负法的情形。操作时，先将伤者置于仰卧体位，施救者蹲在伤患者头部后侧，将其头部慢慢抬起，用双手伸到其腋下，用上臂托住或夹住伤者的头，然后抓紧伤者腋下的上臂往后拖行；如伤者很重，可将双臂从伤者腋下环绕到其胸前双手抓紧，采用抱拽的方式向后拖行。

6. 双人搬运法

顾名思义，双人搬运法即由两名施救者同时搬送伤患者的方法。具体操作分为三种：

(1) 椅托法

椅托法适用于体弱而清醒的伤患者。操作时，两名施救者面对面蹲在伤患者的两侧，分别将靠近伤员一侧的手伸到伤员背后握住对方的手腕，然后将各自的另一只手伸到伤员的大腿部，握住对方的手腕同时站起，行走时同时迈出外侧的腿，保持步调一致［见图 7-18 (a)］。

(2) 拉车法

拉车法适用于将意识不清的伤患者移上椅子、担架或在狭窄地方搬运。操作时，施救者一人站于伤患者背后，两手插到其腋下，将其抱在胸前，另一人蹲在伤患者脚部，用双手抓住伤患者的两膝关节，慢慢抬起伤者［见图 7-18 (b)］。

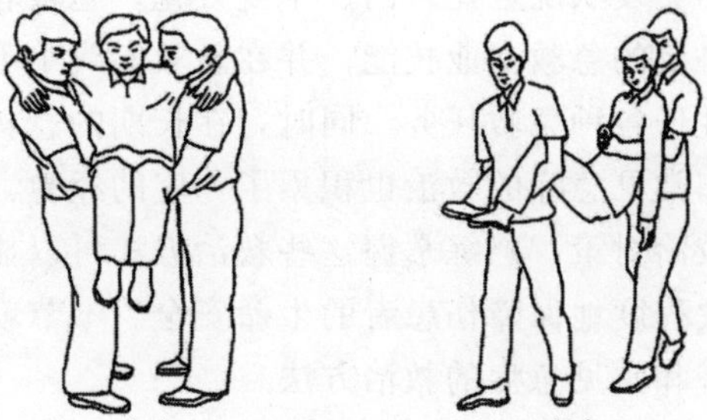

(a)　　(b)

图 7-18　双人椅托式和拉车式搬运法

(3) 扶持法

对病情较轻、能站立行走的伤患者可用此法。操作时，两名施救者分别立于伤患者一侧，使其靠近自己的一臂揽着自己的颈部，用自己的同侧手牵住，另一只手伸过被救护者背部，扶持其腰，使其身体略靠自己，扶持伤者行走。

7. 三人搬运法

三人搬运法适用于脊柱骨折的伤者。搬运时，三名施救者在伤者同一侧的肩部、臀部和膝部同时单膝跪在地上，分别抱住其头颈、肩背、臀部和膝部，一人用双手抬肩、一人抬臀部、另一人抬小腿部，三人同时站立，抬起伤员，齐步前进，以保持伤员躯干不被扭曲。

8. 多人搬运法

多人搬运法适用于颈椎、腰椎骨折的伤患者。操作时，伤患者两侧各站数人，间隔平均，手掌向上，分别托住其肩胸、腰部、臀部、大腿部、腘窝和踝部，用手臂的力量共同将伤者抬起。

图 7-19 所示为三人、四人、多人搬运法。

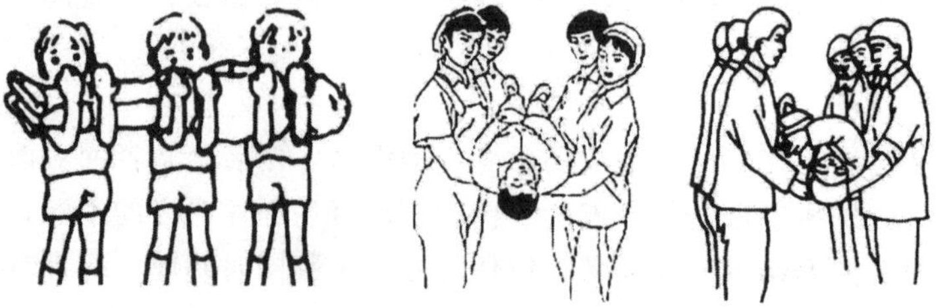

图 7-19 三人、四人、多人搬运法

第四节 常见意外伤害及急症救治

海上急救面对的突发状况五花八门、千变万化，施救者必须牢固掌握丰富的急救基础知识和必要的急救专业技能，并在急救实践中不断加深理解、提高水平，才能较好地胜任各种急救任务。同时，在长期的急救实践中，我们对常见的一些意外伤害和常见急症的救治也积累了一定的经验，形成了一套比较有针对性和实效性的救治对策，熟练掌握这些救治方法可以显著提高海上急救的常规救治效率，更大程度地保障伤患者的生命安全。本节就重点介绍一下海上急救中常见意外伤害和常见急症的救治方法。

一、海上急救中常见意外伤害及其处理方法

（一）溺水

溺水是海上急救中较为常见的一种意外状况，多因人体淹没于水或其他液体介质中，由大量液体替代空气灌入呼吸道和肺内，或反射性引起喉痉挛，从而引起缺氧窒息，最后造成呼吸停止和心脏停搏而死亡。

溺水者的临床表现为：轻者口渴，面、唇、四肢青紫，面部肿胀，结膜充血，口鼻充满泡沫；重者神志不清，上腹部膨胀，呼吸、心跳微弱或停止。

溺水的现场抢救措施如下：

（1）迅速将溺水者救出，使其脱离水体。

（2）立即清除溺水者口鼻中的异物（泥沙、杂草、呕吐物等），保持其呼吸道通畅。

（3）迅速倒水，方法如下：

①伏膝法。施救者蹲下，将溺水者俯卧，腹部置于施救者膝上，头低位臀高位，用手轻轻按压溺水者背部，如图 7-20（a）所示。

②肩顶法。施救者抱住溺水者双腿，使其腹部在施救者的肩上快速移动，

使溺水者口咽及呼吸道内的液体快速倒出，如图 7-20（b）所示。

③倒立法。让溺水者足朝天，头向地，身体垂直，倒立倒水，如图 7-20（c）所示。

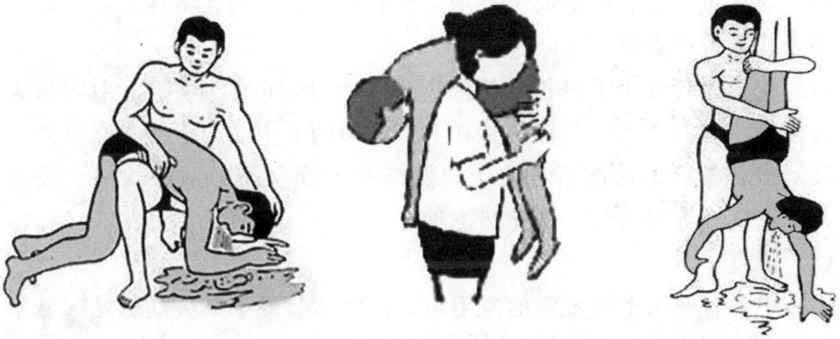

（a）　　（b）　　（c）

图 7-20 伏膝法、肩顶法、倒立法

（4）对心跳、呼吸停止的溺水者，要立即实施心肺复苏术。

（5）及时处理各种合并伤。

（6）如有必要，及时拨打急救电话送医院治疗。

（二）触电

触电是指人体与电源直接接触后电流进入人体，造成机体组织不同程度的损伤和器官功能障碍，甚至发生死亡的现象。触电的临床表现除电击部位的局部损伤外，尚可引起全身性损伤，主要是心血管和中枢神经系统的损伤，严重的可导致心跳呼吸停止。

触电的现场急救措施如下：

（1）立即切断电源。迅速拔除电源插座或关闭电源总开关，用绝缘物体如干燥的木棍、竹竿等挑开电线或用木柄斧头等绝缘物体斩断电源。

（2）迅速拉开触电者。戴橡皮手套、穿胶底鞋，脚垫木板迅速将触电者拉离触电现场。

（3）如遇心跳、呼吸停止者，应立即现场实施心肺复苏术。心肺复苏术是抢救电击伤者的最主要措施，同时手掐人中、涌泉穴。

（4）如有创面，给予相应处理。如有必要，尽快送往医院做进一步治疗。

（三）中暑

中暑是在夏季高温时海上作业中经常出现的一种人体不适状况，多因长时间暴露在高温高湿环境下或受到烈日暴晒导致人体体温调节障碍、汗腺功能衰竭和水、电解质代谢紊乱从而引发的一种急性疾病。

中暑的临床表现：轻者出现口渴、多汗、头晕、头痛、恶心、胸闷、面色潮红；重者烦躁不安、高热、痉挛、昏迷，甚至发生休克等。其现场急救措施如下：

(1) 立即将中暑者脱离高温环境，转移到阴凉、通风的环境处休息，并脱去其多余或紧身的衣服。

(2) 让中暑者处于平卧位，抬高下肢 15～30 厘米，手掐人中穴。人中穴位于人体鼻唇沟的中点，具体位置在上嘴唇沟的上 1/3 与下 2/3 交界处。

(3) 中暑者意识清醒后，给予口服淡盐水或含盐的清凉饮料，或服用人丹、霍香正气液等解暑药，外涂清凉油。

(4) 降温

①在中暑者额头上放置湿的凉毛巾，或将冰袋置于其大动脉处（腋下、颈侧、腹股沟），并用温水或酒精擦浴大动脉处。

②必要时可口服对乙酰氨基酚或肌肉注射复方氨基比林 2 毫升。

(四) 气体中毒

海上急救中，造成气体中毒的常见气体主要是一氧化碳、二氧化碳、渔获物腐烂后产生的硫化氢以及运气船运载的某些有毒气体。气体中毒的临床表现为头晕、头痛、恶心、呕吐、四肢乏力、嗜睡、昏迷，严重的可导致死亡。

气体中毒的现场急救方法如下：

(1) 迅速将中毒者转移到空气新鲜的场所，救护者应佩戴防毒面具施救，以免发生次生事故。

(2) 给中毒者吸氧，使其平卧，头偏向一侧，保持呼吸道通畅。

(3) 对心跳、呼吸停止的患者，要立即实施心肺复苏术。

(4) 防止脑水肿，预防并发症。

(5) 如有必要，尽快送往医院做进一步治疗。

(五) 急性食物中毒

急性食物中毒以腹痛、腹泻、恶心、呕吐，或伴发热等急性胃肠炎症状为主要表现，大多数比较轻，可以自行恢复，必要时给予暂禁饮食，止痛、止吐、止泻药物，口服糖盐水或口服补液盐补液治疗。其急救措施如下：

(1) 立即停止食用可疑食品。

(2) 催吐和导泻。饮水 300～500 毫升后用压舌板轻压中毒者舌前 2/3 处，反复催吐，并口服复方聚乙二醇电解质散剂溶液 1 000～2 000 毫升导泻。

(3) 如误食了防腐剂或变质饮料，可服用鲜牛奶或鸡蛋清；中毒者出现抽搐、痉挛时，用毛巾塞入中毒者口中，防止咬伤舌头。

(4) 口服糖盐水或口服补液盐补液治疗。

（5）如有必要，保留食物样本或呕吐物与中毒者一起送往医院救治。

（六）烧、烫伤

烧、烫伤也是海上急救中经常碰到的一种意外伤害，一般指热力，包括热液（沸水、热油、滚汤）、高温气体、蒸汽、火焰、金属等与人体接触引起的人体局部或全身损伤。

烧、烫伤的临床表现为：轻者皮肤组织红肿、疼痛、有渗出液、生成水疱；重者皮肤呈焦黄色、出现组织坏死等现象。其急救措施如下：

（1）迅速将伤者脱离现场，尽快脱去其着火的衣服或被沸液浸湿的衣服（严禁粗暴、强力剥脱，以防造成脱皮），用水将火浇灭。

（2）如遇心跳、呼吸停止者，应立即就地实施心肺复苏术；如伴有骨折等其他伤害，则给予固定、止痛等相应治疗。

（3）保持呼吸道通畅，禁止奔跑呼叫，防止头面部和呼吸道的烧伤。

（4）冷疗。小面积或轻度烧伤的肢体用冷水冲洗或浸泡 15～20 分钟，头面部等特殊部位可用冷水湿敷。

（5）药物应用。创面可涂烫伤膏、芦荟膏等，避免涂抹有色药物（甲紫、红汞等），以防掩盖伤口情况。

（6）保护创面和保暖。创面或小水疱可用创可贴或无菌纱布包扎；大水疱可在水疱最低处先用无菌的注射器抽出液体，后消毒，再包扎；大面积烧伤者简单包扎。

（7）抗休克治疗。大面积烧伤的患者，因强烈的疼痛刺激及造成创面体液渗出，容易导致低血容量休克，对症状较轻的伤者可补充糖盐水，重者采取静脉输液。

（8）如有必要，尽快送医院做进一步救治。

图 7-21 所示为烧、烫伤处置五原则。

图 7-21　烧、烫伤处置五原则

（七）闭合性软组织损伤

闭合性软组织损伤是海上急救中经常碰到的一种多发、轻微意外伤害，主要包括挫伤、扭伤、拉伤等，其临床表现为伤处疼痛、肿胀、皮下瘀血和功能障碍等。

其急救措施如下：

(1) 伤后24～48小时内，限制活动，损伤的部位冰敷15～20分钟并抬高患肢［见图7-22（a)］，禁止按摩和热疗。

(2) 伤后48小时，可采取热敷［见图7-22（b)］、按摩、外用药物（活络油、红花油等）涂擦等方式活血化瘀，可轻幅度、慢速度地活动关节。

(3) 损伤局部的肿胀、压痛基本消失后，逐步加强功能锻炼，恢复关节活动，防止黏连。

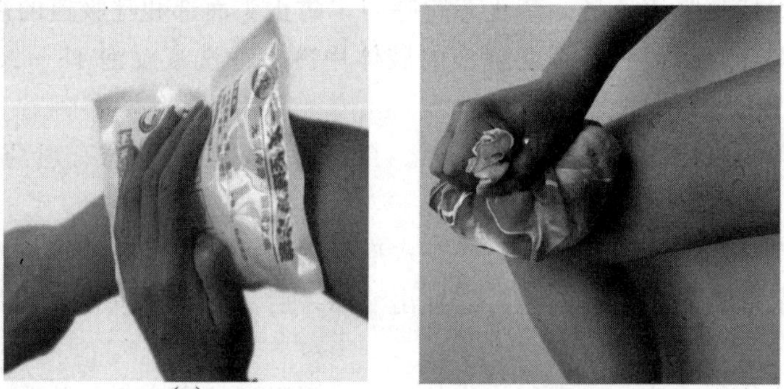

(a)　(b)

图7-22　冰敷和热敷

（八）挤压伤

挤压伤是海上作业中经常发生的一种意外伤害，其临床表现为局部肿胀、瘀血、疼痛或感觉麻木，存在运动障碍，伤势较重时也可引起内脏出血，出现呕血、咯血甚至休克等症状。

其急救措施如下：

(1) 迅速解除挤压，限制活动。

(2) 四肢的挤伤，如果有肿胀、瘀血，早期采取冷敷措施；如果有出血，应及时包扎止血。

(3) 怀疑有内脏损伤的，密切观察是否休克，建立静脉通道，必要时寻求外来救援或远程医疗指导。

(4) 预防挤压综合征，注意观察伤者的生命体征，预防酸中毒。

(5) 如需转运伤者，在转运过程中应尽量用夹板固定伤处。

（九）开放性软组织损伤

所谓开放性软组织损伤，是指人体软组织及皮肤破损与外界相通的一种损伤，最常见的有擦伤、切伤、刺伤和撕裂伤等，也是海上急救经常面对的一种意外伤害。开放性软组织损伤的症状表现为：轻者伤口疼痛、出血、瘀血斑，重者可出现休克、发热、畸形、功能障碍和合并感染。

开放性软组织损伤的急救措施如下：

1. 休克处理

休克分为原发性休克和失血性休克两种。原发性休克是由创伤直接引起的急性神经冲动（疼痛、恐惧等）导致的，给予镇痛保暖、包扎固定等一般处理多能很快恢复；失血性休克，重点是补充血容量和止血，在积极输血补液的同时，先暂时止血，待休克初步纠正后，再行根本性止血措施。在补充血容量的同时，还要根据病人情况酌情补充碱性药物，如果酸中毒不纠正，不仅会加重休克，还会影响其他治疗措施的效果。

2. 小创面伤口的处理

（1）清洁：用0.9%的生理盐水清洗伤口。

（2）消毒：用0.5%的碘伏由内向外消毒伤口。

（3）包扎：用创可贴或无菌纱布包扎固定。

3. 深、大创面伤口的处理

（1）清洁：先用医用双氧水清洗伤口，后用0.9%的生理盐水冲洗，如患部有较多毛发，应剪剃后处理。

（2）消毒：用0.5%的碘伏由内向外消毒伤口。

（3）清创缝合：如有条件，送医院争取在6～8小时内清创缝合。

（4）包扎：用无菌纱布或敷料包扎伤口。

（5）预防破伤风：肌肉注射破伤风抗毒素，一般在伤后24小时内注射。

（十）骨折

骨折是指骨结构的完整性遭到破坏、连续性完全或部分断裂的情形，是一种较为严重的意外伤害，其临床表现为畸形、反常活动、骨擦音或骨擦感，同时伴有疼痛、肿胀、瘀斑、功能障碍、休克、发热等症状。若及时、恰当地处理，多数患者能恢复原来的肢体功能，少数患者可遗留有不同程度的后遗症。

骨折的急救措施如下：

（1）迅速将伤者脱离危险现场。

（2）对于心跳、呼吸停止的伤者，立即给予心肺复苏操作。

（3）控制出血，以防休克。

（4）对于开放性骨折，先止血，后包扎，再固定，禁止现场未做任何处理而进行复位。

(5) 如有条件，迅速将伤者转送至骨科医院进行后续治疗。

(十一) 断肢

肢体因外伤或手术造成完全或不完全断离，必须吻合动脉才能存活的，称为“断肢”。断肢是人体意外伤害中较为严重的一种情形，其急救措施如下：

(1) 注意观察伤员的生命体征，如有异常，应迅速抢救。

(2) 断肢残端出血者，首先止血、包扎，防止休克，然后尽快送医院。

(3) 若断掉的肢体仍在机器中，应停止机器转动，拆开机器，取出断肢，严禁强行将断肢拉出或将机器倒转。

(4) 未完全离断的肢体，用夹板进行固定。

(5) 对于离体的断肢，一般不需要冲洗，以防加重感染，要尽快用多层无菌干纱布包裹断肢，放入无漏孔的塑料袋内，扎紧袋口，再将塑料袋放在装有冰水混合物的器皿内，保存温度为 4 ℃。

(6) 迅速将断肢和患者一起送往医院救治。

(十二) 内脏脱出

人体腹部受到撞击、刺伤等严重外伤时，常常引起内脏受伤，甚至使腹腔内的器官如结肠、小肠等脱出体外。由于腹腔内有肝、脾等血库样的脏器，当腹部遭受打击时，只要有一处破裂，血液马上会充满腹腔，而且由于从外部无法止血，稍一拖延，病情就会恶化。所以，掌握内脏脱出的急救措施是十分必要的。内脏脱出是一种较为严重的意外伤害，碰到此类情形后，切记严禁将脱出的器官纳回腹腔，以免引起腹腔感染，其急救措施如下：

(1) 让伤员取仰卧位或半卧位，下肢屈曲，避免咳嗽，禁饮、禁食。

(2) 立即用保鲜膜或大块敷料覆盖伤口。

(3) 用三角巾作环行圈，圈的大小以能将腹内脱出物环套为宜，将环行圈环套脱出物，然后用饭碗或茶缸将环行圈一并扣住，同时用三角巾包扎腹部。

(4) 让伤病员平卧，双膝屈曲固定，用脊柱板或硬板担架搬运送往专业医疗机构。

二、海上急救中常见急症及其处理方法

(一) 急性肠胃炎

急性肠胃炎是胃肠黏膜的急性炎症，临床表现主要为恶心、呕吐、腹痛、腹泻、发热等。急性肠胃炎常见于夏秋季节，其发生多由于饮食不当，暴饮暴食，或食入生冷腐馊、秽浊不洁等被病毒和细菌感染的食品所致。急性肠胃炎的处理措施如下：

（1）让患者卧床休息，禁食一切对胃肠有刺激的饮食和药物。

（2）酌情短期禁食，然后给予易消化的、清淡的、少渣的流质饮食。

（3）补充丢失的体液，轻者可口服糖盐水，重者需静脉滴注5%～10%的葡萄糖盐水及相应电解质。

（4）止痛。可应用阿托品、颠茄等解痉挛药物。

（5）对伴有腹泻、发烧症状的患者，可适当给予止泻及抗生素治疗，但要防止滥用。

（6）对呕吐、腹泻严重而且明显脱水的患者，如上述措施不能有效控制症状时，应及时送往医院做进一步治疗。

（二）高血压急症

高血压急症是指高血压患者血压在短时间内（数小时或数天）显著急骤升高，收缩压大于200毫米汞柱和（或）舒张压大于130毫米汞柱，同时伴有心、脑、肾、视网膜等重要器官严重功能障碍或不可逆功能损害的一种严重危及生命的临床综合征，可见于高血压病和某些继发性高血压，其发生率占高血压患者的5%左右。

高血压急症的临床表现为：突然出现剧烈头痛、烦躁不安、恶心、驱吐、鼻出血、眼结膜发红、视力模糊等，血压急剧升高，收缩压可高达200毫米汞柱以上和（或）舒张压高达130毫米汞柱以上。高血压急症经常会导致心、脑等重要器官的功能严重障碍，甚至衰竭，因此，治疗高血压急症的当务之急，是采取迅速有效的措施，在数分钟至1小时内将患者的血压降至安全范围，使衰竭的脏器功能得到改善或恢复。其急救措施如下：

（1）去除诱因，立即让患者卧床休息，保持安静，避免刺激。

（2）可抬高患者的床头成30°角，以达到体位性降压的目的。

（3）保持患者呼吸道通畅，将其头部偏向一侧，以免呕吐物阻塞呼吸道而引起窒息，必要时给予吸氧。

（4）应用降压及控制降压药

①舌下含服硝苯地平（心痛定）10～20毫克，一般5分钟内开始降压，30分钟后血压平均可下降5.3/3.3千帕（40/25毫米汞柱），可维持3小时以上。硝苯地平（心痛定）可扩张心脏周围的血管和冠状动脉，从而使血压下降，适用于各种病因引起的高血压急症，且降压作用迅速。

②舌下含服硝酸甘油0.6～1.2毫克，3分钟起效，维持时间短，可重复使用。硝酸甘油也可扩张心脏周围的血管及冠状动脉，尤其适用于伴有心绞痛或胸闷者。

③对症处理。对伴有呕吐的患者，肌肉注射胃腹安10毫克，烦躁不安者

肌肉注射安定10毫克或口服安定2.5～5毫克。

④如条件允许，应尽快将患者送往医院做一步治疗，途中要严密监护患者的神志、呼吸、脉搏、心率、血压及并发症等病情变化。

（三）高热

高热是指人体在致热源的作用下或各种原因引起体温调节中枢障碍时，体温超出正常范围的现象。正常成人的腋下温度为36～37 ℃，若腋温超过37.4 ℃，且一日间体温波动超过1 ℃，可认为发热。腋温为37.5～38 ℃称为“低热”，38.1～39 ℃称为“中度热”，39.1～40 ℃称为“高热”，40 ℃以上则称为“超高热”。发热时间超过两周为长期发热。

发热是人体的一种防御反应，可使吞噬细胞活动性增强，抗体生成增多，促进机体恢复，因此，如发热不是太高，不需盲目或急于降温治疗，但高热持续不退或发热过久则应引起高度重视，抓紧予以处理。高热的临床表现为口渴、皮肤干热、眼结膜充血潮红、呼吸和心跳加快加强、胃肠蠕动下降、便干尿少等，其处理措施如下：

1. 降温措施

对高热患者应及时适当降温，以防惊厥及其他不良后果。

（1）物理降温

①冰敷或冷敷。部位为枕下、颈部、腋窝、腹股沟等大动脉处，时间不大于20分钟，每3～5分钟更换一次，足底可放热水袋。

②温水擦浴。水温为32～34 ℃，擦浴部位由上至下，在大动脉部位可停留片刻，时间不大于20分钟，每3～5分钟更换一次，擦完后应更换衣裤。

③酒精擦浴。酒精浓度为30%～50%，擦浴部位为颈部、腋窝、腹股沟等大动脉处，时间不大于20分钟，每3～5分钟更换一次。

注意：体温不可降太低，一般控制在37～38 ℃为宜，半小时后复测体温。胸前区、腹部、耳后、阴囊处禁止擦浴。

（2）针刺降温

常用穴位为曲池、合谷、大椎、少商、十宣等。

（3）药物降温

①可服用阿司匹林、对乙酰氨基酚。体温过高（超过40 ℃）时患者明显不适、惊厥或意识障碍者可肌肉注射复方氨基比林2毫升或柴胡注射液2毫升，为防止出汗过多而虚脱，注意补充水分。

②对高热引起的头痛、烦躁不安，可适当肌肉注射苯巴比妥或非那根镇静剂。

③对高热引起的脑水肿，可用2%的甘露醇200毫升加地塞米松5～10毫

克快速静脉滴注。

2. 病因治疗

针对病因的治疗是高热治疗的关键。对于由感染引起的高热，应根据病情选用有效抗生素治疗。

(1) 对细菌感染引起的高热，用足量的抗生素（多为头孢菌素类）予以治疗。

(2) 对于病毒感染引起的高热，用抗病毒药（抗病毒口服液、板蓝根冲剂、病毒唑等）予以治疗。

3. 其他对症处理

高热时不显性水分丢失增多，加之食欲减退，应及时补充水分和电解质。口服有困难者可给予静脉补液，并注意热量的供给，使用1∶4（含钠液∶葡萄糖液）液，可适当予以钾盐等。

4. 一般处理

(1) 高热患者应当卧床休息，定时监测体温。

(2) 进食易消化的食物，适当补充维生素B和维生素C，注意保暖。

(3) 减少水分丢失，进行皮肤、口腔护理，保持皮肤清洁干燥，口干裂者可涂唇膏。

（四）急性阑尾炎

急性阑尾炎即阑尾的急性化脓性感染，是一种外科常见疾病，其发病率居各种急腹症的首位。急性阑尾炎不仅会造成消化系统损害，严重者还会引起一系列并发症，甚至危及生命。

急性阑尾炎的临床表现为持续伴阵发性加剧的右下腹痛、阑尾点（也称为“麦氏点”，是指肚脐与右髂前上棘连线中、外1/3交界处，见图7-23）压痛、反跳痛、恶心、呕吐等。目前公认的急性阑尾炎的治疗方法为手术切除阑尾和处理其并发症，但是阑尾炎症的病理变化比较复杂，非手术治疗在急性阑尾炎治疗中仍有其地位。海上急救现场处理措施如下：

(1) 让患者卧床休息，禁饮、禁食，采取静脉输液治疗。

(2) 应用抗生素治疗。在非手术治疗中抗生素的应用颇为重要，关于其选择与用量，应根据具体情况而定。阑尾炎绝大多数属于混合感染，常规比较有效的办法是用“金三联”即氨苄西林（氨苄青霉素）、庆大霉素与甲硝唑联合。近年来出现了新型高效抗生素，目前常采用头孢霉素或其他新型β-内酰胺类抗生素与甲硝唑联合。

(3) 应用止痛药。强烈的疼痛会增加患者精神上的负担，降低机体免疫功能，因此止痛有时非常必要。一般止痛药有时不能止住较强的疼痛，吗啡类药的应用可以考虑但必须谨慎，尤其是体弱者。

（4）对症处理，如镇静、止吐，必要时放置胃减压管等。

（5）如患者腹痛加剧，体温持续上升，应送往医院进行手术治疗。

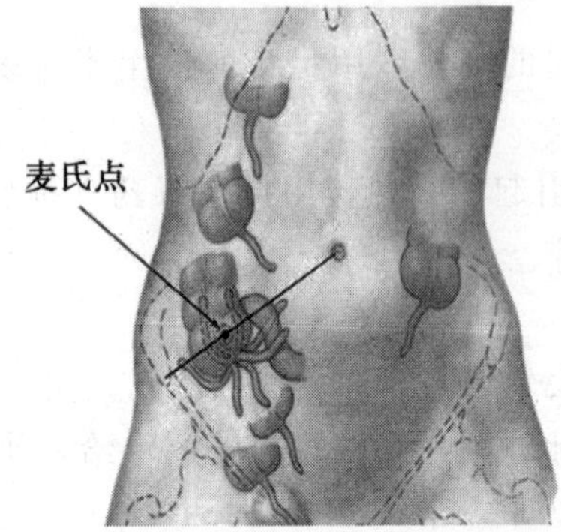

图 7-23　麦氏点

（五）心肌梗死

心肌梗死指冠状动脉急性、持续性闭塞，血流中断，使部分心肌因严重的持久性缺血而发生局部坏死的情形。心肌梗死的临床表现为：突然发作剧烈而持久的胸骨后或心前区压榨性疼痛，可能同时放射到左背、肩、臂部；发热、白细胞增多、红细胞沉降率加快、血清心肌酶活力增高及进行性心电图变化，可发生心律失常、休克或心力衰竭。

1. 心肌梗死的现场急救

急性心肌梗死发病突然，治疗原则为保护和维持心脏功能，挽救濒死的心肌，防止梗死区域扩大，缩小心肌缺血范围，及时处理各种并发症，其现场急救措施如下：

（1）让患者立即、绝对卧床休息，不要随便搬动，条件允许时及时给予吸氧。

（2）舌下含服硝酸甘油或速效救心丸。

（3）镇静止痛：小量吗啡静脉注射为最有效的镇痛剂，可皮下注射吗啡 5～10 毫克（呼吸抑制者禁用），或肌肉注射哌替啶 50～100 毫克。烦躁不安、精神紧张者可给予地西泮（安定）口服。

（4）抗凝治疗：可嚼服阿司匹林 150～300 毫克，但既往有出血史者慎用。

（5）如遇心跳、呼吸骤停的患者，先拳击其心前区，拳击时用握拳的小指侧从距患者心前区（胸骨中下 1/3 处）20～30 厘米高处迅速往下捶打 1～2 次（见图 7-24），然后再进行心肺复苏。

（6）完成现场急救后，应抓紧将患者送往医院作进一步救治。

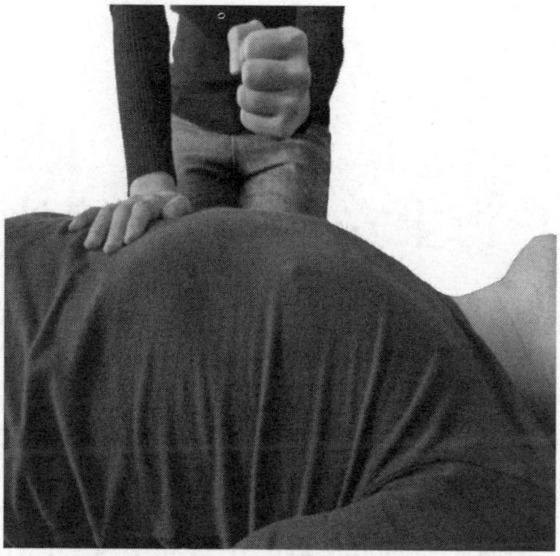

图 7-24　拳击心前区

2. 一般处理

心肌梗死患者，应严禁暴饮暴食和刺激性饮料，特别是高脂饮食。此外，还应注意少食易产生胀气的食物，如豆类、土豆、葱、蒜及过甜食物等；忌辛辣刺激性食物，如浓茶、白酒、辣椒、可可粉、咖啡等。

本章小结

本章主要内容可归结为以下四点：①海上急救是海上生产安全保障的最后一道防线，急救的目的就是最大限度地减轻伤患者的身体痛苦，降低人员伤残率和死亡率。急救面临的状况事发突然、情形紧迫，必须应对迅速、措施果断，但同时也要分清缓急、有序实施，遵守一定的优先顺序。②消毒灭菌是海上急救的基础技术，按照作用机理的不同，消毒灭菌法可以分为以燃烧法、煮沸法、紫外线灯管消毒法、高压蒸汽灭菌法等为主的物理方法和以浸泡法、喷雾法、擦拭法、熏蒸法为主的化学方法两大类。③海上急救实施者必须熟练掌握一定的急救技术，主要包括心肺复苏术、止血方法、肌肉注射法、包扎法、骨折固定术和搬运法。④海上急救应掌握溺水、触电、气体中毒、急性食物中毒、烧烫伤和肌体外伤等常见意外伤害及急性肠胃炎、急性阑尾炎、高热、心肌梗死、高血压急症等常见急症的处理方法。

附章　海上安全救生之境外避难

截至2020年年初，我国远洋渔船数量达2 600多艘，分布在30多个国家的专属经济区和大西洋、印度洋、太平洋等水域从事生产作业，总产量达220万吨以上，船队规模和总产量均跃居世界前列，已经成为世界上具有重要影响力的远洋渔业大国。同时，我国在中韩、中日和中越共同水域及南沙海域作业的国内海洋捕捞渔船有近3万艘，涉外作业船舶和人员的安全保障需求日益迫切，涉外渔业安全管理压力不断增加，成为渔业管理特别是涉外渔业管理领域的新课题和新挑战。

当前，国际海洋管理形势正在发生深刻变化，包括渔业在内的海洋资源管理新制度正在形成，特别是随着我国与日本、韩国、越南等周边国家签订的中日、中韩、中越渔业协定的实施及周边国家海上执法力度的不断加大，远洋渔船管理和南沙海域渔业管理都对涉外作业渔船的安全保障工作提出了新的要求。在这种情况下，我国涉外作业渔船迫切需要充分、详细地了解、熟悉和掌握有关涉外渔业安全通信和渔船紧急避险等方面的知识，迫切需要系统、完整地了解、熟悉和掌握船舶无线电通信设备的配置、功能和操作技能，这对保障我国涉外作业船舶安全特别是船上作业人员的生命安全有着十分重大的现实意义，同时对顺利贯彻实施我国与周边国家之间的双边、多边渔业协定，维护我国的海洋权益，树立负责任大国的良好国际形象都具有十分重大的政治意义。

第一节　海上安全救生境外避难常识

境外避难的含义非常广泛，通俗地理解就是因某种客观原因导致在本国（地区）范围内无法保障人身自由和安全从而寻求境外他国（地区）当局的庇护。我们这里所说的海上安全救生境外避难是指因在他国（地区）或靠近他国（地区）管辖水域遭遇突发自然灾害或发生生产安全事故，为紧急避险或救助伤病患者等需求从而通过特定渠道寻求他国（地区）给予准许靠港、紧急搜救、医疗援助等救助支持的行为。

要成功地完成一次海上安全救生境外避难求助，首要前提就是要熟练掌握本船能够与境外当局应急救援机构通信联络的手段和方法。

一、涉外作业渔船安全救生境外避难安全通信设备配置

近年来，我国经济、社会各领域信息化建设日新月异，全国渔业船舶特别是海洋渔业船舶的通信配置水平迅猛提升，海上日常通信和应急通信能力有了质的飞跃，这为涉外作业渔船安全救生境外避难提供了坚实的技术保障。目前，凡进入中日、中韩、中越渔业协定水域和南沙海域生产的我国渔业船舶，均按规定配备了短波单边带电台（100 瓦以上）、甚高频无线电话、超短波对讲机等通信手段，并全面配置了智能避碰仪（AIS）、北斗卫星船载终端等新一代通信导航设备，建设了全国渔业船舶船位监测系统，确保了海陆之间各类信息的及时、准确传递。

远洋作业渔船则按照我国《海洋渔业船舶建造规范》的要求，分别配置了在 0.5～29 兆、155～165 兆赫频段上工作，具有 DSC 功能的短波、超短波通信设备，安装了卫星应急示位标、航行警告接收机、雷达应答器等通信导航设备，并根据有关国际公约的要求和前往国家的有关规定，全面配装了船舶远程监控管理系统（VMS）或船舶安全报警系统（也称“反恐装置”）。

二、涉外作业渔船报告与通信联络要求

根据中日、中韩、中越渔业协定的要求和相关国家的规定，凡进入中日、中韩、中越渔业协定水域和南沙海域生产作业的渔船，要严格执行进出港报告制度，按规定向港口所在地的渔业岸台报告进出港动态。在海上生产期间，必须每天按规定向所属岸台报告船位信息和生产动态情况。各级各地渔业岸台，则应制订并严格执行通信联络方案，建立健全无线电通信网络，落实无线电通信值班制度，确保海陆通信联络畅通。

从事远洋作业的渔业船舶，在他国专属经济区生产作业的，应遵守沿海国有关船位报告、生产报告和通信联络的规定；在公海生产作业的，应当与国内所属岸台定时联络，保持通信畅通。

三、涉外作业渔船安全救生境外避难紧急入境处置办法

我国渔船在他国邻近海域生产作业时，如果遇到突发自然灾害及发生船上人员紧急伤病需要及时救治等特殊情况，须紧急驶入他国水域、港湾避难、避险的，由于情况紧急无法提前申报，可以边航行进港边向港口国主管机关履行申报程序。一时无法与当地港口主管机关沟通取得联系的，白天可在桅杆上垂

直悬挂U、P旗（见附图1），夜间可打灯语“• •-• •--•”以示本船遇到紧急情况，需要紧急入域。

船舶抵港后，应立即向当地港口主管机关报告，申明紧急进港的理由，接受港口主管机关的有关检查，并及时与我国渔业行政主管部门或我国驻外使（领）馆取得联系。

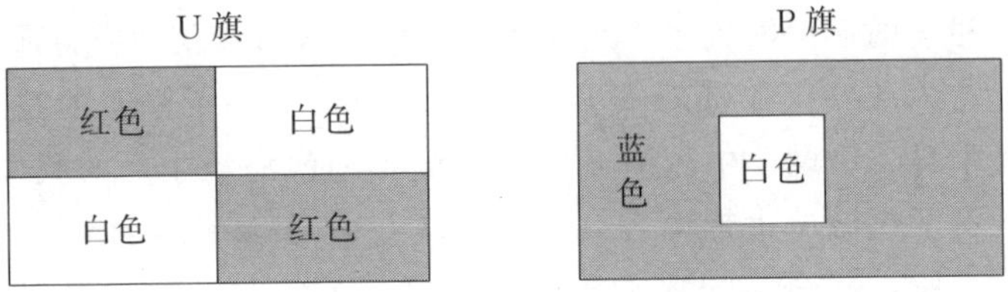

附图1 U、P旗示意图

第二节 海上安全救生境外避难之韩国避难

1982年12月10日，第三次联合国海洋法会议通过了《联合国海洋法公约》（以下简称《公约》），确立了200海里专属经济区等一系列重要的海洋法律制度，赋予了沿海国在专属经济区内以勘探、开发、养护、管理自然资源为目的的主权权利。根据《公约》第62条之规定，沿海国可自主决定其专属经济区内生物资源的可捕量，在没有能力捕捞全部可捕量的情形下，应当通过协定或其他安排准许其他国家捕捞可捕量的剩余部分。

《公约》于1994年11月16日正式生效。1996年1月，韩国批准了《公约》，宣布建立200海里专属经济区，中国紧随其后于1996年5月15日批准了《公约》，也建立了200海里专属经济区和大陆架。因中韩两国属于海岸相向的国家，且两国之间的黄海海域最宽处也达不到400海里，难以满足两国各200海里的专属经济区主张，因此中韩之间产生了大面积的权属争议水域。在两国暂时不能达成划界协议的情形下，根据《公约》第74条第3款之规定，两国经多轮磋商最终于2000年8月3日在北京签订了《中韩渔业协定》，协定正文共16条，另有2个附件，于2001年6月30日正式生效。按照《中韩渔业协定》的安排，我国历史上一直在对马、大小黑山、济州岛等传统渔场作业的渔船有2万余艘，准许留在过渡水域的渔船数不超过5 500艘，其中专属经济区管理水域入渔船数为2 796艘，并从2005年起继续减至2 000艘左右，入渔渔船主要来自辽宁、河北、山东、江苏等省。

一、我国渔船进入韩国紧急避难的条件

我国渔船在海上生产作业时因机器故障、天气恶劣、抢救伤病员等紧急情

况以及遭遇严重危及船舶或人员安全的突发自然灾害，急需就近进入韩国港口紧急避难时，可驶进韩国港口避难。在情况允许的前提下，应事先向渔船船籍港所在地渔业行政主管部门报告。

二、我国渔船进入韩国紧急避难的报告事项

我国渔船因紧急避难需求进入韩国渔港时，应向韩国有关海洋执法机构报告如下内容：

1．避难事由及要求

主要包括申请入境避难的原因、请求避难的目的地、预计到达时间、请求给予的协助等。

2．船舶基本信息

主要包括紧急避难船舶的船名号、船籍港、船舶种类（渔船）、船舶呼号、船舶实时位置（纬度、经度）、渔船所属船籍港、船舶总吨位、功率和全长等。

3．船上人员状况

主要包括船上人员数量、船长姓名、船上人员伤病情况等。

4．本船联系方式

主要包括本船主要应急通信联络手段、联络频段等。

三、我国渔船进入韩国紧急避难的申请方法

我国渔船如因特殊情况需靠泊韩国港口紧急避难或请求韩国给予搜救、医疗等救援协助，可通过以下两种方式申请：

1．通过国内主管机关申请

申请紧急避难的船舶可通过中国海上搜救中心向韩方提出入境避难申请，我国海上统一搜救电话号码为“12395”；同时亦可通过当地渔业行政主管部门，转报农业部渔业渔政管理局，由其向韩方提出避难请求。

2．直接联系韩国有关机构

我国渔业船舶在遇到紧急情况，需要到韩国港口避难时，根据发生紧急情况时的水域，可向管辖该水域的韩国有关海洋警察署发出请求，征得韩方许可后，按其指定要求进港避难。我国入渔渔船主要在韩国西、南侧的专属经济区生产作业，该区域的相关海洋警察署联络方式见附表 1。

附表 1　韩国有关海洋警察署及其通信方式

<table>
<tr><th rowspan="2">机构名称</th><th colspan="2">电传</th><th colspan="2">传真</th><th colspan="3">短波电台（SSB）</th></tr>
<tr><th>国际代码</th><th>号码</th><th>国际代码</th><th>号码</th><th>呼号</th><th>呼叫频率/千赫</th><th>工作频率/千赫</th></tr>
<tr><td>济　州
海洋警察署</td><td rowspan="3">801</td><td>67117</td><td rowspan="3">0082</td><td>647569595</td><td>JEJU MARITIME POLICE</td><td rowspan="3">2 183.4</td><td rowspan="3">2 115/
2 116.4/
2 638/
2 639.4</td></tr>
<tr><td>木　浦
海洋警察署</td><td>67116</td><td>612439595</td><td>MOKPO MARITIME POLICE</td></tr>
<tr><td>釜　山
海洋警察署</td><td>53343</td><td>514039595</td><td>PUSAN MARITIME POLICE</td></tr>
</table>

第三节　海上安全救生境外避难之日本避难

1955 年，中国和日本两国渔业协会经谈判缔结了两国间第一份民间渔业协议。1975 年 8 月 15 日，中日两国在东京签订了《中华人民共和国和日本国渔业协定》，在黄海、东海海域划定了一块协定水域，协定海域内实行船旗国管辖原则，同时划定了 2 个休渔区、3 个拖网保护区和 2 个灯光围网保护区，在规定的时间内限定渔船数，并对其中的 1 个灯光围网保护区采取特殊的保护措施，规定幼鱼标准及其在渔获物中的最高比例、网目大小、灯光围网渔船每组的船数、集鱼灯的光照度等。

《公约》生效后，为适应《公约》的有关规定，中日两国政府从 1995 年起开始举行会谈，商讨重新缔结渔业协定事宜。1997 年 11 月 11 日，两国在东京签订了新的《中日渔业协定》，新协定正文共 14 条，另有 2 个附件，于 2000 年 6 月 1 日正式生效。根据《中日渔业协定》的规定，我国渔船可进入其中从事渔业活动的水域共有 5 块，分别为日本国专属经济区、协定暂定措施水域、维持现有渔业活动水域、渔业合作水域和中国渔船鱿鱼钓入渔水域。

一、我国渔船进入日本国紧急避难的条件

我国渔船遇有下列情况，可申请进入日本国港口紧急避难：

（1）因船体、机器等重大损害事故造成船舶危险。

（2）遭遇突发自然灾害或碰到异常的气象或海况变化，对船舶构成威胁。

（3）本船船员发生重大伤病，必须尽快获得治疗救助。

（4）遭遇突发或者无法预料的意外情况，如发生了燃料、水、食品短缺，

危及船舶航行安全或者船员生命安全。

(5) 出现其他有危及船舶或者船员生命安全的情况。

如果不属于紧急避难的情况，渔船进入日本国港口要按照正常的入港程序办理相关的申报手续。

二、我国渔船进入日本国紧急避难的报告事项

我国渔船因紧急避难需求进入日本国渔港时，应向日本国有关海洋执法机构报告如下内容：

1. 避难事由及要求

主要包括申请入境避难的原因、请求避难的目的地、预计到达时间、请求给予的协助等。

2. 船舶基本信息

主要包括紧急避难船舶的船名号、船籍港、船舶种类（渔船）、船舶呼号、船舶实时位置（纬度、经度）、渔船所属船籍港、船舶总吨位、功率和全长等。

3. 船上人员状况

主要包括船上人员数量、船长姓名、船上人员伤病情况等。

4. 本船联系方式

主要包括本船主要应急通信联络手段、联络频段等。

三、我国渔船进入日本国紧急避难的申请方法

我国渔船如因特殊情况需靠泊日本国港口紧急避难或请求日本国给予搜救、医疗等救援协助，可通过以下两种方式申请：

1. 通过国内主管机关申请

申请紧急避难的船舶可通过中国海上搜救中心向日方提出入境避难申请，我国海上统一搜救电话号码为“12395”；同时亦可通过当地渔业行政主管部门，转报农业部渔业渔政管理局，由其向日方提出避难请求。

2. 直接联系日本国有关机构

我国渔业船舶在遇到紧急情况，需要到日本国港口避难时，根据发生紧急情况时的水域，可向管辖该水域的日本国管区海上保安本部发出请求，征得日方许可后，按日方指定要求进港避难。日本国海上保安机构具体联络方式见附表 2。

附表 2　日本海上保安机构及其通信方式

<table>
<tr><th rowspan="2">机构名称</th><th rowspan="2">岸台名称</th><th rowspan="2">VHF
呼出名称</th><th colspan="2">DSC</th><th rowspan="2">传真</th></tr>
<tr><th>海上移动业务标识</th><th>MF DSC 频率
船台/岸台</th></tr>
<tr><td>第一管区海上保安本部</td><td>北海道</td><td>HOKKAIDO COAST GUARD RADIO</td><td>004310101</td><td rowspan="11">2 189.5/
2 177
（千赫）</td><td>81-134-21-2835</td></tr>
<tr><td>第二管区海上保安本部</td><td>盐釜</td><td>SHIOGAMA COAST GUARD RADIO</td><td>004310201</td><td>81-22-367-9098</td></tr>
<tr><td>第三管区海上保安本部</td><td>横滨</td><td>YOKOHAMA COAST GUARD RADIO</td><td>004310301</td><td>81-45-212-2010</td></tr>
<tr><td>第四管区海上保安本部</td><td>名古屋</td><td>NAGOYA COAST GUARD RADIO</td><td>004310401</td><td>81-52-651-1640</td></tr>
<tr><td>第五管区海上保安本部</td><td>神户</td><td>KOBE COAST GUARD RADIO</td><td>004310501</td><td>81-78-391-6609</td></tr>
<tr><td>第六管区海上保安本部</td><td>广岛</td><td>HIRCEHIMA COAST GUARD RADIO</td><td>004310601</td><td>81-82-251-5185</td></tr>
<tr><td>第七管区海上保安本部</td><td>门司</td><td>MOJI COAST GUARD RADIO</td><td>004310701</td><td>81-93-321-811</td></tr>
<tr><td>第八管区海上保安本部</td><td>舞鹤</td><td>MAIZURU COAST GUARD RADIO</td><td>004310801</td><td>81-773-78-2375</td></tr>
<tr><td>第九管区海上保安本部</td><td>新潟</td><td>NIIGATA COAST GUARD RADIO</td><td>004310901</td><td>81-25-244-7458</td></tr>
<tr><td>第十管区海上保安本部</td><td>鹿儿岛</td><td>KAGOSHIMA COAST GUARD RADIO</td><td>004311001</td><td>81-99-250-9816</td></tr>
<tr><td>第十一管区海上保安本部</td><td>冲绳</td><td>OKINAWA COAST GUARD RADIO</td><td>004311101</td><td>81-98-869-1167</td></tr>
</table>

申请避难渔船可用 VHF（16 频道）向日本各管区海上保安本部岸台呼叫，等待日方岸台回答。岸台答复后，在岸台指定的频道上进行通报。装有 DSC 设备的渔船，可用各管区海上保安本部岸台的海上移动识别码，在 2 189.5千赫频率上呼叫，在2 177千赫频率上守听，等待日方岸台回答。岸台答复后，在日方指定的频率上进行通报。

装有传真或国际电传设备的渔船，可用传真或国际电传向日方通报，并等待日方岸台的答复。不具备与日本港口岸台直接通信能力的渔船，可通过渔业船舶所属单位，用陆上传真或国际电传向日方岸台通报，并等待日方岸台的答复。

进入日本国水域紧急避难申请表和结束避难离开日本国水域报告表格式分别见附表 3、附表 4。

附表 3 进入日本国水域紧急避难申请表

船名	呼号	现在位置	船籍港	总吨	全长	船长姓名	船员人数	避难理由	请求避难目的地	预计到达时间

附表 4 结束避难离开日本国水域报告表

船名	呼号	现在位置	船籍港	总吨位	全长/米	船长姓名	船员人数	离开避难地时间

第四节 海上安全救生境外避难之越南避难

“北部湾”是位于中国南海西北部的半封闭海湾，北面为中国和越南两国陆地领土海岸，东面为中国雷州半岛和海南岛海岸，西面为越南大陆海岸，南面与南海相连，东西两岸最大宽度约 180 海里，面积约 12.8 万平方千米，比渤海面积略大。历史上，北部湾是我国广西、广东和海南三省（区）渔民的传统作业渔场，20 世纪 60 年代以前，中越双方按各自宣布的领海宽度管辖，湾内资源共用共享，双方分别在 1957 年、1961 年和 1963 年三次签订有关渔业的协议，对各自近海（6～12 海里）的捕鱼问题做出安排。

从 1974 年开始，中越双方开始了长达 26 年的北部湾划界谈判，其间数次中断，直至 20 世纪 90 年代初中越关系正常化后，两国于 1993 年恢复边界谈判，1993 年 10 月，双方签订了《关于解决中华人民共和国和越南社会主义共和国边界领土问题的基本原则协议》，一致同意按照公平原则并考虑北部湾的一切有关情况，通过谈判划分北部湾边界。2000 年 12 月 25 日，中越双方在北京签署了《中越关于两国在北部湾领海、专属经济区和大陆架的划界协定》和《中越北部湾渔业合作协定》。2004 年 4 月，双方又签署了《〈中越北部湾渔业合作协定〉补充议定书》和《北部湾共同渔区渔业资源养护和管理规定》。这 4 份协议于 2004 年 6 月 30 日同时生效。根据《中越北部湾渔业合作协定》的规定，我国渔船生产作业涉及的水域可分为三类，分别为共同渔区、过渡性水域和小型渔船缓冲区，作业渔船主要来自广东、广西和海南三省（区）。

一、我国渔船进入越南紧急避难的条件

我国渔船在北部湾航行或生产作业时，因突发恶劣天气、抢救伤病员、机器故障等紧急情况严重危及船舶和人员安全，需要或可能进入越南港湾紧急避难时，可申请进入越南港口应急避难。

二、我国渔船进入越南紧急避难的报告事项

我国渔船因紧急避难需求进入越南渔港时，应向越南有关管理机构报告如下内容：

1. 避难事由及要求

主要包括申请入境避难的原因、请求避难的目的地、预计到达时间、请求给予的协助等。

2. 船舶基本信息

主要包括紧急避难船舶的船名号、船籍港、船舶种类（渔船）、船舶呼号、船舶实时位置（纬度、经度）、渔船所属船籍港、船舶总吨位、功率和全长等。

3. 船上人员状况

主要包括船上人员数量、船长姓名、船上人员伤病情况等。

4. 本船联系方式

主要包括本船主要应急通信联络手段、联络频段等。

三、我国渔船进入越南紧急避难的申请途径

我国渔船如因特殊情况需靠泊越南港口紧急避难或请求越南给予搜救、医疗等救援协助，可通过以下两种方式申请：

1. 通过国内主管机关申请

申请紧急避难的船舶可通过中国海上搜救中心向越方提出入境避难申请，我国海上统一搜救电话号码为“12395”；同时亦可通过当地渔业行政主管部门，转报农业部渔业渔政管理局，由其向越方提出避难请求。

2. 直接联系越南有关管理机构

我国渔业船舶在遇到紧急情况，需要到越南港口避难时，在条件允许的情况下，也可直接联系越南水产部水产资源保护局及其有关下属机构提出避难申请，征得越方许可后，按越方指定要求进港避难。

四、我国渔船进入越南紧急避难的申请方法

我国渔业船舶申请到越南港口避难时应按下述方法进行：

1. 申请进港

申请进港避难的中国渔船可使用单边带电台、甚高频无线电话及其他可行的通信设备，向其所属岸台或承担北部湾渔业安全通信值班的岸台报告，各渔业岸台接到报告后，应立即向上级有关部门报告，核实信息后迅速通过电话或传真将渔船遇险情况及其避难申请报告农业部渔业渔政管理局。

北部湾海域我国渔业岸台通信联络方式见附表5。

附表5 北部湾海域我国渔业岸台通信联络方式

单位名称	联系方式	呼号	守听频率/千赫
湛江市渔业主管部门	短波电台	36	4 925
北海市渔业主管部门		83（海湾6）	6 230
三亚市渔业主管部门		28	8 210
廉江市渔业主管部门		48	4 378
防城港市渔业主管部门		海湾9	6 300
儋州市渔业主管部门		27	13 250
临高县渔业主管部门		26	7 735

2. 申请离港

中国渔船结束在越南避难，离开避难地前，应向越南当地管理机构报告。如果渔船无法与越南有关当地管理机构取得联系，可向所属岸台或承担北部湾渔业安全通信值班任务的岸台报告，由渔船船籍港所在地的渔业行政主管部门向农业部渔业渔政管理局报告。

3. 等候指令

渔船提出紧急避难或离港申报后，应在指定的联系渠道上全时守听，直至得到明确的指令信息后才可依指令行动。

附章小结

本附章主要内容可归结为以下三点：①我国渔船在海上生产作业时因机器故障、天气恶劣、抢救伤病员等紧急情况以及遭遇严重危及船舶或人员安全的突发自然灾害，根据需要可申请进入邻近国家港口避难。②申请避难渔船需向请求避难地有关管理机构报告申请避难的原因及目的地等避难要求、包含船舶实时位置等在内的船舶基本信息、船上人员数量和伤病状况、本船主要应急通信联络手段和联络频段等相关信息。③避难渔船提出避难申请，可以直接联系避难地有关管理机构，也可通过船籍港所在地渔业行政主管部门等国内主管机关申请。我国海上统一搜救电话号码为“12395”。

参考文献

1. ［以］尤瓦尔·赫拉利：《人类简史：从动物到上帝》，林俊宏译，中信出版社 2017 年版。

2. ［德］阿尔瑙勒德·克鲁达斯：《船舶的历史》，王勋华译，湖北教育出版社 2010 年版。

3. 屈广清、曲波主编：《海洋法》，中国人民大学出版社 2014 年版。

4. 黄蔚艳、朱晓辉编：《海洋旅游安全管理》，海洋出版社 2017 年版。

5. 宁凌：《基于海洋生态系统的中国海洋综合管理研究》，中国经济出版社 2016 年版。

6. 张文木：《论中国海权》，海洋出版社 2014 年版。

7. 张炜主编：《国家海上安全》，海潮出版社 2008 年版。

8. 胡思远编著：《中国大海洋战略论》，北京时代华文书局 2014 年版。

9. 林国庚编：《船体结构与识图》，哈尔滨工程大学出版社 1996 年版。

10. 龚海燕主编：《船体结构与识图》，哈尔滨工程大学出版社 2013 年版。

11. 龚昌奇、刘益清、谢玲玲编著：《船体结构与制图》，国防工业出版社 2013 年版。

12. 魏莉洁主编：《船体结构》，哈尔滨工程大学出版社 2014 年版。

13. 陈耀中、王希兵主编：《渔船轮机管理技术》，中国农业出版社 2008 年版。

14. 刘国平编：《渔船轮机及电气设备》，海洋出版社 2010 年版。

15. 卢冠钟主编：《船舶电气与自动化》，大连海事大学出版社 2014 年版。

16. 余培文、袁建斌主编：《渔船轮机管理》，大连海事大学出版社 2018 年版。

17. 蓝广林、蒋艳华主编：《渔船辅机》，电子工业出版社 2018 年版。

18. 孙成琪、陈波主编：《渔船辅机》，大连海事大学出版社 2018 年版。

19. 卓永强主编：《渔船基本安全》，大连海事大学出版社 2018 年版。

20. 刘芳武主编：《船舶管理》，哈尔滨工程大学出版社 2016 年版。

21. 范少勇、苌占星主编：《渔船船舶管理》，大连海事大学出版社 2018 年版。

22. 龙进军主编：《船舶检验》，哈尔滨工程大学出版社 2009 年版。

23. 栾剑主编：《渔业船舶装备及检验》，大连海事大学出版社 2018 年版。

24. 姚寿广、肖民主编：《船舶动力装置》，国防工业出版社 2006 年版。

25. 刘善平主编：《船舶动力装置》，人民交通出版社，2014 年版。

26. 郑连兴、陈锡华主编：《渔船动力装置》，大连海事大学出版社 2018 年版。

27. 农业部渔业局组编：《渔业安全管理概论》，中国农业出版社 2012 年版。

28. 中华人民共和国海事局：《国内海洋渔船法定检验技术规则（2019）》，人民交通出版社 2019 年版。

后 记

写作的过程是煎熬的，但收笔的一刻却是幸福的。为《七天掌握海上安全救生密码》画上最后一个句号的这一刻，我深深体会到了这种幸福。

这种幸福感苍白了世间任何言语，只能如人饮水，冷暖自知。这种幸福很单纯，单纯到除了如释重负地吐出一口浊气在眼前，便忘记了世间其他所有，瞬间如立地成仙、物我两忘，唯有一片平静留驻心海；这种幸福也很复杂，复杂得犹如慌乱中打翻了五味瓶于胸中，遂唤醒了内心万点灵智，顷刻似古井兴波、思绪万缕，千般滋味荡漾脏腑。

写作《七天掌握海上安全救生密码》这本书对我而言是一个巨大的挑战！全书字数总共加起来也就三十余万字，但其内容却涉及海洋治理、安全管理、船体结构、轮机管理、船舶电气、通信导航、消防救生、医疗急救等近十个不同的领域，其中每一个领域涵盖的内容都自成体系、十分庞杂，而且不同领域之间有的尚有一丝关联、彼此融通，有的却天高地远、风马牛不相及。这些领域中，有些内容如海洋治理、安全管理、应急处置、轮机管理、通信导航等算是我的专业所长，写作起来还算称手。有些内容如船舶电气、消防救生等以前虽曾有涉猎，但也只是浅尝辄止，此番只好重新研读，写起来就十分吃力。更有甚者，有些内容如医疗急救等则只有粗略认知，急救方法仅是纸上谈兵，没有实践操作，只能博采众长、反复校验、边学边写。最终，功夫不负有心人，虽然几多艰辛，我还是完成了这个挑战！为此，我要为自己点一个大大的赞！

对我而言，完成《七天掌握海上安全救生密码》这本书的写作也是实现了一个长久以来的心愿，自有一种尽到责任后的轻松自在。我从小生在海边、长在海边，在海边求学，毕业后又一直从事海洋和渔业管理工作，可谓是与海结缘，密不可分。我在渔村长大，对大海、对渔民有着一种难以割舍的天然情感，我熟悉大海、了解渔民，能深刻体会他们的快乐和痛苦。所以，长久以来我就有一个心愿，希望能为海洋、为包括渔民在内的“闯海人”做一点儿实实在在有益的事情。生死之外皆小事，毋庸置疑，平安二字就是“闯海人”最关心的头等大事。从古至今，有多少人葬身鱼腹、魂归大海，有多少泪无奈洒落、飘零风中，又有多少情寸段肝肠、徒留寂寞！这是人类征战海洋的伴音，也是人类征服自然的缩影。有征伐自然就有损伤，我辈所能做的只能是尽量避免伤亡，降低损失，减少伤痛！正是这种情怀点燃了我写作这本书的激情，也是这种情怀鼓舞着我完成艰难的创作。倘若这本《七天掌握海上安全救生密码》得以被广大“闯海人”认同并能够对他们海上平安作业有一二分助益，则幸甚至哉！

因书中所涉内容庞杂，写作过程中参考借鉴了不少专家学者的相关著作（在参考文献中已作注解，此处不再赘述），在此向他们致以诚挚的谢意！为了便于读者学习掌握船舶分类、船体结构、消防救生设施、通信导航设备和海上急救等相关专业知识，提升直观感受，加快理解速度，书中使用了大量各类设备图片和相关表格，其中有一些图片和表格来自我的日常积累和创作，海上急救部分的图片由孙愉轩、董朗睿两位小画家手工绘制，大量定位、通信、导航、救生、消防方面的设备图片则来自福建飞通通讯科技股份有限公司、北斗星通导航技术股份有限公司等相关设备生产厂家的无私支持，在此一并表示衷心的感谢！

本书写作即将完成之际，正值新型冠状病毒疫情肆虐神州，并呈全球蔓延之势，又是一场席卷全人类的浩劫！万幸的是，在举国上下万众一心、众志成城的强力抵制之下，华夏大地已现曙光，希望就在眼前！但近邻韩国、日本，欧洲的意大利，中东的伊朗等国形势却是日益恶化，确诊人数和死亡人数迅猛上升，在当今经济全球化、全球一体化的时代背景下，全球新冠肺炎疫情防范工作依然任重道远。祈愿福祐天下，尽快渡过这场疫情，早日让乾坤再现清明！

囿于本人学识和精力所限，书中有些内容难免不够精确，甚或存在谬误，敬请各位读者给予批评指正。此语并非过场的客套，实乃肺腑之言。

最后，再次祝愿我华夏国泰民安！

作者

2020 年 3 月 8 日

于历山脚下